대치동 〈육각형〉 인재의 비밀

장덕진 지음

레디B

중고등 자녀를 둔 부모라면 누구나 묻게 됩니다.

"도대체 상위 0.1% 아이들은 무엇이, 어떻게 다른 것일까?"

대치동에서 수천 명의 학생을 만나 분석해온 장덕진 원장님은 그간 '재능'으로 포장돼 있던 상위권의 비밀을 명확하고도 생생한 데이터를 바탕 삼아 시스템으로 풀어냅니다.

아이의 성장은 타고난 재능이 아닌 여섯 개의 핵심 축이 만들어내는 '설계의 결과'임을 낱낱이 밝혀줍니다. 특히 평범한 아이도 얼마든지 육각형 인재로 성장할 수 있다는 강력한 확신은 학부모에게 새로운 가능성을 열어드립니다.

이 책은 불안한 마음을 전략적 통찰로 바꾸어 부모님을 '아이 성장 시스템의 설계자'로 세워드리는 최고의 안내서입니다. 책을 덮고 나면 지금껏 무엇이 문제였는지, 그리고 앞으로 어떻게 만들어나갈지 선명하게 깨닫게 되실 것입니다. 아이의 미래를 재능이 아닌 시스템으로 바꾸고 싶은 부모님들께 이 책을 추천합니다.

방종임 | 교육전문채널 '교육대기자TV' 운영자

'육각형 인재',
대치동의 비밀을 밝히며

부모라면 누구나 마음 한편에 이런 질문을 품고 살아갑니다.

"내 아이는 지금 제대로 가고 있는 걸까?"

"왜 남의 집 아이는 저렇게 빠르게 성장할까?"

"상위 1% 아이들은 도대체 무엇이, 어디서부터 다를까?"

대치동에서 아이들을 가르쳐온 지난 20여 년간, 저는 부모님들이 가장 자주 던진 이 질문과 매일같이 마주했습니다. 그리고 이 질문이야말로 대한민국 교육의 본질을 이해하는 첫 번째 열쇠라는 사실을 깨달았습니다.

저는 대치동에서 수천 명의 아이를 지도하며 한 명 한 명의 학습 그래프와 정서 반응, 행동 패턴, 성장 속도, 심리적 굴곡을 모두 기록해 왔습니다. 흔히 대치동에서 성공한 아이들은 '타고났다', '머리가 좋다', '천재다'라는 말로 쉽게 설명되곤 합니다. 하지만 저는 그 말들을 믿지 않았습니다.

실제로 수많은 데이터를 들여다보면 상위권 아이일수록 출발선은 생각보다 평범했습니다. 저를 '전교 1등 제조기'라고 부르는 분들이 있지만, 그것은 제가 만든 기적이 아니라 **아이 안에 숨어 있던 구조를 찾아내고 성장의 방향을 '설계'했기 때문에 일어난 결과입니다.**

그 과정에서 저는 어느 순간, 도저히 무시할 수 없는 하나의 패턴을 발견했습니다. **최상위권 아이들은 학습의 여섯 축이 균형 있게 채워진 '육각형 구조'를 갖고 있다는 사실입니다.** 이 구조는 단순한 비유가 아닙니다. 수천 명의 성장 데이터에서 반복적으로 관찰된 공통점입니다. 부모님이 흔히 말하는 "잘하는 아이들의 공통점", "성공하는 아이들의 특징"은 대부분 이 여섯 개 축으로 귀결됩니다.

여섯 축은 다음과 같습니다.

- 본질적 학업 역량
- 메타인지
- 정서 조절
- 목표의식
- 절대 실행력
- 관계·인성 역량

이 여섯 개 요소가 조화롭게 작동하면 아이의 성장은 급속도로 빨라집니다. 아이의 실력은 비탈길처럼 천천히 오르는 것이 아니라 어느 지점에서 갑자기 '돌파'됩니다. 저는 이것을 '육각형 점화 지점 Hexagon Ignition Point'이라고 부릅니다. 이 지점에 도달하면 아이들은 스스로 배우고, 스스로 계획하고, 스스로 성취합니다.

하지만 이를 경험해보지 않은 부모님들은 그 차이를 알기 어렵습니다. 이 책은 바로 그 여섯 축의 비밀, 그리고 그 축을 아이에게 어떻게 심을 것인가에 대한 실제적 지침서입니다.

선천적 육각형 인재의 그림자

많은 부모님들이 오해하는 부분이 있습니다.

"남의 집 천재 아이들은 스트레스도 없고, 그냥 잘한다."

하지만 저는 그런 아이들을 '속'까지 들여다본 사람입니다. 제가 가장 먼저 발견한 충격적인 사실은 이것입니다. '겉으로 완벽해 보이는 선천적 육각형 인재일수록 내면에는 깊고 복잡한 그림자를 가지고 있다.'

저는 이 아이들의 심리 패턴을 여섯 가지로 정리했습니다.

- 활자 중독
- 루틴 과몰입
- 효율 강박
- 만족 결핍
- 준비 불안
- 성과 불만

이런 아이들은 늘 새로운 정보가 없으면 불안해하고, 작은 변화에도 예민하며, 이미 이룬 성과에 스스로 만족하지 못합니다. 다음 성공, 다음 단계, 다음 성취를 향해 끝없이 자신을 몰아붙입니다. 다른 부모님들이 부러워하는 '몰입력'은 사실 불안과 강박의 다른 얼굴일 때가 많습니다.

저는 오랫동안 이 아이들과 함께하며 깨달았습니다. **선천적 육각형 인재는 뛰어난 능력만큼이나 취약성도 크다**는 것을요. 그래서 저는 이 아이들이 재능을 잃지 않으면서도 건강하게 성장하도록 돕는 시스템을 만들었습니다. 그 시스템이 이 책 전반에 걸쳐 소개될 핵심 전략입니다.

그렇다면 평범한 우리 아이는?

부모님들이 가장 궁금해하는 질문, 아니 사실 이 책을 집어 든 분들이 가장 알고 싶은 바로 그 질문.

"**선천적 재능이 없는 우리 아이도 육각형 인재가 될 수 있나요?**"

저는 단언합니다. **그렇습니다. 그리고 그 과정은 결코 특별한 아이에게만 허락된 길이 아닙니다.**

저는 학생 수천 명의 데이터를 토대로 '후천적 육각형 인재'의 특징을 분석했습니다. 그리고 놀라운 결론에 도달했습니다. 후천적 육각형 인재의 여섯 축은 **모든 아이가 학습을 통해 습득할 수 있는 역량**이며, 특정 시기에, 특정 방식으로 함께 설계될 때 폭발적으로 성장합니다.

여기서 부모님의 역할이 결정적입니다. 부모님은 아이의 재능을 발견하는 사람이 아니라, **재능의 구조를 설계하는 사람**, 즉 '교육 전략가'가 되어야 합니다.

이 책은 부모님이 전략가가 되기 위한 지침서입니다. 공부를 잘

시키는 법을 알려주는 것이 아니라, 아이의 성장 시스템을 처음부터 다시 짜는 법을 알려주는 책입니다.

육각형 인재의 여섯 개 축, 어떻게 이식되는가?

아이의 성장은 절대 한 가지 요소만으로 이루어지지 않습니다. 아무리 머리가 좋아도 정서 조절이 약하면 무너지고, 아무리 열심히 해도 메타인지가 부족하면 제자리걸음을 반복합니다. 목표 없이 열심히만 하는 아이, 의지가 있지만 실행력이 약한 아이, 관계가 서툴러 팀 과제에서 늘 스트레스받는 아이······. 이 모든 문제는 단편적 능력 부족이 아니라, **육각형 구조 중 한 변이 비어 있기 때문에 생기는 불균형입니다.**

이 책은 그 불균형을 어떻게 메우고, 균형을 어떻게 설계하고, 결과적으로 아이를 어떻게 육각형 구조로 전환할 것인지 구체적으로 안내합니다. 여섯 개 축 각각은 단순한 '좋은 마음가짐'이나 '부모의 응원'으로 채워지지 않습니다. 학습 구조, 환경 설계, 실행 방식, 부모의 개입 타이밍, 그리고 아이의 성향을 기반으로 한 맞춤 전략이 필요합니다.

이 책이 제시하는 방법은 추상적인 격려나 원론적 조언이 아닙니다. 대치동 현장에서 직접 검증된 실행 전략이며, 수많은 아이들이 실제로 성장하여 변화한 방식입니다. 부모님이 일상에서 따라만 해도 아이의 성장 축이 자연스럽게 확장되도록 설계했습니다.

이 책을 덮을 때 부모님은 '전략가'가 됩니다

아이의 성장을 가로막는 것은 아이의 능력이 아니라 그 능력을 구조화하지 못한 환경입니다. 부모님은 아이의 고민을 대신 해결해줄 필요도 없고, 불안을 억지로 눌러놓을 필요도 없습니다.

부모가 해야 할 일은 단 하나, **아이의 성장 시스템을 설계하는 전략가로 거듭나는 것**입니다.

이 책은 그 설계도를 담아낸 책입니다. 부모님이 아이 안의 육각형을 어떻게 만들고, 각 축을 어떻게 균형 있게 세우며, 어떤 순간에 어떤 개입이 필요한지 구체적인 로드맵을 제시합니다.

여러분의 아이는 평범해서 실패하는 것이 아닙니다. 구조가 갖춰지지 않았을 뿐입니다. 그리고 그 구조는 부모님이 함께 만들어갈 수 있습니다.

육각형 인재는 '특별한 아이'의 전유물이 아닙니다. 부모와 환경, 시스템이 함께 설계해가는 과학적 과정입니다. 아이의 잠재력을 운명으로 치부하지 마십시오. 부모님의 고민과 불안은 너무 당연하며, 그 속에는 성장의 방향이 숨어 있습니다.

이제, 우리 아이의 육각형 설계도를 펼쳐볼 시간입니다. 이 책이 그 첫 번째 문을 열어줄 것입니다.

PART Ⅲ 사교육, 어떻게 선택할까

PART I

우리
아이도
육각형
인재

1장

성공하는 공부 뇌를 설계하라

성공의 신화는 틀렸다 - '실용 지능'과
'의식적인 노력'으로 1만 시간 뛰어넘기

육각형 레이더 차트 1-1. 공부 뇌 설계
(스마트폰 가로 모드에 최적화되어 있습니다.)

유난히 칼바람이 매서웠던 겨울의 초입이었습니다. 고등학교 1학년 J가 스스로 만족할 수 없는 성적표를 들고 제 연구실의 문을 열었습니다. 보통은 부모님 손에 이끌려 이곳을 찾기 마련인데, J는 자신의 문제를 정면으로 마주하기 위해 홀로 저를 찾아왔습니다. 그 단단한 눈빛에서 저는 평범함을 넘어서는 가능성을 보았습니다.

J는 모두가 선망하는 서울의 자율형 사립고에 재학 중인 소위 '상위권' 학생이었습니다. 하지만 그의 목표는 단순한 상위권이 아니었습니다. 대한민국 최고의 인재들이 모이는 서울대학교 이공계 합격이라는 뚜렷한 목표를 이루기 위해서는, 그저 '잘하는' 수준을 넘어 누구도 넘볼 수 없는 '압도적인' 최상위권의 반열에 올라서야만 했습니다.

스스로의 힘만으로는 더 이상 넘을 수 없는 벽에 부딪혔음을 직감한 J는 절박한 심정으로 해결책을 찾아 나섰고 마침내 저와 인연이 닿았습니다. 우리는 첫 만남에서부터 곧바로 '최상위 0.1% 육각형 인재 프로젝트'의 첫발을 내디뎠습니다.

저는 J의 학습 패턴, 사고 과정, 과목별 성취도를 마치 MRI를 찍듯 면밀하게 분석했습니다. 그리고 발견했습니다. J에게 부족한 것은 본질적 학업 역량이나 공부 내공 6원소가 아니었습니다. 메타인지와 절대 실행력, 그리고 정서 조절이라는 세 개의 축이 비어 있었던 것입니다.

그해 겨울, J는 그 누구보다 뜨거운 성장의 시간을 보냈습니다. 차가운 바람이 잦아들 무렵, J는 첫 시험에서 2등과의 격차를 크게 벌리며 누구도 이견을 달 수 없는 압도적인 전교 1등으로 우뚝 섰습니다.

그 성장은 일회성으로 그치지 않았습니다. J는 고3 시절, 전국 단위 모의고사에서 백분위 99.90%라는 경이로운 기록을 세웠고, 내신과 수능을 완벽하게 아우르는 최상위 0.1% 인재로 자리매김했습니다. 지난 2년간의 치밀한 노력이 마침내 결실을 맺어, J는 단 한 번의 실패 없이 꿈에 그리던 서울대학교 이공계 합격증을 거머쥐었습니다.

당시 성적으로는 의대 진학도 충분히 가능했지만, 눈앞의 안정적인 길이 아닌 어릴 적부터 간직해온 순수한 꿈을 향해 나아가기로 한 J의 선택은, 그가 성적뿐 아니라 단단한 자기 확신과 비전을 갖춘 진정한 '육각형 인재'로 성장했음을 보여주는 가장 확실한 증거였습니다.

J가 도달한 것은 단순한 전교 1등이 아니었습니다. '육각형 점화 지점'이었습니다. 여섯 개의 축—본질적 학업 역량, 메타인지, 정서 조절, 목표의식, 절대 실행력, 관계·인성 역량—이 하나로 작동하기 시작하는 순간, 아이는 급속도로 성장합니다.

대치동 현장에서 수많은 학생을 만나고 그들의 성장을 지켜보며 확신하게 되었습니다. **최상위 0.1% 학생들이 거둔 빛나는 성과는 결코 하늘에서 떨어진 재능 덕분이 아니었습니다.** 그들이 성취한 경이로운 결과 뒤에는 **보이지 않는 곳에서 이루어진 치열한 노력과 효율적인 학습 시스템**이 존재했습니다. 지금부터 그 특별한 방법을 공개합니다.

아이의 성장을 가로막는
가장 큰 오해

"우리 아이는 수학에 소질이 없어요." "암기는 타고나야 잘하는 거 아닌가요?" "아무리 애를 써도 안 되는 걸 보니 재능이 없는 것 같아요."

이런 말을 해본 적이 있으신가요? 그렇다면 여러분은 지금 자녀의 무한한 가능성에 스스로 한계를 설정하고 있는 것입니다.

아이가 "조금만 더 쉬고 공부할게요"라고 말할 때, 이는 의지력 부족의 신호가 아니라 체계적인 학습 시스템 부재의 증거입니다. 대부분의 부모님은 이 신호를 잘못 해석하고 아이의 '타고난 능력'이나 '의지력'을 탓합니다. 하지만 제가 대치동에서 수십 년간 관찰한 결과, **진정한 문제는 시스템의 부재**입니다.

대치동에서 수천 명의 학생과 부모를 만나며, 저는 한 가지 놀라운 공통점을 발견했습니다. 상위 0.1%에 도달한 아이들은 타고난 천재도, 금수저도 아니었습니다. 그들은 **의식적인 노력**과 **집중 양육**이라는 두 개의 축으로 설계된 학습 시스템을 통해 스스로 길을 열었습니다.

아인슈타인Einstein도 말했습니다. "천재성은 1%의 재능과 99%의 노력으로 이루어진다." 진정한 탁월함은 선천적 재능이 아닌 체계적인 노력의 산물입니다. 성공은 선천적 재능이나 운이 아니라 **누구나 따라 할 수 있는 구조적 노력**의 결과입니다.

멈춰 선 성장의 원인,
'재능'이라는 낡은 믿음

우리는 종종 놀라운 성과를 이룬 사람들을 보며 쉽게 단정 짓습니다. "역시, 쟤는 태어날 때부터 남달랐어", "금수저니까 저렇게 쉽게 성공하는 거야"라며 그들의 피나는 노력과 성장의 과정을 간과하곤 합니다. 특히 교육 분야에서는 '선천적인 재능', '타고난 머리'라는 이야기가 마치 절대적인 진리처럼 받아들여지기도 합니다. 과연 그럴까요? 정말 '될성부른 나무는 떡잎부터 다르다'는 말처럼, 처음부터 정해진 능력의 틀 안에서만 아이의 성장이 가능한 것일까요?

자녀의 성적이 기대에 미치지 못할 때, 부모님들은 쉽게 좌절감에 휩싸입니다. "우리 아이는 머리가 좋지 않은가 봐", "아무리 애를 써도 안 되는 걸 보니 재능이 없는 것 같아"라며 섣불리 포기하기도 합니다. 심지어 일부 교육 전문가조차 유전적인 요인이나 선천적인 지능을 지나치게 강조하며 노력의 중요성을 간과하는 안타까운 경우를 봅니다.

하지만 대치동 현장에서 수많은 학생을 밀착 지도하며 제가 가장 눈여겨본 것은 **'재능'이라는 화려한 단어 뒤에 가려진 상상 이상의 노력의 시간**이었습니다. 겉으로는 '똑똑해 보이는' 아이들조차 남들이 보지 않는 곳에서 **끊임없는 자기 주도적인 노력**을 쏟아붓고 있었습니다. 그들의 꾸준한 노력이 결국 놀라운 결실을 맺은 것입니다.

"원래 잘하는 아이들은 뭔가 특별한 재능을 타고난 것 아닌가요?" 수많은 학부모님이 제게 던진 질문입니다. 하지만 제 오랜 경험을 통해 얻은 확신은 단호합니다. "아닙니다. 그 아이들은 다른 아이들보다 더 '정확한' 방법으로 '충분한' 시간을 쏟아부었을 뿐입니다." 아무리 뛰어난 잠재력이 있어도 갈고닦는 노력이 없다면 빛을 발할 수 없습니다.

이제 우리는 **'재능'이라는 낡은 믿음**에서 벗어나야 합니다. **'노력' 이야말로 숨겨진 잠재력을 현실로 끌어내는 가장 강력한 힘**이라는 사실을 명확히 인식해야 합니다. 이 주장을 뒷받침하는 심리학 및 인지과학 기반의 연구 결과와 함께, 우리가 흔히 '재능'에 대해 품고 있는 오해를 속 시원하게 풀어드리겠습니다.

과학은 '타고난 재능'의 신화를 어떻게 무너뜨렸는가

숙련은 재능이 아닌 노력으로:
'1만 시간의 법칙'의 과학적 증명

'1만 시간의 법칙'은 단순한 격언이 아닌 과학적인 근거를 가진 강력한 이론입니다. 플로리다 주립대학교의 심리학자 안데르스 에릭슨Anders Ericsson은 다양한 분야의 최고 전문가들을 심층적으로 연구한 결과, **탁월한 수준의 숙련을 위해서는 약 1만 시간의 의식적인 연습이 필수적**이라는 사실을 밝혀냈습니다. 이는 마치 '방망이 깎던 노인'처럼, 오랜 시간 동안 한 분야에 몰두하는 노력이 결국 최고의 경지에 이르게 한다는 사실을 과학적으로 증명한 것입니다.

세계적인 밴드 비틀스가 전설적인 존재가 될 수 있었던 배경에는 함부르크에서 1년 반 동안 매주 7일, 하루 8시간씩 합주했던 엄청난 연습량이 있었습니다. 마이크로소프트의 창립자 빌 게이츠Bill Gates 역시 고등학교 시절부터 5년 동안 컴퓨터 클럽에 몰두하며 1만 시간에 달하는 코딩 경험을 쌓았기에 혁신적인 기업을 설립할 수 있었습니다. 이처럼 성공한 사람들의 뒤에는 '피나는 노력'이라는 공통분모가 존재합니다.

1921년, 루이스 터먼Lewis Terman 박사는 IQ 140~204의 '천재' 아이들 1470명을 추적했습니다. 결과는 충격적이었습니다. **지능과 성공 사이에는 상관관계가 없다.** IQ가 높은 아이 중 다수는 평범한 삶을 살았고, 천재로 남은 이는 소수에 불과했습니다.

이는 지능검사로 아이의 미래를 예측할 수 없다는 강력한 증거입니다.

공부 잘하는 아이는 머리가 좋아서가 아니라 **후천적 노력**으로 시스템을 구축한 아이입니다.

이러한 연구 결과와 실제 사례들은 **'타고난 천재'는 신화이며, 꾸준한 노력을 통해 누구든 세계적인 수준의 전문가가 될 수 있다**는 강력한 메시지를 던져줍니다.

아이의 학습 능력에 대해 섣불리 재단하고 포기하기보다는, **충분한 시간과 노력을 올바른 방향으로 투입할 수 있도록 환경을 조성해주는 것**이 부모의 중요한 역할입니다. 아이의 잠재력을 믿고 꾸준히 지원하는 것이 성공의 첫걸음입니다.

우리가 흔히 아이의 '재능 부족'이라고 단정 짓는 것은 어쩌면 '노력 부족'의 결과일 수 있습니다. 모든 과목에서 뛰어난 재능을 보이는 경우는 극히 드뭅니다. 명문대에 진학하는 학생들은 특정 과목에서만 뛰어난 것이 아니라, **1만 시간에 가까운 노력을 통해 전반적인 학습 능력을 최고 수준으로 끌어올린** 경우가 대부분입니다.

집중 양육:
실용 지능을 키우는 부모의 결정적 역할

여기서 중요한 개념이 하나 있습니다. 바로 '실용 지능Practical Intelligence'입니다. 로버트 스턴버그Robert Sternberg 교수가 제시한 이 개념은 "언제, 어디서, 누구에게, 어떻게 말하고 행동해야 최대의 효과를 얻을 수 있는지 아는 능력"을 말합니다. 학교에서 가르치지 않지만, 인생의 성공에 결정적인 요소입니다.

이 중요한 실용 지능은 어떻게 개발될까요? 바로 '집중 양육'을 통해서입니다.

사회학자 아네트 라루Annette Lareau의 연구는 두 가지 양육 방식을 구분합니다.

- **자연 양육:** "아이는 알아서 자란다"는 믿음. 스마트폰을 사주고 스스로 통제하길 기대하거나, 놀다 보면 언젠가 공부할 것

이라 기대하는 방식.

- **집중 양육:** 아이의 재능과 역량을 적극적으로 개발하기 위해 환경을 조성하고, 구조와 피드백을 제공하는 방식.

20여 년간의 제 교육 현장 경험을 통틀어 자연 양육만으로 최상위 0.1%에 도달한 학생은 본 적도 들은 적도 없습니다. 반면 집중 양육을 받은 학생은 대부분 평균을 뛰어넘어 상위권 또는 최상위권에 도달했습니다.

집중 양육은 단순한 사교육 투자가 아닙니다. 자녀의 학습 과정을 관찰하고, 적절한 피드백을 제공하며, 자기 주도 학습의 구조와 시스템을 함께 만들어가는 것입니다. 이 책에서 제시하는 집중 양육을 기반으로 한 다양한 자기 주도 학습 공부법은 아이의 실용 지능 발달에 긍정적인 영향을 미칩니다.

이제 부모님은 단순한 양육자가 아닙니다. 학부모 교육 전략가로 거듭나야 합니다. 우리는 '재능'이라는 선천적인 능력에만 의존할 것이 아니라, '의식적인 노력'이라는 후천적인 힘과 '실용 지능'이라는 삶의 지혜를 균형 있게 키워 나가는 데 집중해야 합니다. 다음으로 이러한 과학적 이론과 교육 현장의 경험을 바탕으로, 우리 아이를 '스스로 성장하는 핵심 인재'로 만들기 위한 구체적이고 실질적인 실천 전략을 제시하겠습니다.

대치동 장원장식 자기 주도 솔루션: 단계별 실천 전략

1단계:
'자기 주도 학습 1만 시간' 로드맵 설계

'1만 시간의 법칙'을 우리 아이의 학습에 성공적으로 적용하기 위한 첫 번째 단계는 **명확한 목표를 설정하고, 아이의 현재 학년과 학습 상황에 최적화된 '1만 시간' 로드맵을 구체적으로 설계하는 것입**니다. 단순히 책상에 앉아 있는 시간의 양을 늘리는 것이 아니라, **'정확한 방법'으로 '충분한 시간'**을 투자하는 것이 핵심입니다. 목표와 실천 계획은 긴밀하게 연결되어야 합니다.

일반적으로 수능까지 필요한 학습 시간을 고려했을 때, 초등학교

1학년부터 고등학교 3학년까지 **총 12년 동안 하루 평균 약 2.3시간**을 꾸준히 학습하면 1만 시간을 달성할 수 있습니다. 의식적인 노력을 초1부터 쉬지도 않고 매일 2.3시간 한다는 것은 현실적인 기준은 아닙니다. 따라서 현실적으로 아이의 학년과 개별적인 학습 역량, 학습 속도를 고려해 맞춤형 시간 설계를 해야 합니다.

이 법칙을 자녀의 학업 성공에 어떻게 적용할 수 있을까요? 제가 대치동에서 시행착오 끝에 개발한 '성공의 1만 시간 공식'을 공개합니다.

1만 시간=초등학교(2년)+중학교(3년)+고등학교(3년)

학년별 추천 학습량은 다음과 같습니다.

- **초등학교(5~6학년):** 하루 3시간(주 5일 공부, 주 15시간)
- **중학교:** 하루 4시간(주 5일 공부, 주 20시간)
- **고등학교:** 하루 6시간(주 6일 공부, 주 36시간)

이 공식을 따르면 대학 입시 전까지 정확히 1만 시간의 질적 학습을 축적할 수 있습니다.

이미 학년이 높아 시간이 부족하다면 **고등학교에서 주 70~90시간**으로 집중 투자해 1만 시간을 채울 수 있습니다. **중요한 것은 질적 시간입니다.** 무작정 시간을 채우는 것이 아니라, **목표 중심의 의식적인 노력을 통해 자기 주도 학습**으로 채워야 합니다.

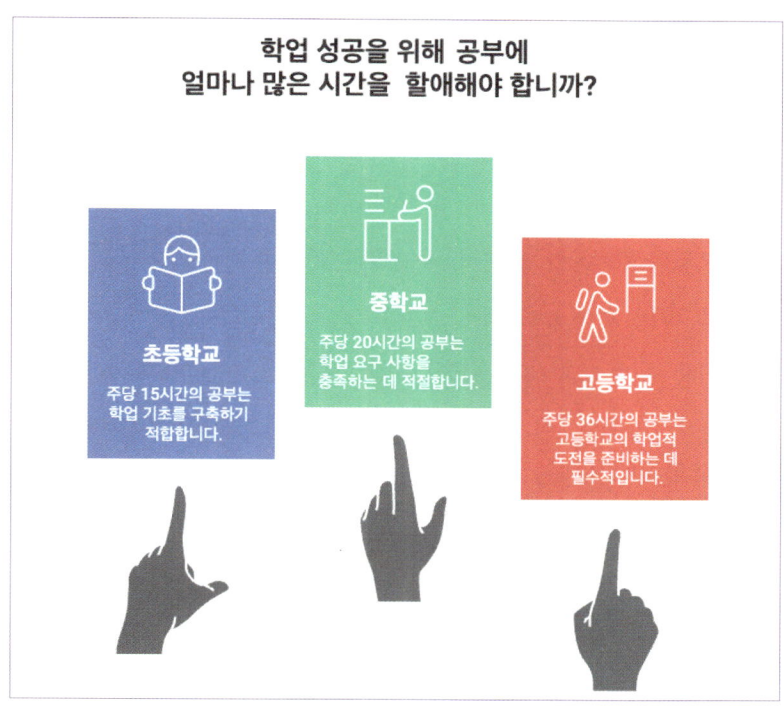

학업 성공을 위해 공부에
얼마나 많은 시간을 할애해야 합니까?

초등학교
주당 15시간의 공부는
학업 기초를 구축하기
적합합니다.

중학교
주당 20시간의 공부는
학업 요구 사항을
충족하는 데 적절합니다.

고등학교
주당 36시간의 공부는
고등학교의 학업적
도전을 준비하는 데
필수적입니다.

- **초등학생**(고학년): 학습의 기초를 다지고 자기 주도 학습 습관을 형성하는 중요한 시기입니다. 하루 3시간을 목표로 학습에 흥미를 느끼고 꾸준히 참여하는 경험을 쌓도록 지도합니다. 이 시기의 긍정적인 학습 경험은 평생 학습의 밑바탕이 됩니다. 공부 내공 6원소(문해력, 암기력, 사고력, 공부 습관, 공부 태도, 체력)의 기초를 탄탄하게 다져야 합니다.

- **중학생**: 본격적인 학습 능력을 향상시키고 자기 주도 학습 능력을 심화해야 하는 시기입니다. 하루 4시간을 확보해 학습 내

용에 대한 이해도를 높이고, 스스로 학습 계획을 수립하고 실천하는 연습을 합니다. 이 시기에 강철 멘탈과 동기 부여 시스템을 구축하는 것이 중요합니다. 꾸준한 실천을 통해 학습 역량을 강화해야 합니다.

- **고등학생:** 대학 입시라는 명확한 목표를 두고 학습에 매진해야 하는 결정적인 시기입니다. 최소 하루 6시간 이상 학습에 집중해 심화된 내용을 학습하고, 실전 감각을 키우는 데 주력해야 합니다. 인강 활용력과 기억 전략을 최적화하여 효율성을 극대화해야 합니다.

오늘의 미션

1. 우리 아이의 현재 학년과 학습 상황을 객관적으로 분석하고, '1만 시간' 목표 달성 시점을 현실적으로 설정한 후, 매일·매주 학습해야 할 시간을 구체적으로 계산해 기록합니다. (예: 현재 중학교 1학년, 수능까지 약 6년, 1만 시간 달성을 위해 매일 X시간 학습 필요)
2. 아이와 함께 학습 목표 시간표를 만들고, 아이의 의견을 존중하며 실천 가능한 계획을 함께 세웁니다. 학교 수업 시간, 과외·학원 시간, 휴식 시간, 수면 시간 등을 고려해 학습 시간을 효율적으로 배분합니다.

2단계:
'실용 지능' 기반의 맞춤형 집중 양육 시스템 구축

'1만 시간'의 노력이 빛을 발하기 위해서는 '아이의 실용 지능'을 체계적으로 향상시키는 맞춤형 집중 양육 시스템 구축이 필수적입니다. 부모님은 아이의 학습 과정을 단순히 관리하는 것을 넘어, 아이의 잠재력을 최대한으로 끌어낼 수 있도록 능동적인 코치 역할을 수행해야 합니다. 학부모 교육 전략가로서 부모님의 현명한 지도는 아이의 성장을 극대화합니다.

1. 시간의 질 높이기

단순히 책상에 앉아 있는 시간이 아닌 실질적인 학습 시간을 측정해야 합니다. 연구에 따르면 일반 학생들의 실제 집중 시간은 표면적 학습 시간의 60%에 불과합니다. 시간의 질을 높이기 위한 방법은 다음과 같습니다.

책상 위에는 필통과 학습 자료만 둡니다. 25분 집중, 5분 휴식의 포모도로 기법을 활용합니다. 스마트폰은 공부 공간에서 완전히 제거합니다. 안방 또는 거실을 스마트폰 감옥으로 추천합니다.

2. 취약 과목에 더 많은 시간 투자하기

많은 학부모가 자녀가 잘하는 과목에 더 많은 시간을 투자하는 오류를 범합니다. 하지만 진정한 육각형 인재가 되기 위해서는 취약 과목에 오히려 더 많은 시간을 투자해야 합니다. 제 연구에 따르면, 상위 0.1% 학생들은 약점 과목에 평균 30% 더 많은 시간을 투자합니다. 이는 육각형 인재의 여섯 가지 축이 균형을 이루는 데 필수적입니다.

3. 부모-자녀 주간 학습 미팅 설정하기

매주 일요일 저녁, 30분간의 학습 미팅을 가지세요. 이 시간에 지난주 계획 대비 실행 결과를 검토하고, 다음 주 학습 계획을 함께 설정하며, 장애물이나 어려움에 대한 솔루션을 논의합니다. 이런 시스템적 접근이 바로 대치동 상위 0.1%가 공통적으로 실천하는 방식입니다.

3단계:
실패에 대한 프레임 전환과 공감대 형성

실패를 받아들이는 방식에 대한 변화가 아이와 부모님 모두에게 가장 중요한 부분입니다.

'노력해도 실패하면 어쩌지?'라는 두려움을 버리세요. **제대로 된 노력은 절대 실패하지 않습니다.** 실패는 노력이 부족했거나 방법이 잘못됐다는 신호일 뿐입니다. **질적 노력**을 점검하고 **꾸준함**을 유지하세요.

주간 미팅 시간에 아이가 학습에 어려움을 느끼거나 미래에 대한 불안감을 표현할 때, 솔루션 제시에 집중하기보다는 부모님께서 먼저 자신의 경험을 솔직하게 이야기하며 공감대를 형성하고 정서적인 안정을 제공해야 합니다. **그 과정에서 아이가 솔루션을 스스로**

찾아가는 경우가 점점 많아집니다.

이것이 바로 **정서 조절**과 **메타인지**라는 두 개의 축이 동시에 성장하는 순간입니다. 아이는 스스로 문제를 인식하고, 감정을 조절하며, 해결책을 찾아가는 과정을 통해 진정한 육각형 인재로 성장합니다.

"머리가 좋은데 공부를 왜 못하나요?"라는 질문을 자주 받습니다. 이제 그 답을 아실 겁니다. 머리가 좋은 것이 1만 시간의 노력을 대체할 수는 없습니다.

성공은 타고나는 것이 아닙니다. 1만 시간의 법칙은 누구나 도달할 수 있는 과학적 설계도입니다. 대치동에서 수천 명의 아이를 지도한 결과, 단언컨대 **선천적으로 못하는 과목은 존재하지 않습니다.** 부족한 것은 재능이 아니라 **충분한 질적 시간과 집중 양육**입니다.

육각형 인재는 의식적인 노력을 통해 여섯 개의 축을 하나씩 채워 갑니다. 본질적 학업 역량, 메타인지, 정서 조절, 목표의식, 절대 실행력, 관계·인성 역량. 이 여섯 축이 균형을 이루는 순간 육각형 점화 지점에 도달합니다. 그 순간부터 아이의 성장은 급속도로 빨라집니다.

오늘부터 1만 시간을 채우는 여정을 시작하세요. **의지가 약한 게 아니라 구조가 약했던 것입니다.** 여러분의 아이는 이미 슈퍼 엘리트가 될 씨앗을 품고 있습니다. 그 씨앗을 키울 시스템을 지금 함께 만들어갑시다. 대치동 장원장이 여러분의 여정을 함께하겠습니다.

2장

습관 시스템으로
실천의 엔진을
만들어라

효율성 자동 향상하는 습관 재설계

육각형 레이더 차트 1-2. 습관 시스템
(스마트폰 가로 모드에 최적화되어 있습니다.)

유독 반짝이는 눈빛을 가진 아이가 있었습니다. 제 기억 속 L의 첫 모습은 언니의 상담을 따라온 호기심 가득한 초등학교 저학년 꼬마였습니다. 당시에는 저학년을 위한 과정이 없어 간곡한 부모님의 요청이 있었음에도 인연을 다음으로 미뤄야 했습니다.

2년 뒤, 초등 고학년이 된 L은 저희의 기본 시스템을 통해 차근차근 자기주도 학습의 기초를 다져 나갔습니다. 하지만 전국 최고 수준의 경쟁이 벌어지는 대치동 한복판에서 L의 노력은 좀처럼 빛을 발하지 못했습니다. 아이는 상위권의 문턱에서 번번이 좌절을 맛봐야 했습니다.

L의 잠재력을 확신했던 부모님의 지속적인 요청에 저 또한 '이제 때가 되었다'고 판단했습니다. 아이와 깊은 상담을 나눈 끝에 우리는 마침내 '최상위 0.1% 육각형 인재 프로젝트'라는 특별한 여정을 시작하기로 결심했습니다. 그리고 그 첫걸음은 파격적이었습니다. 저는 L이 소화하던 대치동의 수많은 사교육 스케줄을 과감히 '전면 중단'시켰습니다.

모든 것을 비워낸 그 자리에 오직 본질에 집중하는 새로운 시스템을 채워 넣었습니다. 바로 학습의 근본 체력을 기르는 저만의 공부 내공 6원소였습니다. 문해력, 암기력, 사고력, 공부 습관, 공부 태도, 그리고 체력. 정밀 분석 결과 L에게 가장 시급한 것은 선행 지식을 쌓는 일이 아니라 '공부 습관의 규칙성과 효율성'을 바로 세우는 일이었고 우리는 이 부분을 집요하리만큼 체계적으로 훈련했습니다.

자신에 대한 믿음이 부족했던 아이는 때로 불안감을 토로하기도 했습니다. 하지만 저와 부모님이 보내는 강한 신뢰 **그리고 집중 양육의 힘** 속에서 L은 주어진 과업을 스펀지처럼 흡수하며 하루가 다르게 성장했습니다.

선행 학습은커녕 한때 수학 시험에서 50점대를 받기도 했던 아이. 그 아이

L의 겨울방학 주간 플래너

가 프로젝트 가동 1년 뒤, 대치권 고등학교 입학 후 첫 중간고사에서 국어, 영어, 수학 종합 전교 1등을 차지했습니다. 기말고사에서는 의대와 SKY(서울대, 고려대, 연세대)를 목표로 하는 최상위권 이과 학생들을 모두 제치고, 문과 지망생임에도 수학 전교 1등이라는 신화를 만들어냈습니다.

제가 처음 만났던 그 꼬마의 반짝이는 눈망울은 이제 더 큰 세상을 담는 깊고 단단한 눈빛이 되었습니다. L은 육각형 점화 지점을 통과했습니다. 그 누구도 L의 성장 한계를 감히 예측하지 못합니다.

지금부터 평범했던 L을 비범한 인재로 바꾼 '공부 습관 시스템'의 모든 비밀을 공개하려 합니다. 당신의 자녀에게 잠재된 비범함을 깨울 준비가 되셨습니까? 놀라운 변화는 언제나 본질을 바로 세우는 데서부터 시작됩니다.

성공의 비밀:
비생산적인 공부 습관 제거하기

아이가 열심히 공부하는데도 성적 향상이 더딘 이유가 궁금하셨나요? 혹은 아이의 책상이 책으로 넘쳐나지만 실제 지식은 피상적인 수준에 머물러 있는 모습을 보신 적 있으신가요? 해결책은 생각보다 간단합니다. 성공은 종종 공부 루틴에 무엇을 추가하는가가 아니라, **무엇을 제거하는가**에 달려 있습니다.

학업 우수성으로 가는 길은 기본적인 진리를 이해하면 더욱 명확해집니다. 좋지 않은 공부 습관을 제거하는 것이야말로 좋은 습관이 자연적으로 형성되는 길이자 성적 향상의 가장 빠른 지름길입니다. 더 열심히, 더 오래 공부하는 것이 아니라 효과적인 학습을 방해하는 장애물을 제거하는 것이 핵심입니다.

내면의 심리적 전쟁터

특정 습관을 제거하기 전에, 모든 학생이 직면하는 내적 갈등을 이해해야 합니다. 우리 각자 안에는 2개의 경쟁하는 목소리가 존재합니다. 하나는 즉각적인 만족감을 추구하고, 다른 하나는 장기적인 성장을 옹호합니다. 이 내적 갈등이 우리가 무엇이 최선인지 알면서도 실천이 어려운 이유를 설명합니다.

이런 비유를 생각해보세요. 같은 접시에 샐러드와 피자를 올려놓으면 대부분의 사람은 무엇을 선택할까요? 당연히 피자입니다. 마찬가지로 공부할 때 비생산적인 선택지가 접근 가능한 상태로 남아있으면 우리는 자연스럽게 저항이 적은 길을 선택하게 됩니다. 해결책은 초인적인 의지력을 개발하는 것이 아니라 유혹 자체를 완전히 제거하는 것입니다.

이러한 관점의 전환이 매우 중요합니다. 자연적인 경향성과 끊임없이 싸우는 대신, 성공이 가장 저항이 적은 길이 되는 환경을 설계할 수 있습니다. 나쁜 습관을 제거함으로써 우리는 공부 효율성을 향상시킬 뿐만 아니라 2배로 높일 수 있습니다.

대치동 상위 0.1% 학생의 공통점은 **효율적인 습관 시스템**을 구축했다는 점입니다. 이들은 나쁜 습관을 과감히 버리고, **공부 뇌**가 최적의 상태로 작동하도록 환경을 설계했습니다. 이것이 바로 **육각형 인재**가 갖춘 여섯 가지 역량 중 하나인 **절대 실행력**의 출발점입니다.

우리는 기존의 '열심히만 하면 된다'는 관점을 버리고, **질 높은 학**

습을 위한 전략적 선택을 해야 합니다. 부모님은 아이를 다그치는 사람이 아니라, **학부모 교육 전략가**로서 아이의 학습 환경을 설계하는 사람이 되어야 합니다.

나쁜 공부 습관 그 첫 번째: 멀티태스킹에 대한 오해

즉시 제거해야 할 첫 번째 비생산적 습관은 멀티태스킹입니다. 많은 학생들이 수학 문제를 풀면서 동시에 영어 단어를 복습하고 소셜 미디어 알림도 확인할 수 있다고 믿습니다. 이 널리 퍼진 오해는 모든 수준의 학습을 저해합니다.

우리가 멀티태스킹이라고 인식하는 것은 실제로는 빠른 작업 전환입니다. 인간의 뇌는 여러 복잡한 인지 작업을 동시에 처리할 수 없습니다. 학생이 어려운 수학 문제를 풀면서 가사가 있는 음악을 듣거나 메시지를 확인하려고 하면, 어느 작업에도 완전한 주의를 기울이지 못합니다. 이는 인지심리학자들이 '표면 학습'이라고 부르는 상태를 만듭니다. 깊은 이해와 기억을 방해하는 피상적인 참여

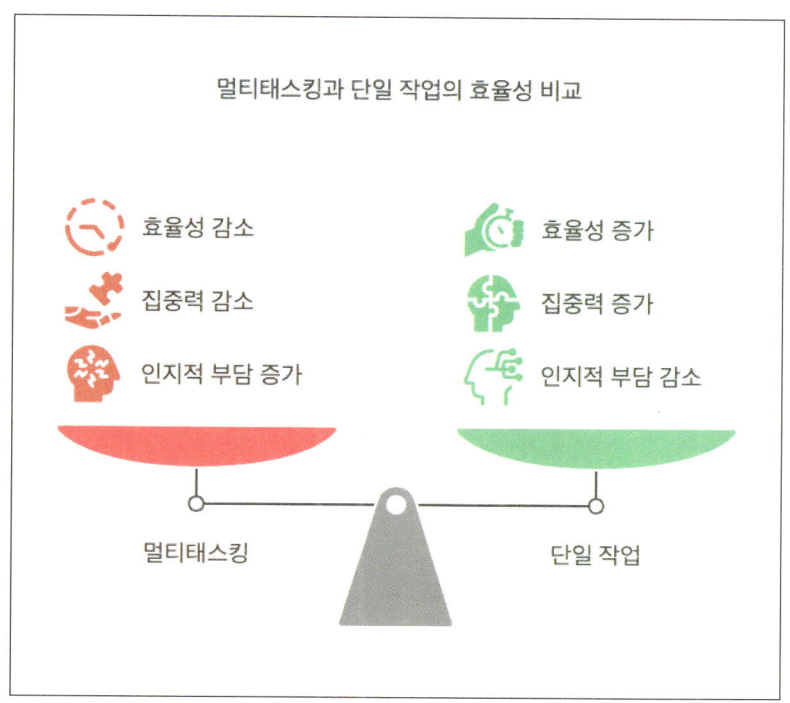

멀티태스킹과 단일 작업의 효율성 비교

효율성 감소   효율성 증가

집중력 감소   집중력 증가

인지적 부담 증가   인지적 부담 감소

멀티태스킹   단일 작업

입니다.

뇌는 한 번에 하나의 작업에만 깊이 몰입할 수 있습니다. 멀티태스킹은 작업 전환 비용task-switching cost을 발생시켜 효율성을 최대 40%까지 떨어뜨린다는 연구 결과도 있습니다(인지심리학 연구, Rubinstein et al., 2001). 작업 전환의 인지적 비용은 상당합니다. 주의력이 이동할 때마다 뇌를 재조정해야 하며, 이로 인해 집중력 감소와 정신 에너지 소모가 발생합니다. 최상위권 학생들은 이 원칙을 직관적으로 이해합니다. 그들은 다른 작업으로 넘어가기 전에 한 가지 작업에 강하게 집중합니다. 이것이 바로 **메타인지** 능력의 출발점입니다.

이 원칙은 학습 환경에도 적용됩니다. 여러 과목의 자료로 가득 찬 어수선한 책상은 비자발적 멀티태스킹을 유발합니다. 의식적인 선택 없이도 자연스럽게 다른 책, 노트, 또는 플래너로 시선이 옮겨가면서 주의력이 분산됩니다. 최상위 학생들은 현재 작업에 필요한 필수 자료만 보이는 미니멀한 작업 공간을 유지합니다.

<h2 style="text-align:center; color:red">대치동 장원장의 실행 전략</h2>

1. 책상 정리로 공부 루틴 만들기

학습 공간에서 불필요한 물건을 치우세요. 시야에 들어오는 다양한 책이나 물건은 무의식적으로 주의를 분산시켜 멀티태스킹을 유도합니다. 현재 학습에 필요한 자료만 책상 위에 두고, 나머지는 보이지 않도록 정리하거나 치워두세요. 깨끗하고 정돈된 환경은 집중력을 향상시키는 첫걸음입니다. 이것은 **공부 습관 형성**의 기본이자 **본질적 학업 역량**을 키우는 환경 설계입니다.

2. 한 번에 하나의 작업만

학습 시간에는 오직 하나의 과목 또는 하나의 학습 목표에만 집중하세요. 예를 들어 수학 문제를 풀 때는 수학 문제에만 몰입하고,

영어 단어를 외울 때는 영어 단어에만 집중하는 것입니다. 하나의 작업을 완전히 끝낸 후에 다음 작업으로 넘어가세요. **이러한 의식적 노력이야말로 실용 지능을 키우는 핵심입니다.**

3. 목표 시간 설정

학습 활동에 대한 명확한 목표 시간을 설정하세요. '30분 동안 수학 문제 풀기', '20분 동안 영어 단어 암기'와 같이 구체적인 시간을 정하고, 그 시간 동안에는 오롯이 해당 학습에만 집중하는 연습을 하세요. 주간 학습 계획표에 각 학습 활동의 목표 시간을 기록하는 것은 시간 관리 능력을 향상시키고, 불필요한 멀티태스킹을 방지하는 효과적인 방법입니다. 이것이 바로 **목표의식**을 구체화하는 과정입니다.

4. 1분 집중 준비

학습을 시작하기 전에 1분 동안 심호흡을 하며 마음을 차분하게 가다듬으세요. 머릿속에 떠오르는 다른 생각을 잠시 내려놓고, 현재 해야 할 학습에만 집중하겠다고 스스로 다짐하는 시간을 갖는 것입니다. 이는 뇌를 학습 모드로 전환시키는 중요한 의식儀式이며, **정서 조절 능력**을 키우는 실천입니다.

이제 더 이상 '나는 원래 멀티태스킹이 잘 안 돼'라며 자책하지 마세요. 멀티태스킹은 능력의 문제가 아니라 뇌의 작동 방식에 대한 오해에서 비롯된 비효율적인 학습 습관입니다. 오늘부터 당장 책상을 정리하고 한 번에 하나의 작업에 집중하는 연습을 시작하세요. 목표 시간을 설정하고 학습 전후 1분간의 집중 준비와 의도적인 휴식을 실천하는 것만으로도 아이들의 학습 효율성은 200% 향상될 수 있습니다.

나쁜 공부 습관 그 두 번째: 수동적인 입력 중심 학습

이제 두 번째로 버려야 할 나쁜 공부 습관은 바로 '입력 중심의 공부'입니다. 분명 수업 시간에는 열심히 들은 것 같은데 돌아서면 머릿속에 남는 것이 없거나, 학교 선생님한테 "우리 아이 수업 태도는 참 좋아요"라는 칭찬을 듣지만 정작 시험만 보면 성적이 좋지 않은 경우가 있나요? 이는 단순히 수업 태도가 좋다고 해서 공부를 잘하는 것이 아니라는 명백한 증거입니다. **맹목적인 수업 참여, 즉 입력만 있고 출력이 없는 공부는 밑 빠진 독에 물 붓기와 같습니다.**

많은 학생들이 수업을 듣거나 강의 영상을 시청하는 것을 '공부'라고 착각합니다. 마치 옷장에 옷을 쌓아두기만 하고 어떤 옷이 어디에 있는지, 나에게 필요한 옷은 무엇인지 파악하지 못하는 것과 같습니다. 학원 수업을 많이 듣거나, 유명 강사의 인강을 섭렵하거나, 수많은 참고서를 쌓아두는 것만으로는 진정한 학습이 이루어지지 않습니다. 오히려 **과도한 입력은 소화불량**을 일으켜 학습에 대한 거부감을 키우고 질적인 학습을 방해하는 요인이 됩니다.

진정한 학습은 **단순한 정보의 축적이 아니라 이해, 분석, 적용, 그리고 스스로 설명할 수 있는 출력의 과정**을 통해 완성됩니다. 마치 뇌라는 옷장에 정보를 차곡차곡 정리하고 필요할 때 꺼내 쓸 수 있도록 분류하는 작업과 같습니다. 의미 없는 수업의 반복은 마치 TV나 유튜브 영상을 시청하는 것처럼 수동적인 구경하는 공부로 이어질 뿐입니다. 입력 중심의 공부는 학생을 '수업 셔틀'로 전락시키고, 스스로 생각하고 문제를 해결하는 능력을 키우지 못하게 만듭니다. 이는 오히려 **본질적 학업 역량**을 약화시키는 행위입니다.

출력 중심의 공부는 단순히 머릿속에 정보를 집어넣는 것을 넘어, 이해한 내용을 자신의 언어로 설명하고, 다양한 문제에 적용하며, 그 결과를 스스로 점검하고, 더 나아가 심화된 내용까지 활용하는 적극적인 학습 방식입니다. 마치 씨앗을 심고 물을 주고 햇볕을 쬐여 열매를 맺는 과정과 같습니다. 우리는 출력 중심 공부가 이해, 확인, 적용, 심화의 과정을 통해 지식을 내재화한다는 인지심리학의 연구 결과에 주목해야 합니다(Blume et al., 2010). 이것이 바로 **메타인지** 능력, 즉 자신의 학습 과정을 스스로 점검하고 조절하는 능력의 핵심입니다. 이제 입력 중심의 낡은 학습 방식에서 벗어나, 출력 중심의 효율적인 학습 전략으로 전환해야 합니다.

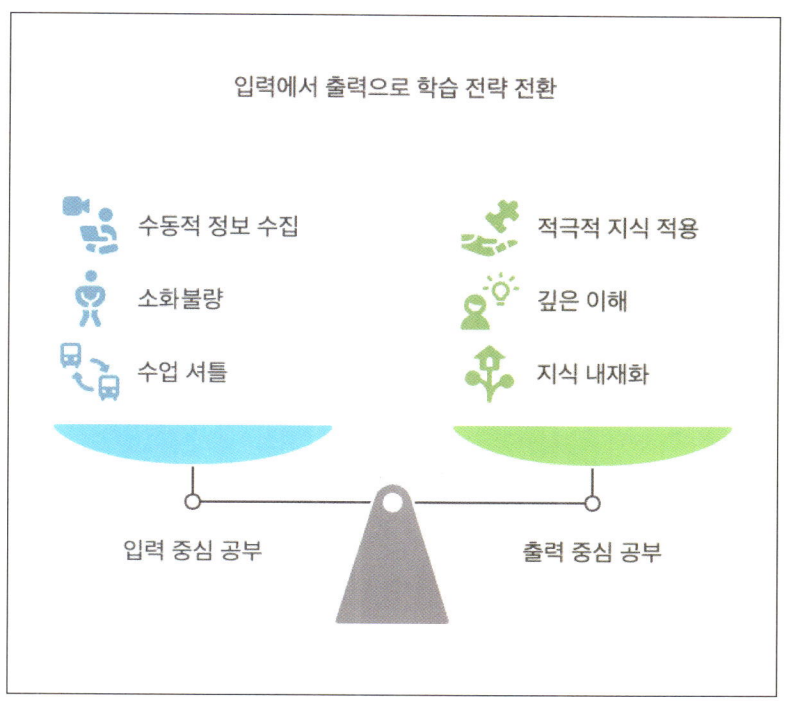

입력에서 출력으로 학습 전략 전환

수동적 정보 수집   적극적 지식 적용

소화불량   깊은 이해

수업 셔틀   지식 내재화

입력 중심 공부   출력 중심 공부

대치동 장원장의 실행 전략

1. 세팅 값 낮추기

현재 아이가 소화하기 힘들 정도로 많은 학원 수업, 인강, 과제 등으로 학습 스케줄이 꽉 차 있다면, 과감하게 **학습량과 범위를 조절**해야 합니다. 아이에게 맞는 적절한 양의 학습 콘텐츠를 설정하고, 질적인 학습 시간을 확보하는 것이 중요합니다. 마치 뷔페에서 자신의 위 용량에 맞는 만큼만 음식을 가져와야 소화불량에 걸리지 않는 것과 같습니다. 이것이 바로 **학부모 교육 전략가**로서 부모님이 내려야 할 첫 번째 결단입니다.

2. 손으로 하는 공부

눈으로만 읽거나 듣는 피상적인 학습에서 벗어나 **손으로 직접 메모하고 필기하는 습관**을 들이세요. 중요한 내용을 간략하게 요약하거나, 핵심 개념을 마인드맵으로 정리하거나, 문제를 풀 때 풀이 과정을 상세하게 적는 행위는 뇌를 활성화해 **기억력 향상**에 큰 도움을 줍니다. 마치 대장장이 장인이 뜨거운 쇠를 직접 두드려 원하는 형태로 만들어내듯, 손으로 하는 공부는 지식을 자신의 것으로 만드는 강력한 도구입니다. 이는 **공부 내공 6원소** 중 **문해력**과 **사고력**을 동시에 키우는 훈련입니다.

3. 구현과 설명 중심 복습

'알겠다!'라고 생각하는 데서 멈추지 않고, **자신의 손으로 직접 개념을 설명하거나 문제를 풀어낼 수 있는지 확인하는 복습**을 습관화하세요. 배운 내용을 백지에 적어보거나 가상의 친구에게 설명하듯이 말로 표현해보는 것은 자신이 얼마나 정확하게 이해했는지 점검하는 가장 효과적인 방법입니다. 마치 악보를 눈으로 읽는 것과 실제로 악기를 연주하는 것은 완전히 다른 차원의 일인 것처럼, **손과 입을 사용하는 복습**은 지식을 완벽하게 내 것으로 만들어줍니다. 이것이 바로 **절대 실행력**을 키우는 과정입니다.

4. 테스트 중심 학습

단순히 내용을 다시 보는 복습에서 나아가, **배운 내용을 스스로 테스트하는 방식**으로 복습하세요. 핵심 개념에 대한 질문을 만들고 답해보거나 연습문제를 풀어보면서 자신의 이해도를 점검하는 것입니다. 마치 운동선수가 실전 경기를 통해 자신의 실력을 향상시키듯, **테스트는 학습 효과를 극대화**하고, 부족한 부분을 명확하게 파악하도록 도와줍니다. 이러한 복습 방식은 수업에 더욱 집중하게 만드는 강력한 동기가 되며, **목표의식**을 구체화하는 실천입니다.

더 이상 '태도만 좋은 학생'으로 만족하지 마세요. 진정한 공부는 머릿속에 정보를 쌓는 입력에서 멈추는 것이 아니라, **끊임없이 끄집어내고 활용하는 출력의 과정**을 통해 완성됩니다. 오늘부터 학습 방식을 근본적으로 전환해, **손으로 쓰고 말로 설명하고 스스로 테스트하는 출력 중심의 공부**를 실천하세요. 이는 단순히 성적 향상을 넘어, **인생의 효율성을 극적으로 변화시키는 마법**과 같은 경험을 선사할 것입니다.

나쁜 공부 습관 그 세 번째:
진정한 휴식 없는 장시간 공부

　이제 마지막으로 여러분이 반드시 버려야 할 세 번째 나쁜 공부 습관은 바로 '제대로 된 휴식 없는 연속 학습'입니다.

　많은 학생들이 '열심히 공부한다'는 생각에 쉬지 않고 책상에만 앉아 있는 것을 미덕으로 여깁니다. 마치 쉴 새 없이 돌아가는 톱니바퀴처럼 말이죠. 하지만 **진정한 휴식 없는 연속 학습은 오히려 학습 효율성을 떨어뜨리고, 장기적으로는 학습 의욕을 저하시키는 주범**입니다. 겉으로는 열심히 하는 것처럼 보이지만, 뇌는 이미 지쳐서 정보를 제대로 받아들이지 못하는 '떡실신' 상태에 놓이게 됩니다. 이는 엔진이 과열된 자동차가 더 이상 제대로 달릴 수 없는 것과 마찬가지입니다.

휴식 없는 연속 학습은 마치 과식과 같습니다. 계속해서 뇌에 학습이라는 음식을 밀어 넣으면, 소화되지 않은 정보들이 쌓여 학습 포만감과 피로감을 유발합니다. 이는 집중력 저하로 이어지고, 결국 책상에 앉아 있어도 멍하니 시간을 보내는 악순환을 초래합니다. 아이들은 억지로 책상에 앉아 있지만, 뇌는 이미 학습을 거부하고 '떡실신'하려는 신호를 보냅니다. 이는 의지 부족의 문제가 아니라 **뇌의 자연스러운 방어기제**입니다. **정서 조절** 능력의 한계가 아닌 **공부 멘탈**을 지키기 위한 뇌의 신호이기 때문입니다.

우리 뇌는 장시간 집중력을 유지하도록 설계되지 않았습니다. 신경과학 연구에 따르면, 뇌의 전전두엽의 지속적 사용은 집중력을 낮춘다고 합니다(Kaplan & Berman, 2010). 마치 단거리 경주를 하듯 **짧은 시간 동안 강렬하게 집중하고, 적절한 휴식을 통해 에너지를 재충전하는 방식**이 훨씬 효율적입니다. 연속 학습은 뇌를 지치게 하고, 학습 내용에 대한 **포만감**과 **거부감**을 일으켜 장기적인 학습 효과를 떨어뜨립니다. 마라톤 선수가 쉬지 않고 계속 달리다 지쳐 쓰러지지 않도록 휴식을 가지듯, 뇌도 적절한 휴식을 통해 활력을 되찾아야 합니다. 이것이 바로 **공부 내공 6원소** 중 **체력** 관리의 핵심입니다.

하지만 많은 학생들이 '휴식'이라고 생각하는 것은 단지 다른 유형의 뇌 활동으로 전환하는 것에 불과해 뇌를 쉬게 하지는 못합니다. 공부 중 휴식 시간에 소셜 미디어를 확인하거나 숏폼을 보거나 웹사이트를 살펴본다고 해서 뇌가 쉬는 건 아닙니다. 이는 그저 인지적

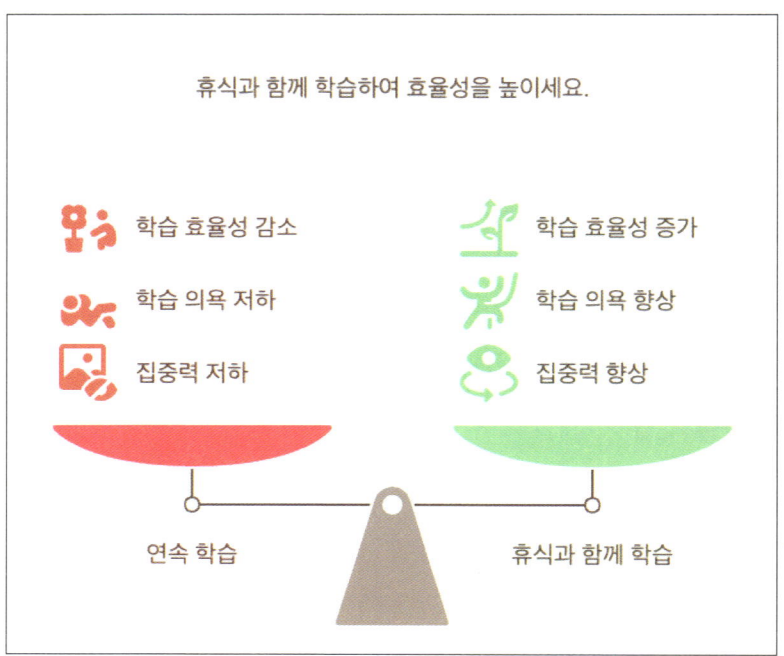

휴식과 함께 학습하여 효율성을 높이세요.

학습 효율성 감소 　　　학습 효율성 증가

학습 의욕 저하 　　　　학습 의욕 향상

집중력 저하 　　　　　집중력 향상

연속 학습 　　　　　　휴식과 함께 학습

과부하의 성격만 변화시키는 것입니다. 디지털 콘텐츠의 시각적 처리 요구는 특히 소모적일 수 있어, 학생들은 휴식 전보다 더 소진된 느낌을 받게 됩니다.

　효과적인 학습에는 리듬이 필요합니다. 주의를 집중하는 기간 후에 진정한 인지적 휴식이 따르는 패턴, 즉 제대로 된 **공부 루틴**이 필요합니다. 이제 뇌를 혹사시키는 연속 학습에서 벗어나 **효율적인 집중과 회복을 위한 학습 전략**을 익혀야 합니다.

대치동 장원장의 실행 전략

1. 미션 시간 제한

학습 목표를 설정할 때 지나치게 긴 시간을 할당하지 마세요. 한 번의 집중 학습 시간은 최소 20분에서 최대 60분을 넘지 않도록 계획하는 것이 좋습니다. 제 경험상 30분에서 40분 정도의 집중 학습 후 짧은 휴식을 취하는 것이 가장 효율적입니다. 단거리 스프린트를 하듯, 짧은 시간 동안 최대한 집중하고 휴식을 통해 에너지를 회복하는 전략입니다. 이것이 바로 **습관 시스템**의 기본 단위입니다.

2. 10% 휴식 법칙

각 학습 미션이 끝난 후에는 반드시 학습 시간의 10%에 해당하는 명확한 휴식 시간을 가지세요. 예를 들어 30분 공부했다면 3분, 60분 공부했다면 6분 동안 휴식을 취하는 것입니다. 휴식 시간을 너무 길게 잡으면 오히려 학습 흐름을 끊고 집중력을 저하시킬 수 있습니다. 레이싱카가 경주 중 짧은 피트 스톱을 통해 에너지를 보충하듯, 짧고 명확한 휴식은 다음 학습을 위한 활력을 불어넣어 줍니다. 이러한 **의식적 노력**이 **강철 멘탈**을 만듭니다.

3. 진짜 휴식 취하기

휴식 시간 동안 스마트폰을 보거나 SNS를 확인하는 것은 가짜 휴식입니다. 뇌파 연구 결과에 따르면 스마트 기기 사용은 뇌를 쉬게 하기는커녕 오히려 더 많은 자극을 주어 피로를 누적시킵니다. 화려한 영상과 빠른 정보의 흐름은 뇌를 끊임없이 활동하게 해, 마치 뇌에게 또 다른 과제를 부여하는 것과 같습니다. 진정한 휴식은 뇌를 맑게 하고 편안하게 해주는 활동입니다. 간단한 스트레칭, 눈 감고 심호흡하기, 물 마시기, 잠시 하늘 바라보기 등이 좋은 예시입니다. 특히 팔을 뒤로 뻗어 날개뼈를 모으는 스트레칭은 오랫동안 책상에 앉아 구부정해진 자세를 교정하고 뇌의 혈액순환을 원활하게 해 집중력 회복에 도움을 줍니다. 이것이 바로 **공부 내공 6원소** 중 **체력**과 **공부 태도**를 동시에 관리하는 방법입니다.

이제 '**나는 끈기가 부족해**'라며 자책하는 대신, **뇌의 작동 방식에 맞는 효율적인 학습 전략**을 선택하세요. 무작정 오래 앉아 있는 것이 능사가 아닙니다. 짧고 강렬한 집중 후에는 반드시 **뇌를 맑게 하는 진정한 휴식**을 취해야 합니다. 오늘부터 학습 시간과 휴식 시간을 명확하게 구분하고, 가짜 휴식을 멀리하며 뇌에 진정한 휴식을 선물하세요. 이는 단순히 학습 효율을 높이는 것을 넘어, **지치지 않고 꾸준히 성장하는 자기 주도 학습 능력**을 키우는 핵심 비결이 될 것입니다.

학업 성공을 넘어: 미래를 위한 삶의 기술

이 장에서 논의된 원칙들은 학업 성과를 훨씬 넘어서는 범위로 확장됩니다. 깊이 집중하고, 정보를 적극적으로 처리하며, 인지적 자원을 효과적으로 관리하는 능력은 사실상 모든 전문 영역에서 근본적인 경쟁 우위를 만들어낼 수 있습니다. 의지력에만 의존하지 않고 모든 형태의 학습을 자연스럽게 최적의 패턴으로 이끄는 시스템, 바로 **습관 시스템**을 가지게 됩니다.

산만함과 표면적 참여가 점점 증가하는 세상에서, 이러한 기술은 뛰어난 수행자와 평범한 사람을 구분합니다. 아이가 의학, 법률, 비즈니스 등 어떤 영역을 목표로 삼든 이러한 기본적인 능력이 밑바탕이 되어야 탁월한 역량을 갖출 수 있을 것입니다. 이것이 바로 **육**

각형 인재가 갖춘 여섯 가지 역량, 즉 **본질적 학업 역량, 메타인지, 정서 조절, 목표의식, 절대 실행력, 관계·인성 역량**의 토대입니다.

더욱이 이러한 패턴은 단순히 시험 준비를 용이하게 하는 것을 넘어 진정한 지적 발달을 촉진합니다. 이 원칙을 마스터한 학생은 시험에서 좋은 성적을 거두는 데서 그치지 않고 학습을 평생의 성취감과 성장의 원천으로 만드는 깊은 이해 역량을 개발합니다. 이것이 바로 **실용 지능**의 본질입니다.

비효율적인 공부 습관에서 최적의 공부 습관으로의 전환은 특별한 재능이나 환경을 필요로 하지 않습니다. 단지 비생산적인 패턴을 제거하는 결정이 필요할 뿐입니다. 이 과정은 다음 학기나 다음 시험 후가 아니라, '오늘' 아이의 발전에 도움이 되지 않는 나쁜 공부 습관 하나를 제거하는 데서 시작됩니다. 이것이 바로 부모님이 **학부모 교육 전략가**로서 할 수 있는 가장 중요한 **집중 양육**의 시작입니다.

지금 우리가 해야 할 질문은 아이가 더 열심히 공부할 수 있는지가 아닙니다. 그들의 타고난 능력을 발휘하는 데 장애물이 되는 비생산적인 습관에서 자유로워져 더 효율적으로 공부할 수 있는지입니다. 멀티태스킹, 수동적 학습, 적절한 휴식 없는 장시간 공부를 제거함으로써, 좋은 공부 습관이 자연스럽게 자리 잡을 공간이 만들어집니다. 이 공간에서 **공부 뇌**가 작동하고, **습관 시스템**이 구축되며, **강철 멘탈**이 형성됩니다. 그리고 어느 순간, 아이는 육각형 점화 지점을 통과하게 됩니다. 그 지점을 넘어서면 아이는 스스로 배우고, 스스로 계획하고, 스스로 성취합니다.

우리 아이가 최상위 0.1%가 되는 것도 어렵지 않습니다. 여러분의 아이는 평범해서 실패하는 것이 아닙니다. 구조가 갖춰지지 않았을 뿐입니다. 그리고 그 구조는 부모님이 함께 만들어갈 수 있습니다. 이제, 우리 아이의 습관 시스템을 설계할 시간입니다.

3장

멘탈과 감정도 훈련의 대상이다

흔들리지 않는 공부 멘탈 키우기

육각형 레이더 차트 1-3. 강철 멘탈
(스마트폰 가로 모드에 최적화되어 있습니다.)

첫 만남부터 압도적인 품격이 느껴졌습니다. S의 어머니는 특별한 입학 면담을 신청하며 조용히 한 가지 부탁을 하셨습니다. "아무에게도 우리 아이 이야기는 하지 말아주세요." 의외의 요청에 귀를 기울이자, 호기심은 곧 경악으로 바뀌었습니다.

대치동 초등 최상위권의 전설. 빛나는 외모와 압도적 실력으로 모두가 알아보던 S였습니다. "우리 아이가 지금…… 전학을 준비하고 있어요." 어머니의 떨리는 목소리에는 깊은 아픔이 묻어났습니다. 한 번의 중학교 시험 실패, 친구들의 차가운 등 돌림, 그리고 연이은 좌절의 폭풍. 태어나 처음으로 인생의 쓴맛을 본 S는 자신의 껍질 속으로 깊이 숨어버렸습니다.

현명한 어머니는 아이를 위로하는 동시에 냉철한 분석을 놓지 않으셨습니다. 화려한 겉모습 뒤에 숨겨진 교육 방식의 허점이 하나둘 드러났습니다. 그리고 결단을 내리셨습니다. 멘탈과 실력, 그리고 무너진 자존감까지 완전히 재건해달라는 절박한 요청. 저는 망설임 없이 '최상위 0.1% 육각형 인재 프로젝트'를 가동했습니다.

첫 번째 수술은 과감했습니다. 고액 과외, 최상위 원장반, 화려한 스펙 쌓기…… 모든 것을 중단시켰습니다. 보여주기식 공부, 벼락치기 밤샘 공부는 완전히 금지했습니다. S는 너무 많은 시선의 중심에 서 있었고, 그 압박감 속에서 진짜 실력보다는 순간의 땜질로 버텨왔던 것입니다.

선행은 화려했지만 기초는 흔들렸습니다. 우리는 과감하게 본 학년으로 돌아가 차곡차곡 공부 내공을 쌓기 시작했습니다. 문해력, 사고력, 공부 습관을 다시 설계했고, 무너진 공부 멘탈을 재건했습니다. 잿더미에서 다시 태어나는 불사조처럼, S는 놀라운 변화를 보였습니다. 몇 개월 후 전학 간 학교에서 전교 1등. 탄탄해진 공부 내공과 강철 같은 멘탈로 무장한 S는 가속도를 붙여

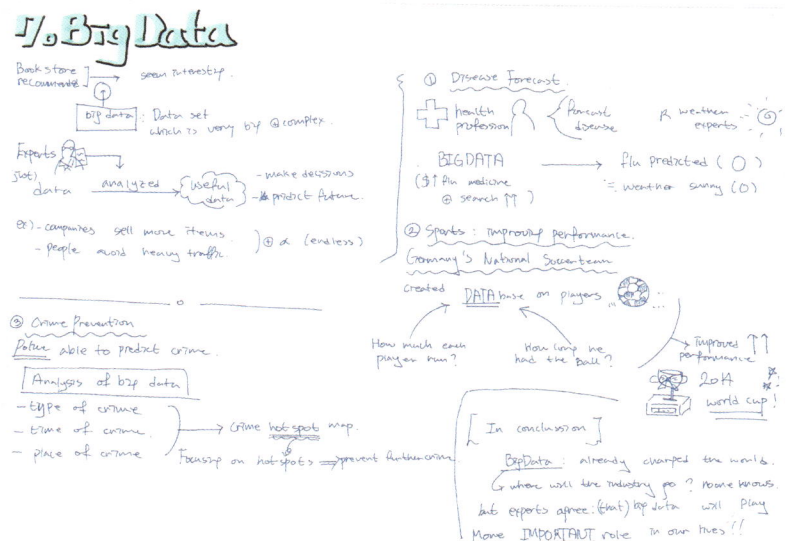

½. Big Data

Book store recommends] → seen interest.

big data : Data set which is very big @ complex.

Experts ← analyzed ← { Useful data } — make decisions
(past) data — predict future

ex) - companies sell more items. } @ α (endless)
- people avoid heavy traffic.

③ Crime Prevention
Police able to predict crime.

Analysis of big data
- type of crime
- time of crime → Crime hot spot map.
- place of crime → Focus on hotspots → prevent further crime.

① Disease Forecast
health profession ← Forecast disease ← weather experts

BIGDATA → flu predicted (O)
(↑ flu medicine = weather sunny (O)
@ search ↑↑)

② Sports : improving performance.
Germany's National Soccer team.

created → DATAbase on players

How much each player run?   How long he had the Ball?   → Improved performance ↑↑
                                                            20XX world cup!

[In conclusion]

BigData : already changed the world.
So where will the industry go? Noone knows.
but experts agree (that) big data will play
More IMPORTANT role in our lives!!

S의 영어 내신 본문 도식화

최고의 외고에 진학했고, 그곳에서도 당당히 상위권을 차지했습니다.

S의 추락과 부활이 주는 교훈은 명확합니다. 보여주기식 공부로 포장된 허상, 한 번의 실패로 무너진 자아, 그리고 불사조처럼 다시 날아오른 재기. 이 모든 것의 중심에는 '정서 조절', 즉 육각형 인재의 세 번째 축이 있었습니다.

문제를 직시하고, 원인을 정확히 분석하며, 실력과 멘탈을 동시에 재건하는 것. 이것이 바로 어떤 시련 앞에서도 흔들리지 않는 진정한 강자를 만드는 비결입니다.

이제 그 강철 멘탈을 만들고 감정을 다스리는 특별한 비법을 공개합니다. 당신의 자녀도 어떤 폭풍 속에서도 중심을 잃지 않는 진정한 강자로 거듭날 수 있습니다.

왜 강철 멘탈이 실력보다 중요한가?

"우리 아이, 머리는 좋은데 멘탈이 약해서……" "평소엔 잘하는데 중요한 순간만 되면 무너져요."

대치동에서 수많은 최상위권 학생을 지도하며 얻은 가장 강력한 통찰이 있습니다. 상위 0.1%에 속하는 학생은 단순히 지식의 양이나 학습법의 효율성만으로 성공하지 않습니다. 그들이 지닌 진짜 차별점은 뛰어난 지능도, 압도적인 공부량도 아닙니다. **바로 '강철 멘탈'입니다.** 하버드 대학의 심리학자 대니얼 골먼Daniel Goleman이 저서 『EQ 감성지능Emotional Intelligence』에서 강조한 바와 같이, IQ보다 EQ(감성지능)가 장기적인 성공과 행복의 핵심 요인으로 증명되어 있습니다(Goleman, 1995). 단단한 정서 지능, 즉 감정을 컨트롤하고 관계를 설계하는 능력을 통해 학업과 삶에서 압도적인 성취를 이룬다는 것입니다.

부모로서 아이의 성적에만 집중했다면, 이제 시선을 바꿔야 할 때입니다. 우리 아이가 지금 성적 향상을 위해 최선을 다하는데도 더 이상 성장이 없다면, 그것은 아이의 노력 부족 탓이 아닙니다. 감성지능과 멘탈 관리의 문제입니다. 육각형 인재의 여섯 축 중 세 번째 축인 **'정서 조절'**이 비어 있는 것입니다.

아이가 '강철 멘탈'을 갖추도록 돕는 감정 코칭은 단순한 학습 전략을 넘어 아이의 인생 전체를 바꾸는 설계도입니다. 이 챕터에서는 감정 코칭의 과학적 기반과 실천 전략을 통해, 부모님이 교육 전략가로서 아이와 함께 **강철 멘탈을 구축하는 방법**을 제시하겠습니다.

유리 멘탈이
성공을 가로막는다

"아이가 공부를 열심히 하는데 성적이 오르지 않아요." "시험만 보면 긴장해서 실력을 발휘하지 못해요." 대치동 상담실에서 부모님들이 가장 자주 털어놓는 고민입니다. 이 문제의 뿌리는 단순한 학습량 부족이나 학습법의 부재가 아닙니다. **바로 '유리 멘탈'입니다.** 유리 멘탈은 실패에 대한 불안, 결과에 대한 두려움, 감정 기복으로 인해 아이가 자신의 잠재력을 온전히 발휘하지 못하게 만듭니다. 예를 들어 시험 전 "이번 시험 망치면 어쩌지?"라는 불안감은 인지 부하cognitive load를 가중시켜 집중력을 떨어뜨립니다(Wine, 1971). 부모 또한 "너 왜 맨날 그 모양이니?" 같은 비판적 언어로 아이의 정서적 안정감을 해칠 때, 유리 멘탈은 더욱 강화됩니다. 문제는 아이의 의지가 약한 것이 아니라 감정을 컨트롤하는 시스템이 없다는 점입니다.

심리학자 마틴 셀리그만Martin Seligman의 '학습된 무기력' 연구에 따르면, 반복된 실패 경험은 자신의 능력과 무관하게 포기 패턴을 형성합니다. 대치동 최상위권 학생들의 경우, 학습량과 지능이 동일한 학생들 사이에서도 '감정의 기복'을 얼마나 잘 관리하는지에 따라 성취도가 크게 달라집니다.

우울감, 무기력, 집중력 저하, 불안 등의 감정적 방해 요소는 아무리 뛰어난 학습 전략도 무효화할 수 있습니다. 서울대학교 교육심리학과의 연구에 따르면, 학업 성취도 하락의 68%는 정서적 요인에서 비롯됩니다. 다시 말해 최적화된 학습법이나 좋은 학원을 찾는 일보다 더 중요한 것이 있습니다. **바로 감정 관리 능력입니다.**

선천적 육각형 인재들조차 이 부분에서 취약성을 드러냅니다. 겉으로 완벽해 보여도 내면에는 활자 중독, 효율 강박, 만족 결핍, 준비 불안 같은 심리 패턴이 숨어 있습니다. 다른 부모님들이 부러워하는 '몰입력'은 사실 불안과 강박의 다른 얼굴일 때가 많다는 것을 잊지 마십시오.

감성지능,
성공의 새로운 방정식

"성적이나 지능보다 감정 공감 능력이 뛰어난 감성지능이 높은 사람들이 행복하고 성공한 사람들이다."

대니얼 골먼 박사가 『EQ 감성지능』에서 주장하는 핵심 메시지입니다. 하버드 연구진의 장기 추적 조사에 따르면, IQ가 아닌 EQ를 통해 인생의 성취도를 더 정확히 예측할 수 있습니다. 감성지능이 높은 사람은 스트레스 상황에서도 인지 기능을 최대화할 수 있으며, 좌절을 겪더라도 효과적인 문제 해결 방식으로 전환할 수 있기 때문입니다.

개인의 퍼포먼스, 즉 능력 발휘는 감정 상태에 크게 영향을 받습니다. 지능과 지식이 동일한 두 학생이 있다면, 정서적으로 안정된 학생이 불안한 학생보다 시험에서 평균 15~20% 높은 성적을 거둡니다. 이는 제가 대치동에서 20여 년간 진행한 자기 주도 학습 코칭의 데이터를 통해 검증된 사실입니다.

흥미로운 것은 후천적 육각형 인재를 만드는 여섯 가지 역량 중 '정서 조절'은 가장 훈련 가능한 영역이면서 가장 간과되는 영역이라는 사실입니다. 본질적 학업 역량이나 메타인지를 키우는 데는 수년이 걸리지만, 정서 조절 능력은 의식적 노력과 집중 양육을 통해 몇 개월 안에도 극적인 변화를 만들어낼 수 있습니다. 실용 지능의 핵심이 바로 여기에 있습니다. 성공하는 아이는 지식을 많이 아는 아이가 아니라, **자신의 감정을 읽고 조절할 줄 아는 아이**입니다.

강철 멘탈의
형성 시기와 조건

강철 멘탈은 언제 다져야 할까요? 대학교? 고등학교? 아닙니다. **초등학교와 중학교 시기가 정서적 뇌 발달의 결정적 시기입니다.** 노스웨스턴 대학교의 신경과학 연구에 따르면, 9~15세 사이에 전두엽(이성적 판단과 감정 조절 담당)이 가장 활발히 발달합니다. 이때에 형성된 정서적 회로는 평생의 사고 패턴을 결정합니다. 이 시기에 부모와의 상호작용이 정서적 회로에 결정적 영향을 미칩니다. 최성애 · 조벽 · 존 가트맨John Gottman 박사는 저서 『내 아이를 위한 감정 코칭』에서 "부모의 공감과 경계 설정이 아이의 감성지능을 키운다"고 강조합니다(최성애 · 조벽 · 존 가트맨, 2020). 이는 단순히 아이를 위로하는 것을 넘어, 감정을 이해하고 바람직한 방향으로 이끄는 체계적 접근을 의미합니다. 즉 **강철 멘탈**은 타고나는 것이 아니라 **부모와의 관계를 통해 설계되는 것**입니다.

강철 멘탈의 핵심은 '안정적인 감정 컨트롤을 위해 이성을 쌓는 능력'입니다. 실패에 대한 불안감을 낮춰 몰입을 통해 성공 확률을 높이는 선순환 구조를 만드는 것입니다. 반면 유리 멘탈은 결과에 대한 두려움과 불확실성으로 인해 현재 해야 할 일에 집중하지 못합니다.

스탠퍼드 대학의 '마시멜로 실험'이 증명하듯, 즉각적 감정을 지연시키고 장기적 목표를 위해 현재를 조절하는 능력은 SAT 점수에서 평균 210점 이상의 차이를 가져왔습니다. 이처럼 성공의 핵심 요인은 이성IQ이 아닌 감성EQ의 관리 능력에 있습니다.

육각형 인재의 여섯 가지 공통 속성 중 '강철 멘탈'이 바로 이 지점에서 작동합니다. 공부 뇌를 만들고 습관 시스템을 설계하고 기억 전략을 구축해도, 강철 멘탈이 없으면 육각형 점화 지점에 도달할 수 없습니다.

감성지능 향상을 위한
감정 코칭의 과학

강철 멘탈은 어떻게 형성될까요? 감성지능은 태생적인 것이 아니라 부모와의 관계를 통해 발달합니다. 부모와의 교류 없이 혼자서 바닥부터 강철 멘탈을 형성하는 것은 극히 드문 경우입니다. 가정 내 감정적 교류와 지원이 필수적입니다.

감정 코칭은 "마음은 공감하지만 행동에는 분명한 한계를 주어 바람직한 방향으로 이끌어주는 관계 기술"입니다. 최성애 박사와 존 가트맨 박사의 연구에 따르면, 감정 코칭을 받은 아이들은 그렇지 않은 아이들보다 학업 성취도가 23%, 또래 관계 만족도가 31% 높았습니다.

관계를 망치는 대화 패턴

부모와 자녀 관계에서 피해야 할 대화 패턴이 있습니다.

- "다 너 잘되라고 그러는 거야." – 자녀의 감정을 무시하는 행동을 정당화
- "내가 그랬지?" – 비난과 책임 전가
- "너 때문이야." – 문제의 원인을 자녀에게 돌리는 태도
- "가만히 좀 있어. / 빨리 해." – 일방적 명령과 통제
- "너는 왜 맨날 그 모양이니?" – 인격 비하와 무시

이러한 대화는 아이의 자존감을 낮추고 부모와 자녀 사이의 신뢰를 무너뜨립니다. 더 심각한 것은 이러한 대화 패턴이 자녀의 내적 대화 방식으로 내면화된다는 점입니다. 자녀는 자신에게도 동일한 부정적 메시지를 반복하게 됩니다. 이런 관계는 공부 루틴을 망치고 공부 습관을 무너뜨리며, 결국 공부 멘탈까지 파괴합니다.

강철 멘탈을 키우는 대화법

반면 감성지능을 높이는 대화법은 다음과 같습니다.

- "아, 그렇구나." – 적극적 경청의 태도

- "많이 힘들었겠구나."-감정에 대한 공감과 인정
- 목소리 톤을 낮추고 부드럽게 대응하기
- 방어에 급급하지 않고 자녀의 관점 인정하기
- 호감과 존중을 상호 표현하기

하버드 의대 연구에 따르면, 이러한 대화 방식은 자녀의 뇌에서 옥시토신(신뢰 호르몬)과 세로토닌(행복 호르몬) 분비를 촉진하며, 코르티솔(스트레스 호르몬) 수치를 낮춥니다. 생리학적으로도 긍정적 영향을 미치는 것입니다.

이것이 바로 부모님이 교육 전략가로서 할 수 있는 가장 강력한 개입입니다. 아이의 공부 뇌를 설계하는 것도 중요하지만, 그 뇌가 제대로 작동할 수 있는 정서적 토양을 만드는 것이 먼저입니다.

감정 코칭의
5단계 실천법

감정 코칭은 체계적인 5단계 과정을 통해 이루어집니다.

1단계:
아이의 감정 인식하기

아이가 표현하는 감정이 분노인지, 슬픔인지, 좌절인지 정확히 파악합니다. 동일한 상황(예: 시험 실패)에서도 아이가 느끼는 감정은 다를 수 있습니다. 분노일 수도, 좌절일 수도 있습니다. 감정 유형에 따라 대응 방식도 달라져야 합니다.

2단계:
감정적 순간을 교육의 기회로 활용하기

감정이 폭발하는 순간은 오히려 관계 형성의 중요한 기회입니다. 심리학자 대니얼 스턴Daniel Stern의 '정서적 조율' 이론에 따르면, 아이가 감정을 터뜨리는 순간에 적절히 대응하면 자녀는 감정 조절 능력을 학습합니다. 이 순간을 회피하지 말고 적극적으로 활용하세요. 아이가 화를 낼 때 "너 또 왜 그래?"라고 말하는 대신, "무슨 일이 있었는지 얘기해줄래?"로 대화를 열어보세요.

3단계:
감정을 말할 수 있게 도와주기

아이가 자신의 감정을 명확히 표현할 수 있도록 기회와 시간을 제공합니다. "지금 어떤 기분이니?" "그런 일이 있으면 어떤 느낌이 드는 것 같아?" 등의 질문으로 감정 표현을 이끌어냅니다. 아이가 감정을 말할 수 있도록 시간을 주세요.

4단계:
감정을 공감하고 경청하기

아이가 감정을 표현할 때 중간에 끊지 않고 3~5분간 충분히 들어주세요. 어린이와 청소년은 말하면서 자신의 생각을 정리하는 경향이 있습니다. 섣부른 조언보다 경청이 우선입니다. 존 가트맨 박사의 연구에 따르면, 부모의 공감적 경청은 자녀의 자기 조절 능력 발달에 가장 큰 영향을 미칩니다. 아이의 감정을 비판하거나 조언으로 덮지 마세요. "그 상황이면 나도 속상했을 거야"처럼 공감하며 아이가 스스로 감정을 정리할 시간을 허용하세요.

5단계:
스스로 문제를 해결할 수 있도록 안내하기

최종 단계에서는 솔루션을 직접 제시하기보다 아이가 스스로 해결책을 찾아갈 수 있도록 질문과 대화를 통해 안내합니다. "네가 생각하는 해결 방법은 뭐니?" "이 상황에서 어떻게 하면 더 좋은 결과가 나올 것 같아?" 등의 코칭 질문을 활용해 자기 주도적 사고를 자극하세요.

이 5단계는 단순한 대화 기술이 아닙니다. **아이의 육각형 구조 중 '정서 조절' 축을 단단하게 세우는 설계 과정입니다.** 부모님이 교육 전략가로서 이 과정을 의식적으로 반복할 때, 아이의 공부 멘탈은 강철처럼 단단해집니다.

뇌과학 기반의
청소년 감정 이해하기

청소년기 자녀의 '알 수 없는' 행동은 발달 중인 뇌 때문입니다. 신경과학 연구에 따르면, 청소년기에는 뇌의 전두엽이 '대대적인 리모델링' 과정을 거칩니다. 이 과정에서 감정 조절이 일시적으로 불안정해질 수 있습니다.

청소년 뇌의 특성과 대응 전략

전두엽 확장 리모델링 이해하기

청소년기에는 감정의 뇌(변연계)가 이성의 뇌(전두엽)보다 먼저 발달합니다. 이로 인해 감정 반응이 증폭되고 이성적 통제는 미흡한 상태가 됩니다. 이는 뇌 발달의 자연스러운 과정입니다.

변덕에 대한 합리적 대응

청소년의 감정 기복은 정상적인 발달 과정의 일부입니다. 모든 변덕을 수용할 필요는 없지만, 과도한 비난도 피해야 합니다. 명확한 경계와 함께 이해를 병행하는 균형 잡힌 접근이 필요합니다.

사춘기 수면 패턴 이해하기

청소년기에는 호르몬 변화로 인해 수면 주기가 변화합니다. 갑자기 잠이 많아지거나 늦게 자고 늦게 일어나는 경향이 생깁니다. 이는 게으름이 아닌 생물학적 변화입니다. 수면 패턴에 맞춘 학습 계획 조정이 효과적입니다. 공부 내공 6원소 중 '체력'을 무시하면 다른 모든 요소가 무너집니다.

체험 학습의 중요성

청소년기 뇌는 신체 활동과 실제 경험을 통해 더 효과적으로 학습합니다. 책상에 앉아 있는 시간만으로 학습 효과를 판단하지 마세요. 운동, 실험, 체험 활동을 통합한 학습이 뇌 발달을 촉진합니다.

즐거운 경험 제공하기

긍정적 경험은 도파민을 분비시켜 학습 동기와 기억력을 향상시킵니다. 가족과 함께하는 전시회 관람, 체험형 과학관 방문, 퍼즐 맞추기 등의 활동은 뇌 발달과 학습 능력을 동시에 촉진합니다.

매니저가 아닌 컨설턴트로 접근하기

청소년기 자녀에게는 통제자(매니저)가 아닌 안내자(컨설턴트)로 접근하세요. 매니저는 직접 통제하고 방향을 지시하지만, 컨설턴트는 큰 방향을 제시하고 스스로 길을 찾도록 돕습니다. 이는 자율성과 책임감 발달에 핵심적입니다.

이것이 바로 집중 양육의 핵심입니다. 아이의 모든 것을 통제하는 것이 아니라, **아이가 스스로 성장할 수 있는 환경을 설계하는 것.** 그것이 교육 전략가로서 부모님이 해야 할 일입니다.

20초 호흡법:
감정 컨트롤의 즉각적 도구

감정 코칭의 시작은 부모 자신의 감정 조절에서 비롯됩니다. 스탠퍼드 의대 연구에 따르면, 부모의 스트레스 호르몬은 자녀에게 직접적으로 전달됩니다. 또한 제 경험에 따르면 최상위권 학생들의 감정 통제와 조절 방식은 부모님과 유사한 경우가 많습니다. 따라서 부모가 먼저 감정을 안정시키는 것이 필수적입니다. 아이와 중요한 이야기를 해야 할 때, 특히 시험 성적이나 공부 관련 중요한 이야기를 해야 할 때, 무조건 먼저 감정을 통제하고 차분한 상태에서 대화를 시작하는 것이 가장 효과적입니다. 다음의 호흡법은 제가 교육 현장에서 학생들을 지도할 때 그리고 가정에서도 적극 사용하는 방법이니 효과는 보장합니다.

대치동 장원장식 '20초 호흡법'

1. 편안한 공간에서 편안한 자세를 취하고 오른손을 심장에 얹습니다.
2. 눈을 감고 코로 5초 동안 숨을 천천히 들이마십니다.
3. 눈과 입으로 5초 동안 숨을 천천히 내뱉습니다.
4. 10초 동안 편안하게 숨 쉬며 눈을 감은 상태로 아이의 웃는 모습을 떠올립니다.
5. 가족이 함께 행복했던 순간을 떠올립니다. 모든 것에 대한 감사함으로 감정을 마무리합니다.

20초 호흡법

이 간단한 호흡법은 즉각적으로 부교감신경계를 활성화해 스트레스 호르몬인 코르티솔 수치를 낮추고, 휴식과 회복을 담당하는 신경 시스템을 작동시킵니다. 해당 호흡법은 타이밍이 중요합니다. 감정이 격해질 때가 아니라 격해질 가능성이 있는 상황이 예측되는 순간에 이 방법을 실천하면, 그 직후에 보다 이성적이고 건설적인 대화를 나눌 수 있습니다.

이것은 단순한 호흡법이 아닙니다. 부모님 자신의 강철 멘탈을 만드는 훈련이며, 동시에 아이에게 감정 조절의 모델을 보여주는 교육 전략입니다.

강철 멘탈 형성을 위한
실천 미션

이제 이론을 실천으로 옮길 때입니다. 다음 미션을 가족이 함께 수행하세요.

오늘의 미션

1. 나쁜 대화와 좋은 대화 목록 작성하기: 부모와 자녀가 각각 자신이 사용하는 부정적 대화 패턴과 앞으로 실천할 긍정적 대화 패턴을 목록으로 작성합니다.
2. 감정 코칭 5단계 프레임 만들기: 앞서 설명한 5단계를 집 안의 눈에 띄는 곳(냉장고, 책상 등)에 붙여두고 일상에서 실천합니다.

3. 20초 호흡법 생활화하기: 대화 전이나 갈등 상황에서, 스트레스를 느낄 때마다 20초 호흡법을 실천합니다. 특히 감정이 격해지기 전에 선제적으로 적용하는 것이 중요합니다.

이러한 실천을 통해 가족 구성원 모두가 감성지능을 키우고 강철 멘탈을 형성할 수 있습니다. 상위 0.1%로 가는 길은 지식의 축적이 아닌 감정 관리와 정서적 회복력에서 시작됩니다.

후천적 육각형 인재를 만드는 여섯 가지 역량 중 '정서 조절'은 가장 빠르게 변화를 만들 수 있는 영역입니다. 본질적 학업 역량, 메타인지, 목표의식, 절대 실행력, 관계·인성 역량, 이 여섯 개의 축이 모두 제대로 작동하려면 정서 조절이라는 토대가 먼저 단단해져야 합니다.

노력은 타고나는 것이 아니라 설계되는 것입니다. 유리 멘탈을 강철 멘탈로 바꾸는 과정에서 가장 중요한 것은 부모와 자녀 간의 감정적 연결입니다. 진정한 학습은 감정이 안정된 상태에서만 이루어집니다.

문제는 아이의 의지가 약한 것이 아닙니다. 감정을 다루는 구조와 시스템이 약했던 것입니다. 이제 감정 코칭을 통해 아이의 내면에 강철 같은 정서적 기반을 만들어주세요. 그것이 진정한 육각형 인재를 키우는 길이자 행복과 성공을 동시에 이루는 지름길입니다.

부모님이 교육 전략가로 거듭날 때 아이는 비로소 육각형 점화 지점에 도달합니다. 그 순간 아이는 스스로 배우고, 스스로 계획하고, 스스로 성취하는 진정한 강자가 됩니다. 여러분의 아이는 평범해서 실패하는 것이 아닙니다. 구조가 갖춰지지 않았을 뿐입니다. 그리고 그 구조는 부모님이 함께 만들어갈 수 있습니다.

4장

인강 활용력은 공부의 '근육'이다

인강으로 완성하는 최상위권의 공부

육각형 레이더 차트 1-4. 인강 활용력
(스마트폰 가로 모드에 최적화되어 있습니다.)

"우리 애가 갑자기 전교 2등이래요. 자고 일어났더니 스타가 됐어요!" H의 어머니는 믿기지 않는다는 표정으로 말씀하셨습니다. 주변의 반응은 더 극적이었습니다. "H가 무슨 특별한 과외라도 받나요? 이렇게 갑자기 성적이 오를 수가 있나요?" 강남 3구에서 성적이 급상승하면 으레 듣는 질문이었지만, 전교 1등과 단 1점 차이라는 결과가 모두를 더 놀라게 했습니다.

책을 좋아하는 내성적인 소녀 H. "목표가 뭐니?"라는 제 질문에 "인서울이에요……"라고 조심스럽게 답하던 아이였습니다. 부모님조차 평범한 아이로 여겼고, 강남권에 살면서도 선행은 거의 시키지 않으셨습니다. 그러나 단 일주일 동안 아이를 관찰한 후 확신이 들었습니다. 이 아이에게는 아직 발견되지 않은 놀라운 **본질적 학업 역량**이 숨어 있었습니다.

"어머니, 지금 성적은 H의 진짜 실력이 아닙니다. 최상위권이 충분히 가능합니다." 그리고 H에게도 단호하게 말했습니다. "네가 생각하는 것보다 너는 훨씬 더 잘할 수 있어. 자신을 믿고 차근차근 정복해 나가자." 그렇게 '최상위 0.1% 육각형 인재 프로젝트'가 시작되었고, 결과는 모두의 예상을 뛰어넘었습니다.

전교 2등이라는 성과는 시작에 불과했습니다. 자신감이 폭발한 H는 학습에 더욱 몰입했고, 선행에도 속도가 붙었습니다. **메타인지**가 깨어나면서 스스로 부족한 부분을 찾아내고, **정서 조절** 능력이 향상되면서 시험 불안도 사라졌습니다. 그리고 어느 날, 조용히 속내를 털어놓았습니다. "선생님, 저…… 의대 가고 싶어요." 이공계는 꿈도 꾸지 못했던 아이에게 **목표의식**이 생긴 놀라운 순간이었습니다.

"우리 애는 좀 느려요." 어머니의 걱정과 달리, H의 느린 학습 속도는 오히

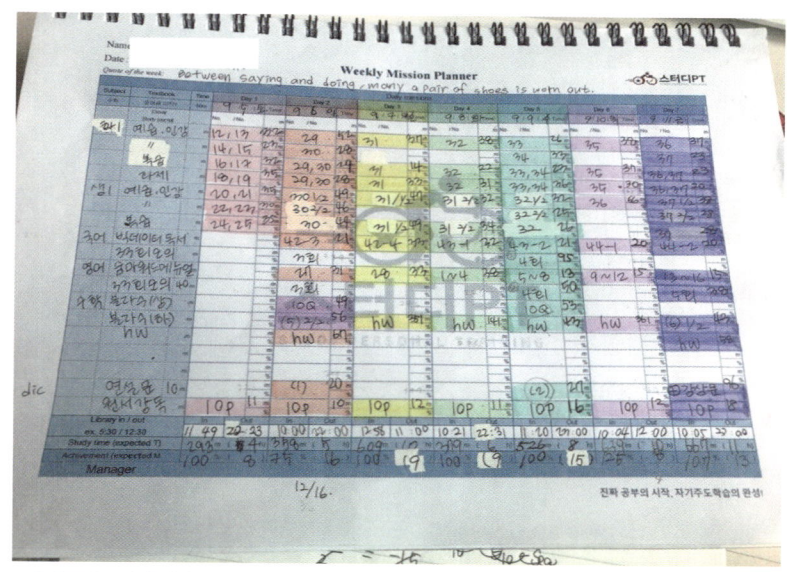

H의 위클리 플래너(인강 루틴 포함)

려 강점이 되었습니다. 자신만의 템포로 꾸준히 성장하는 H에게 인강은 완벽한 도구였습니다. **체력**이 약했던 H는 불필요한 이동 시간을 아끼고, 효율적으로 고등 과정을 대비할 수 있었습니다. 대치동의 유명 학원을 전전하는 대신, 최적화된 **인강 활용력**으로 전교 수위권을 유지하며 의대라는 꿈을 향해 나아갔습니다.

시대가 변했습니다. 대치동에 살아야만, 대치동 학원을 다녀야만 최상위권이 되는 시대는 끝났습니다. **올바른 선택**과 **정확한 공부 습관**, 그리고 **체계적인 관리**가 있다면 어디서든 최고가 될 수 있습니다.

이제 그 비법을 공개합니다. 이 방법을 터득한다면 남태평양 외딴섬에서도, 대치동 한복판에서도, 사교육의 늪에 빠지지 않고 진정한 최상위권으로 도약할 수 있습니다. H가 증명한 그 놀라운 변화의 비밀을 지금 공개합니다.

디지털 시대의 교육 혁명:
왜 인강인가?

최상위 0.1%의 학생들은 '효율성'에 집착합니다. 그들은 결코 더 많은 시간을 투자하는 것이 아니라, 주어진 시간에 최상의 학습 효과를 얻어내는 방법을 끊임없이 연구합니다. 그리고 이 효율성의 중심에 바로 '인강'이 있습니다. **육각형 인재의 여섯 가지 공통 속성** 중 하나인 **인강 활용력**을 키우는 것은 곧 미래 경쟁력을 확보하는 일입니다.

"우리 아이는 인강으로 공부를 못 해요.""화면만 켜놓고 딴짓을 해요.""실제로 해봤는데 집중력이 떨어져요."

이런 말씀을 하시는 학부모님이 많습니다. 하지만 그것은 단지 '좋은 방법'을 모르고 있기 때문입니다. 지금 이 글을 읽고 계신 여러분의 자녀도 세계 최고 수준의 하버드나 MIT 강의를 집에서 들을 수 있습니다. 실리콘밸리의 소프트웨어 엔지니어링, AI, 데이터 사이언스까지 온라인으로 습득해 실제 직무 역량으로 연결시키는 사례가 급증하고 있습니다. 심지어 코세라Coursera나 유데미Udemy 같은 온라인 교육 플랫폼에서는 구글이나 세계적 기업들의 공식 AI 교육과정까지 제공하고 있습니다.

이처럼 세계는 이미 디지털 교육 혁명의 한가운데 있습니다. 이 혁명적 변화 속에서 우리 학생들에게 필요한 것은 단순한 '더 많은 공부'가 아니라 '더 효율적인 학습 방법'입니다. 인강은 그 핵심 도구입니다.

심리학자 앨버트 밴듀라Albert Bandura의 '사회 학습 이론'에 따르면, 인간은 관찰과 모델링을 통해 학습하는 능력이 탁월합니다. 하지만 단순한 '관찰'만으로는 충분하지 않습니다. 관찰한 내용을 실제로 연습하고, 피드백을 받으며, 체계적으로 개선해 나가는 과정이 필수적입니다. 요리 프로그램을 열심히 시청하는 것만으로는 요리 실력이 향상되지 않는 것과 같은 이치입니다.

따라서 인강의 진정한 가치는 단순히 '유명 강사의 강의를 집에서 들을 수 있다'는 편의성이 다가 아닙니다. 그것은 개인화된 학습 속도 조절, 반복 학습의 용이성, 시간과 공간의 제약 없는 학습 환경, 그리고 무엇보다 검증된 최고 수준의 교육 콘텐츠에 대한 접근성입니다. 이것이 바로 공부 뇌를 만드는 시작입니다.

온라인 학습의 혁명적 장점: 시스템이 문제였다

인강의 장점은 단순히 나열하기 어려울 정도로 다양하지만, 핵심적인 몇 가지를 짚어보겠습니다.

첫째, **속도 조절과 반복이 자유롭습니다.** 오프라인 강의에서는 불가능한 학습자 중심의 속도 조정이 가능합니다. 어려운 개념은 천천히, 간단한 내용은 빠르게 진행할 수 있으며, 완전한 이해가 될 때까지 반복 학습이 가능합니다. 이는 **사고력**과 **문해력**을 동시에 키우는 과정입니다.

둘째, **검증된 최고 수준의 강사진과 콘텐츠를 접할 수 있습니다.** 지역에 상관없이 국내 최고 강사의 강의를 접할 수 있으며, 심지어 해외 유수 대학의 강의까지도 가능합니다. 중요한 것은 이 모든 것이 상대적으로 저렴한 비용으로 또는 무료로 이루어진다는 점입니다.

셋째, **시공간의 제약이 없습니다.** 이동 시간을 절약할 수 있고 자신에게 최적화된 학습 환경에서 공부할 수 있습니다. 이는 단순한 편의성을 넘어 이동으로 소진되는 **체력**도 아낄 수 있기 때문에 학습 효율성을 극대화하는 핵심 요소입니다.

넷째, **공개되고 검증된 강사와 콘텐츠를 접할 수 있습니다.** 많은 오프라인 학원이나 과외에서는 선생님의 교수법이나 콘텐츠의 질을 사전에 확인하기 어렵습니다. 반면 인강은 미리 샘플 강의를 통해 강사의 강의 스타일과 내용의 질을 검증할 수 있습니다.

이러한 장점들이 있는데도 많은 학생들이 인강으로 효과적인 학습을 하지 못하는 이유는 무엇일까요? 그것은 바로 학습 '시스템'의 부재 때문입니다. 인강을 '구경'만 하는 수동적 학습자로 머무르는 한, 그 효과는 제한적일 수밖에 없습니다. **습관 시스템**이 없으면 아무리 좋은 강의도 그저 스쳐가는 영상에 불과합니다.

인지심리학자 존 스웰러John Sweller의 '인지 부하 이론Cognitive Load Theory'에 따르면, 효과적인 학습은 작업 기억에 적절한 수준의 인지적 부담을 제공할 때 이루어집니다(인지적 부담=뇌의 적극적 사용 정도). 강의를 단순히 '시청'할 때 대부분의 학생들이 받는 인지적 부담은 매우 낮습니다(뇌를 덜 사용하게 됨). 반면, 구조화된 학습 시스템 안에서 예습-본 학습-복습-테스트의 과정을 거치는 것은 적절한 인지적 도전을 제공합니다(뇌를 더 많이 사용).

따라서 인강의 문제는 '도구' 자체가 아니라, 그 도구를 효과적으

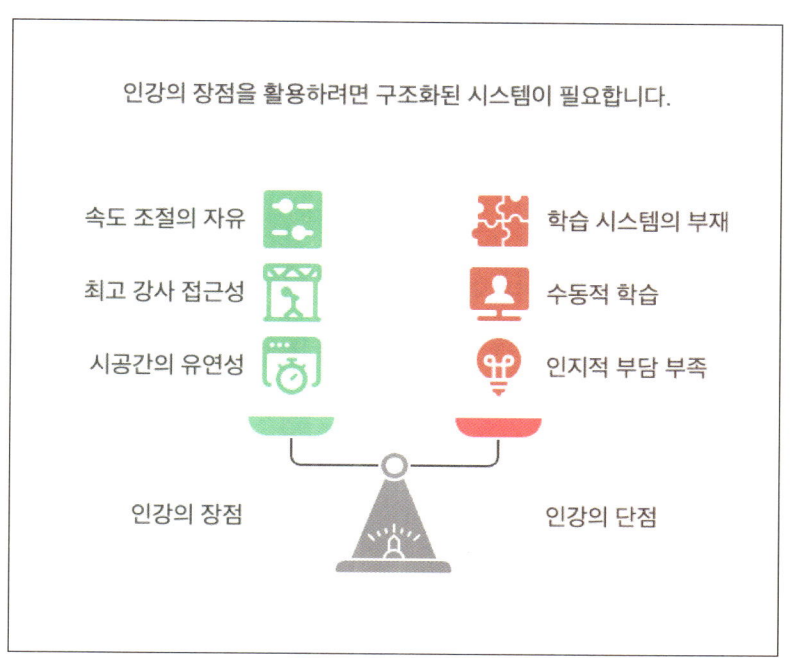

인강의 장점을 활용하려면 구조화된 시스템이 필요합니다.

속도 조절의 자유

최고 강사 접근성

시공간의 유연성

학습 시스템의 부재

수동적 학습

인지적 부담 부족

인강의 장점

인강의 단점

로 활용할 수 있는 '시스템'의 부재입니다. 우리가 해결해야 할 것은
바로 이 시스템입니다.

인강 플랫폼 가이드:
목적별 최적의 선택

자녀의 자기 주도 학습을 위한 첫 단계는 목적에 맞는 인강 플랫폼을 선택하는 것입니다. 현재 국내 인강 시장은 다양한 옵션을 제공하고 있으며, 각각 고유한 강점이 있습니다. 여기서 부모님의 역할은 명확합니다. **학부모 교육 전략가**로서 아이에게 최적화된 학습 도구를 **선별**하는 것입니다.

중학생을 위한 인강 플랫폼

EBS 중학은 중학생 인강의 절대적 기준입니다. 무료로 제공되는 양질의 콘텐츠로, 중학 교육과정 전반을 충실히 다룹니다. 내부적으로 기본 사이트와 프리미엄으로 구분되는데, 전자는 EBS 자체 교재 기반, 후자는 시중 교재 기반으로 강의가 진행됩니다. 특히 EBS 프리미엄은 원래 유료였으나, 현재는 한시적으로 무료 서비스를 제공하고 있어 적극 활용할 가치가 있습니다.

강남인강은 강남구청에서 운영하는 플랫폼으로, 연간 회원제로 운영되며 매우 저렴한 비용으로 시중 교재 기반의 양질의 강의를 제공합니다. 특정 문제집이나 교재에 대한 상세한 강의가 필요할 때 특히 유용합니다(강남구민이 아니어도 누구나 가입 가능합니다).

엠베스트는 유료 서비스이지만, 체계적인 커리큘럼과 우수한 강사진을 보유하고 있어 특정 과목 심화 학습에 적합합니다.

유튜브는 무료로 접근 가능한 다양한 교육 콘텐츠를 제공합니다. 특히 한국사, 수학, 영어 등 기초 과목에 대한 양질의 강의가 풍부합니다. 다만 콘텐츠의 질과 일관성이 채널마다 다를 수 있으므로, 신중한 선별이 필요합니다.

고등학생을 위한 인강 플랫폼

EBSi는 고등학생을 위한 필수 플랫폼입니다. 무료로 제공되는 방대한 입시 정보, 모의고사, 기출문제 해설 등은 고등 교육과정 학습과 입시 준비에 없어서는 안 될 자원입니다. 특히 중학생이지만 고등 과정을 선행하려는 학생에게도 필수적인 플랫폼입니다.

메가스터디는 각 과목별 최상위 강사진(일명 '일타강사')이 포진해 있는 유료 플랫폼입니다. 수학의 현우진, 영어의 조정식, 국어의 강민철·김동욱, 과학 계열의 화학 고석용, 물리 배기범, 생명과학 백호, 지구과학 오지훈 등등 업계 최고의 강사진을 보유하고 있습니다.

대성마이맥은 수학의 한성원, 이명학 등 베테랑 강사진의 강의로 유명합니다. 체계적인 커리큘럼과 심층적인 문제 해결 전략이 강점입니다.

이투스는 수학 일타강사 정승제와 사회탐구 영역의 절대 강자 이지영 등의 강사진으로 유명합니다. 특히 수능 및 모의고사 대비에 특화된 강의가 많습니다.

이러한 다양한 플랫폼 중에서 자녀에게 가장 적합한 것을 선택하기 위해서는 다음과 같은 기준을 고려해야 합니다.

- **학습 목표와 과목:** 기초 개념 학습이 목적인지, 심화 학습이 목적인지, 또는 특정 과목에 집중하고자 하는지에 따라 플랫폼 선택이 달라질 수 있습니다.
- **강사의 인지도와** OT(오리엔테이션)**:** 각 플랫폼의 과목별 상위 인지도 강사의 OT를 시청해보세요. 강사의 설명 방식, 말투, 표현 방법 등이 자녀에게 맞는지 확인하는 것이 중요합니다. 이는 단순한 취향의 문제가 아니라, 난이도 높은 내용을 효과적으로 흡수하기 위한 '호감도'와 직결됩니다.

- **커리큘럼 구성**: 대부분의 고등 인강은 '수능 강좌'와 '내신 강좌'로 구분되며, 세부적으로는 '개념 → 유형 → 심화 → 기출 → 킬러' 등의 단계별 강좌로 구성됩니다. 자녀의 현재 수준과 목표에 맞는 커리큘럼을 선택하는 것이 중요합니다.

인강 선택은 단순한 콘텐츠 소비가 아닌 전략적 교육 투자입니다. 따라서 시간을 들여 다양한 옵션을 탐색하고, 자녀와 함께 최적의 선택을 해야 합니다. 무료 플랫폼인 EBS부터 시작해, 필요에 따라 유료 서비스로 확장해 나가는 것이 합리적인 접근법입니다.

3단계 자기 주도 인강 학습법: 구조화된 성공의 비밀

2018년 미국 국립경제연구소NBER의 연구에 따르면, 온라인 강의는 교육의 문턱을 낮췄지만 체계적 지도 없이는 수강 완료율이 15%에 불과하다고 합니다(Bettinger et al., 2018). 이는 한국도 다르지 않습니다. 인강 콘텐츠가 아무리 풍부하다 한들 제대로 된 학습 설계 없이는 그저 스쳐가는 영상에 불과합니다. 상위 0.1% 학생들은 인강을 단순히 '보는' 데 그치지 않고, 이를 학습의 중심축으로 삼아 체계적으로 활용합니다.

많은 학생들이 인강을 시작하지만 얼마 지나지 않아 포기하는 이유는 무엇일까요? 그것은 바로 체계적인 학습 방법론의 부재 때문입니다. 인강을 통한 진정한 자기 주도 학습을 위해서는 '구조화된 시스템'이 필수적입니다. 이제 대치동 장원장의 구체적인 방법론을 3단계로 나누어 설명하겠습니다. 이 방법론은 **절대 실행력**을 키우는 동시에 **공부 내공 6원소**를 모두 발전시키는 시스템입니다.

1단계:
PLAN—철저한 계획 수립

계획 없는 인강은 시간 낭비입니다. 강의를 마구잡이로 듣다 보면 몇 시간을 소비했어도 기억에 남는 것이 없습니다. 그래서 인강을 통한 학습 성공의 첫 단계는 명확한 계획 수립입니다. 이는 단순한 일정표 작성이 아니라, 목표 지향적 학습 여정을 설계하는 것이자 **습관 설계**의 첫걸음이기도 합니다.

목표 수강 기간 설정

강의 회차 수를 고려해 현실적인 완료 기간을 설정합니다. 예를 들어 30개 강의를 월 · 수 · 금 3회 수강한다면 10주(2.5개월)가 소요됩니다. 여기에 복습 기간까지 고려해야 합니다.

복습 기간 계획

원칙적으로 수강 기간의 1/3~1/4 정도를 복습 기간으로 설정해야 합니다. 3개월 과정이라면 최소 1개월, 1개월 과정이라면 최소 1주일의 복습 기간이 필요합니다. 이는 간격 반복 원리를 활용해 암기력을 50% 이상 높입니다(Cepeda et al., 2006).

수강 요일 및 시간 확정

주 몇 회, 어떤 요일에 몇 시간씩 학습할지 명확히 정해야 합니다. 이것은 단순한 일정이 아니라 학습을 위한 '심리적 계약'입니다. 인지심리학자 피터 골위처Peter Gollwitzer의 연구에 따르면, 구체적인 실행 의도('언제, 어디서, 어떻게')를 설정하는 것은 목표 달성 가능성을 현저히 높입니다. 이것이 바로 **공부 루틴**의 시작입니다.

2단계:
DO – 학습 사이클 구축

효과적인 인강 학습을 위해서는 단순히 '강의 시청'을 넘어선 체계적인 학습 사이클이 필요합니다. 학습은 예습, 강의, 복습, 연습, 피드백으로 구성된 사이클입니다. 이는 레프 비고츠키Lev Vygotsky의 '근접 발달 이론'에 따라 학습자가 지식의 발판을 단계적으로 쌓아가도록 돕습니다(Vygotsky, 1978). 학습 사이클은 다음의 하위 단계로 구성됩니다.

예습Preview

인강을 시청하기 전, 교재나 강의 자료를 먼저 읽어보는 것이 필수적입니다. 이해도가 10%에 불과하더라도 예습을 통해 '학습의 지형도'를 그리는 것이 중요합니다. 사전 친숙함은 인지 부하를 줄여 강의 몰입도를 높입니다. 이 과정에서 **문해력**이 자연스럽게 향상됩니다.

강의 몰입Lecture

강의 시청 시 몇 가지 중요한 원칙을 지켜야 합니다.

- 강의 도중 정지하지 않고 끝까지 시청합니다. 정지-재생을 반복하면 30분 강의가 1시간 이상으로 늘어날 수 있습니다.
- 놓친 부분이 있다면 해당 시간을 메모해두고 강의 종료 후 돌아와 해당 부분만 다시 봅니다.
- 속도 조절은 1배속으로 시작해 점차 1.6배속까지 훈련하는 것이 효과적입니다. 이는 집중력 향상에 도움이 될 뿐 아니라 **공부 태도**를 바로잡는 훈련이기도 합니다.

문제 풀이 강의의 경우

문제 풀이 인강은 특별한 접근이 필요합니다. 강사가 문제를 풀기 전에 반드시 직접 먼저 풀어보고, 틀린 문제나 이해가 안 되는 부분만 선별적으로 시청하는 것이 효율적입니다. 이는 학습 시간을 절반으로 줄이고 능동적 참여를 배가해 전체 강의 완강에 걸리는 시간을 비약적으로 단축할 수 있습니다. **의식적 노력**을 통해 **사고력**을 키우는 핵심 과정입니다.

강의 내용을 정리하고 핵심 개념을 자신의 말로 재구성하는 과정입니다. 이는 단순한 반복이 아니라 뉴런 연결을 강화하며 장기 기억으로 전환해 지식을 '내면화'하는 과정입니다. **메타인지**가 작동하기 시작하는 순간이기도 합니다.

3단계:
CHECK–완전 학습 테스트

학습의 완성은 단순한 '이해'가 아닌 '활용 가능한 지식으로의 전환'에 있습니다. 콘텐츠 마스터는 회상과 반성을 통해 완성됩니다. 시험 효과 연구에 따르면, 스스로 정보를 꺼내는 행위는 기억을 강화합니다(Roediger & Karpicke, 2006). 이를 위해 구체적으로 다음과 같은 테스트 방법을 활용해야 합니다. 이 단계는 **기억 전략**을 실전에서 구현하는 과정입니다.

구술 테스트

학습한 내용을 타인(부모님이나 스터디 메이트)에게 설명하는 방식입니다. 심리학자 리처드 파인먼Richard Feynman이 개발한 '파인먼 테크닉'으로, 복잡한 개념을 단순하게 설명할 수 있을 때 비로소 진정한 이해가 이루어졌다고 볼 수 있습니다.

구체적 실행 방법은 수업 후 강의 노트에서 핵심 부분을 선별해 부모님에게 설명하는 것입니다. 이를 통해 수업 집중도와 이해도를 동시에 확인할 수 있습니다. **집중 양육**을 실천하는 부모님이라면 이 시간이 아이와의 가장 깊은 연결 고리가 됩니다.

누적 암기 테스트

학습 내용을 누적으로 테스트하는 방식입니다. 예를 들어 현재 5강까지 학습했다면 3, 4, 5강 내용을, 6강을 학습한 후에는 4, 5, 6강 내용을 테스트합니다. 이러한 '이동 누적' 방식은 각 내용이 적어도 3회 이상 반복되도록 보장합니다.

이 3단계 방법론은 단순한 '공부법'이 아닌 인지과학에 기반을 둔 학습 시스템입니다. 교육심리학자 벤저민 블룸Benjamin Bloom의 '완전 학습 모형'과 맥을 같이하는 이 접근법은, 충분한 시간과 적절한 학습 조건이 주어진다면 학습자가 거의 모든 학습 과제를 높은 수준으로 습득할 수 있다는 원리에 기반합니다. 이 과정을 통해 아이는 육각형 점화 지점에 도달하게 됩니다.

3단계 인강 학습법의 예시

중학 EBS 'MY GRAMMAR COACH 표준편'(정승익 선생님)

1단계: PLAN - 철저한 계획 수립		
목표 수강 기간 설정	총 28개 강의→주당 3개 강의 수강→9주 소요(겨울방학 1월~2월)	
복습 기간 계획	2주 소요(3월 1주 차~2주 차): 전 범위 개념 암기 테스트&오답 재풀이	
수강 요일 및 시간 확정	주당 3회, 월·수·금 각각 한 강씩, 매일 13시 정각에 시작	
2단계: DO - 학습 사이클 구축		
예습	월·수·금 13:00~13:05	5분 동안 진도 범위 1회독
강의 몰입	월·수·금 13:05~13:40	정지 금지, 놓친 부분 시간 메모(끝나고 해당 부분 찾아보기), 1.2배속 수강(40분 강의 35분에 소화 가능)
복습	월·수·금 13:40~14:20	수업 노트 보면서 이해 중심 한 페이지 문법 테이블로 이론 정리(10분)→새로운 빈 테이블 만들면서 암기(다음 수업 전 테스트용, 만들고 3장 복사해두기 for 누적 암기 테스트)(10분)→관련 문제 풀이(20분)
3단계: CHECK - 완전 학습 테스트		
구술 테스트	토 오후 13:00~13:30	3회 분량 복습 문법 테이블을 설명하는 동영상 촬영 →영상 다시 보면서 제대로 설명 못 하는 부분 다시 이해 중심 공부
누적 암기 테스트	월·수·금 12:45~13:00	지난 3개 강의에 해당하는 빈 문법 테이블 10분 테스트 보기→5분 채점 & 빨간 펜 첨삭하면서 재암기

고등 EBSi '고등 예비 과정 통합과학'(김청해 선생님)

1단계: PLAN - 철저한 계획 수립		
목표 수강 기간 설정	총 60개 강의 but 대단원 문제 풀이 강의 제외 51개 강의 → 주당 5개 강의 수강 → 10주 소요(9월~11월 1주 차)	
복습 기간 계획	4주 소요(11월): 전 범위 개념 암기 테스트 & 오답 재풀이	
수강 요일 및 시간 확정	주당 5회, 월·화·수·목·금 각각 한 강씩, 매일 21시 정각에 시작	
2단계: DO - 학습 사이클 구축		
예습	월·수·금 21:00~21:10	10분 동안 진도 범위 1회독
강의 몰입	월·수·금 21:10~21:40	정지 금지, 놓친 부분 시간 메모(끝나고 해당 부분 찾아보기), 1.4배속 수강(40분 강의 30분에 소화 가능)
복습	월·수·금 21:40~22:35	수업 노트와 필기 보면서 이해 중심 한 페이지 목차 & 키워드 정리(10분) → 내용 빼고 목차만 있는 테스트지 만들면서 암기(다음 수업 전 테스트용, 만들고 3장 복사해두기 for 누적 암기 테스트)(15분) → 관련 문제 풀이(30분)
3단계: CHECK - 완전 학습 테스트		
구술 테스트	토 13:00~13:45	3회 분량 복습 내용을 설명하는 동영상 촬영 → 영상 다시 보면서 제대로 설명 못 하는 부분 다시 이해 중심 공부
누적 암기 테스트	월·수·금 20:40~21:00	지난 3개 강의에 해당하는 목차 테스트 10분 보기→10분 채점 & 빨간 펜 첨삭하면서 재암기

인강과 과외의 시너지:
코칭 중심 하이브리드 모델

현대 교육의 트렌드는 '하이브리드 러닝Hybrid Learning'입니다. 온라인과 오프라인 학습의 장점을 결합한 이 접근법은 특히 인강과 과외(또는 학원)를 결합할 때 매우 강력한 효과를 발휘합니다. 이제 이 하이브리드 모델의 구체적 실행 방안을 살펴보겠습니다. 이는 **실용지능**을 키우는 동시에 교육비 효율성을 극대화하는 전략입니다.

티칭Teaching과
코칭Coaching의 분리

효율적인 학습을 위해서는 '티칭'과 '코칭'을 명확히 구분해야 합니다. 티칭은 지식과 개념을 전달하는 과정이고, 코칭은 그 지식의 적용과 내면화를 돕는 과정입니다.

기존의 과외나 학원은 두 가지 역할을 모두 수행하다 보니, 시간당 단가가 높은 과외 시간이 단순 개념 설명에 소요되는 비효율이 발생합니다. 반면 인강과 과외를 결합한 하이브리드 모델에서는

티칭은 인강으로: 개념 설명과 지식 전달은 체계적이고 검증된 인강을 통해 수행합니다. 이는 시간당 단가가 훨씬 낮고, 반복 학습이 가능하며, 최고 수준의 강사진을 활용할 수 있다는 장점이 있습니다.

코칭은 과외(또는 부모)로: 과외 선생님이나 부모님은 티칭의 부담에서 벗어나 다음과 같은 코칭에 집중합니다.

- 진도 속도 조절: 학생의 이해도와 진척도에 맞춰 학습 속도를 조절합니다.
- Q&A 및 맞춤형 지도: 인강에서 이해하기 어려웠던 부분에 대한 질의응답과 맞춤형 설명을 제공합니다.
- 테스트 및 피드백: 학습 내용에 대한 테스트를 실시하고, 취약점을 보완하는 피드백을 제공합니다. **정서 조절**과 **동기 부여**도 이 과정에서 이루어집니다.

이러한 역할 분담은 교육비를 절감할 뿐만 아니라 학습 효율성도 크게 향상시킵니다. 특히 부모님의 경우 모든 과목의 전문가가 아

니더라도 체계적인 코칭이 가능해집니다. 인강에서 설명한 내용을 바탕으로 단순히 아이의 학습 관리와 동기 부여에 집중할 수 있기 때문입니다. **집중 양육**을 실천하는 부모님에게 이것은 가장 효율적인 개입 방식입니다.

하이브리드 모델의
실천 전략

1. 과목 우선순위 설정

모든 과목을 동시에 하이브리드 모델로 전환하기보다 1~2개 과목부터 시작하세요. 예를 들어 과학 선행이 필요한 학생이 지방에 거주한다면, 과학 과목부터 인강+코칭 모델을 적용하는 것이 효과적입니다.

2. 명확한 학습 계획 수립

앞서 설명한 PLAN−DO−CHECK 3단계에 따라 구체적인 학습 계획을 수립합니다. 특히 인강 시청과 코칭 세션 사이의 간격을 적절히 설정하는 것이 중요합니다. **공부 루틴**이 자리 잡는 시기입니다.

3. 코칭 세션을 구조화하라

과외 선생님이나 부모님이 진행하는 코칭 세션은 다음과 같이 구조화하는 것이 효과적입니다.

- 인강 내용 확인 및 이해도 점검(15~20분)
- 헷갈리는 개념 및 문제 집중 해결(20~30분)
- 다음 학습 계획 설정 및 동기 부여(10~15분)

4. 정기적인 평가 및 조정

2~3주마다 하이브리드 모델의 효과성을 평가하고, 필요에 따라 인강 선택이나 코칭 방식을 조정합니다. 이는 학습 '시스템'을 지속적으로 개선하는 과정일 뿐 아니라 **메타인지**를 키우는 훈련이기도 합니다.

이 하이브리드 모델은 단순한 비용 절감을 넘어 학습의 질적 향상을 가져옵니다. 경영학에서 말하는 '선택과 집중'의 원리를 교육에 적용한 것으로, 각 교육 요소(인강과 코칭)가 자신의 강점에 집중함으로써 전체 시스템의 효율성을 극대화하는 것입니다.

온라인 학습의 미래:
혁신적 인재의 필수 역량

디지털 시대의 교육은 단순한 지식 전달을 넘어, 자기 주도적 학습 능력과 디지털 리터러시를 요구합니다. 온라인 학습은 이제 단순한 '옵션'이 아닌 미래 인재의 '필수 역량'이 되고 있습니다.

세계경제포럼WEF의 '미래 직업 보고서'에 따르면, 4차 산업혁명 시대에는 지속적인 자기 계발과 평생 학습 능력이 핵심 경쟁력이 됩니다. 특히 AI와 자동화 기술의 발전으로, 단순 반복적 기술보다는 창의성, 비판적 사고력, 그리고 자기 주도적 학습 능력이 중요해지고 있습니다. **관계 인성 역량**과 함께 **본질적 학업 역량**을 갖춘 인재가 미래를 주도할 것입니다.

이러한 맥락에서 인강을 통한 자기 주도 학습은 단순한 '학습 방법'을 넘어 '미래 역량'의 배양입니다. 세계적 교육 혁신가인 살만 칸Salman Khan은 "미래의 교육은 '무엇을 아는가'보다 '어떻게 배우는가'가 더 중요하다"고 강조했습니다. 인강을 통한 자기 주도 학습은 바로 이 '배움의 방법'을 터득하는 과정입니다.

더욱이 코로나19 이후 전 세계적으로 온라인 학습은 선택이 아닌 필수가 되었습니다. 하버드, MIT, 스탠퍼드 등 세계 최고 대학들도 온라인 교육에 대한 투자를 대폭 확대하고 있으며, 많은 기업들이 직원 교육을 온라인으로 전환하고 있습니다. 이는 단순한 일시적 현상이 아니라 교육의 패러다임 전환을 의미합니다.

따라서 우리 학생들이 인강을 통한 자기 주도 학습 능력을 배양하는 것은 미래 사회의 핵심 인재로 성장하기 위한 필수 과정입니다. 앞으로의 세계는 시공간의 제약을 뛰어넘어 온라인으로 지식과 기술을 습득하고, 이를 자신의 역량으로 내재화할 수 있는 사람이 주도하게 될 것입니다. **강철 멘탈**과 **인강 활용력**을 갖춘 아이들이 그 중심에 설 것입니다.

오늘부터 시작하는 인강 학습법: 실행이 핵심이다

　인강 활용의 이론적 배경과 체계적인 방법론을 모두 살펴보았습니다. 하지만 이 모든 지식이 실제 행동으로 이어지지 않는다면 그것은 단지 '정보'에 불과할 뿐입니다. 그럼 어떻게 시작해야 할까요?

오늘의 미션:
인강 사이트 투어와 첫 단계 실행

1. **인강 사이트 둘러보기:** 앞서 소개한 다양한 인강 플랫폼(EBS, 메가스터디, 대성마이맥, 이투스, 강남인강 등)을 직접 방문해보세요. 각 사이트에서 제공하는 강의 유형, 강사진, 콘텐츠 등을 둘러보며 옵션을 탐색하는 것이 중

요합니다. 회원 가입이나 결제를 당장 하지 않더라도 어떤 자원이 있는지 파악하는 것만으로도 큰 도움이 됩니다.

2. **한 과목 선택하기**: 자녀와 상의해 시작할 한 과목을 선택하세요. 초기에는 자녀가 상대적으로 관심이 있거나 자신 있는 과목으로 시작하는 것이 좋습니다. 이는 초기 성공 경험을 통해 동기 부여를 강화하기 위함입니다. 정서 지능이 작동하는 순간이기도 합니다.

3. **무료 강의로 시작하기**: EBS와 같은 무료 플랫폼에서 선택한 과목의 적절한 강의를 찾아보세요. 강사의 OT를 시청하고, 자녀와 함께 호감도를 평가해봅니다.

4. **3단계 학습법 적용하기**: 앞서 설명한 PLAN-DO-CHECK의 3단계 학습법을 처음부터 적용해보세요. 첫 번째 강의부터 예습-본학습-복습-테스트의 전체 사이클을 경험하는 것이 중요합니다. 공부 습관이 형성되는 결정적 시기입니다.

이러한 첫 단계 실행은 단순한 '시도'가 아니라, 자기 주도 학습 시스템의 구축을 위한 중요한 발걸음입니다. 처음에는 다소 어색하고 시행착오가 있을 수 있지만, 이러한 과정을 통해 자녀와 함께 가장 효과적인 학습 방식을 발견할 수 있을 것입니다.

지속적 개선의 원칙

인강을 통한 자기 주도 학습은 단기간에 완성되는 것이 아닙니다. 이는 지속적인 실천과 개선을 통해 점진적으로 발전시켜 나가는 과정입니다. 경영학의 '카이젠Kaizen' 원칙, 즉 '작은 개선의 누적'

이 큰 변화를 가져온다는 철학을 교육에도 적용해야 합니다.

초기에는 주 1~2회, 1시간 내외의 인강부터 시작해 점차 양과 난이도를 높여나가는 것이 효과적입니다. 매주 자녀와 함께 학습 과정을 리뷰하고, 다음과 같은 질문을 통해 개선점을 찾아보세요.

- 이번 주 인강 학습에서 가장 효과적이었던 부분은 무엇인가?
- 어떤 부분에서 어려움을 느꼈는가?
- 다음 주에는 어떤 점을 개선하면 좋을까?

이러한 리뷰 과정을 통해, 자녀 개인에게 최적화된 인강 학습 시스템을 점진적으로 구축해나갈 수 있습니다. **학부모 교육 전략가**로서 부모님의 역할이 가장 빛나는 순간입니다.

결론:
시스템이 아이를 변화시킨다

"아이가 인강으로 공부를 못 해요"라는 말은 이제 더 이상 유효하지 않습니다. 문제는 아이의 의지나 능력이 아니라 그들에게 제공된 학습 '시스템'입니다. 올바른 시스템과 방법론이 갖춰진다면 모든 학생은 인강을 통한 자기 주도 학습의 잠재력을 충분히 발휘할 수 있습니다.

이 장에서 우리는 인강의 장점, 플랫폼 선택 가이드, 3단계 학습법, 하이브리드 코칭 모델, 그리고 실천 전략까지 체계적으로 살펴보았습니다. 이 모든 요소는 하나의 목표를 향해 있습니다. 바로 자녀가 미래 사회의 핵심 역량인 자기 주도 학습 능력을 배양하도록 돕는 것입니다.

교육심리학자 캐롤 드웩Carol Dweck의 '성장 마인드셋Growth Mindset' 이론에 따르면, 능력은 타고나는 것이 아니라 노력과 적절한 전략을 통해 개발되는 것입니다. 마찬가지로 자기 주도 학습 능력 역시 타고나는 것이 아니라, 체계적인 시스템과 지속적인 실천을 통해 발전시켜 나가는 것입니다. **의식적 노력**을 통해 **후천적 육각형 인재의 여섯 가지 역량**(본질적 학업 역량, 메타인지, 정서 조절, 목표의식, 절대 실행력, 관계 인성 역량)을 모두 갖출 수 있습니다.

오늘부터 시작하세요. 첫걸음은 미미할지라도 그것이 자녀의 학습 여정에 가져올 변화는 결코 미미하지 않을 것입니다. 인강을 통한 자기 주도 학습의 성공은 복잡한 기술이나 특별한 재능이 아니라, 체계적인 접근과 일관된 실천에서 비롯됩니다. **공부 멘탈**을 키우고 **공부 뇌**를 만드는 과정은 바로 지금, 이 순간부터 시작됩니다.

"의지가 약한 것이 아니라, 시스템이 약했던 것이다."

이것이 바로 대치동 상위 0.1% 학생들이 보여준 가장 중요한 통찰입니다. 하지만 중요한 것은 이러한 특성이 타고난 것이 아니라 **습관 시스템**을 통해 만들어졌다는 사실입니다. 이제 여러분과 자녀가 이 강력한 시스템을 함께 구축해 나갈 차례입니다. 육각형 점화 지점은 생각보다 가까운 곳에 있습니다.

5장

모든 과목에 적용되는
만능 기억 전략
무지개 암기법

육각형 레이더 차트 1-5. 무지개 암기법
(스마트폰 가로 모드에 최적화되어 있습니다.)

'경축! ××중의 자랑 L, 외대부고 합격!'

졸업 후에도 한동안 학교에 걸려 있던 플래카드가 L의 위상을 말해주었습니다. 역대 전교 1등 중에서도 독보적이었던 L, 강동 지역의 그 학교에서 유일한 외대부고 합격자였습니다. 그러나 화려한 입학의 영광은 곧 잔혹한 현실로 바뀌었습니다.

외대부고 교실은 전국에서 모인 공부 괴물들의 전장이었습니다. 대치동 출신 최정예들과의 경쟁에서 L은 처참하게 무너졌습니다. 자신의 최대 강점이라 믿었던 국어와 영어마저 바닥을 쳤습니다. 중학교 시절 '넘사벽' 전교 1등이었던 L에게는 청천벽력 같은 충격이었습니다.

문제의 본질은 명확했습니다. 지역 최강자였지만 전국 기준으로는 턱없이 부족했던 것입니다. 선행도, 공부 내공도 모두 미흡한 상태에서 단지 입학시험만 통과한 셈이었습니다. 여름방학이 되어서야 뼈아픈 현실을 직시했지만, 이미 성적은 걷잡을 수 없이 추락한 뒤였습니다.

고통스러운 2학기를 마치고, 절망에 빠진 L과 부모님이 제게 찾아왔습니다. 한자로 시를 쓸 정도로 언어 감각이 뛰어난 L. 저는 그 잠재력을 살리면서도 완전히 무너진 수학을 재건하는 전략을 세웠습니다. '최상위 0.1% 육각형 인재 프로젝트'가 가동되었고, 그 겨울방학은 하루 12시간 이상의 특별 훈련으로 채워졌습니다.

가장 심각했던 수학을 정밀 진단한 결과는 충격적이었습니다. 개념은 이해했지만, 공식과 증명 과정을 제대로 암기하지 않아 복합 문제는 물론 기본 유형조차 해결하지 못하고 있었습니다. '이 정도면 아는 것 같아'라는 애매한 기준으로 공부해온 것이 화근이었습니다. 바로 메타인지의 부재였습니다.

암기의 정확한 방법론을 한 번도 제대로 훈련받지 못한 L. 저는 특별한 솔

130

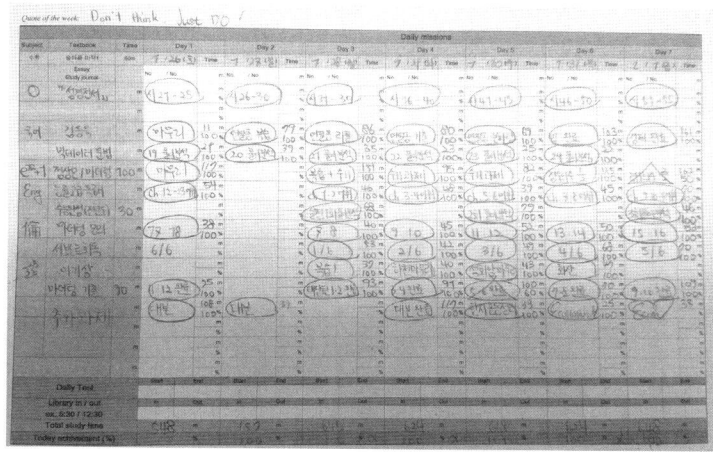

H의 위클리 플래너(일 학습 12시간 이상, 순공 시간 10시간 이상)

루션을 제시했고, L은 서서히 자신감을 되찾으며 예전의 빛을 발하기 시작했습니다. 그리고 마침내 처음 만났을 때는 꿈도 꾸지 못했던 연세대 합격이라는 기적을 만들어냈습니다.

이 극적인 반전이 주는 교훈은 분명합니다. 공부는 단순한 노력이나 타고난 재능만으로 완성되지 않습니다. 많은 이들이 주입식 교육을 비판하며 암기를 경시하지만, 이는 치명적인 오해입니다. '주입식 교육'과 '이해 기반 암기'는 전혀 다른 개념입니다.

진정한 공부는 이해와 암기의 완벽한 하모니에서 탄생합니다. 20여 년간 수많은 학생을 지도하며 깨달은 진실은 이것입니다. 제대로 이해하지 못하는 것만큼이나 제대로 외우지 않는 것이 성적 부진의 핵심 원인이라는 것. 본질적 학업 역량의 공부 내공 6원소 중에서도 암기력이 무너지면 다른 모든 축이 흔들립니다.

이제 그 해답을 공개합니다. 제가 개발한 '무지개 암기법'은 암기를 예술의 경지로 끌어올립니다. 이 방법을 마스터한다면 여러분의 자녀도 L처럼 불가능을 가능으로 바꾸는 공부 천재로 거듭날 것입니다.

암기에 대한 오해를 깨다: 선천적인 능력이 아닌 시스템의 문제

많은 부모님이 "우리 아이는 암기력이 부족해서 성적이 오르지 않아요"라고 호소합니다. 학생들 역시 "저는 외우는 것이 정말 힘들어요"라고 말하곤 합니다. 혹자는 암기력을 타고난 재능의 영역으로 치부하며 일찌감치 체념하기도 합니다. 정말 암기 능력은 선천적으로 결정되는, 바꿀 수 없는 능력일까요?

저는 단언합니다. **절대 그렇지 않습니다.** 암기 능력은 결코 타고나는 것이 아닙니다. 저 역시 IQ가 150이 넘는데도 암기력은 형편없었습니다. 포토그래픽 메모리(사진처럼 찍어 기억하는 능력)를 가진 친구를 보며 좌절했던 경험도 있습니다. 높은 IQ가 뛰어난 암기력을 보장하지는 않는다는 사실을 몸소 체험한 셈입니다.

암기력이 부족하다면 우리는 그것을 '키워내면' 됩니다. 암기력은 후천적인 훈련을 통해 분명히, 그리고 극적으로 향상될 수 있습니다.

이는 기억술 챔피언십Memorial Championship이라는 세계적인 대회가 증명합니다. 여기서 참가자들은 무작위 카드 덱이나 무의미한 숫자 배열을 기억하는 놀라운 능력을 선보입니다. 조슈아 포어Joshua Foer 가 저서 『아인슈타인과 문워킹을Moonwalking with Einstein』에서도 설명하 듯, 이들은 타고난 능력이 아닌 체계적인 훈련을 통해 이러한 기술 을 습득했습니다. 실제로 기억력이 평범한 사람도 10분에 5단어를 외우는 수준에서 같은 시간에 500단어까지 기억하는 능력을 개발할 수 있습니다.

하지만 학습을 위한 암기는 무작위 정보를 기억하는 것과는 다릅 니다. 학습적 암기는 '이해'를 기반으로 해야 합니다. 이 차이점을 인식하는 것이 중요합니다. 학업적 기억은 단순한 정보 저장이 아 니라 **개념 이해와 지식 네트워크 구축의 과정**입니다. 부모님이 학 부모 교육 전략가로서 가장 먼저 깨달아야 할 것은 암기력은 재능이 아니라 설계 가능한 시스템이라는 사실입니다.

기억의 과학:
인지심리학이 말하는 기억의 구조

현대 인지심리학에서는 '다중 기억 모형Multi-store Model'이라는 개념을 통해 기억이 어떻게 형성되는지 설명합니다. 앳킨슨과 시프린 (Atkinson & Shiffrin, 1968)의 연구에 따르면, 우리의 기억 시스템은 세 단계로 구성됩니다.

첫째, 감각 기억sensory memory은 정보를 불과 몇 초 동안만 보존합니다. 이는 마치 디지털 카메라의 버퍼와 같아서, 중요하지 않은 정보는 즉시 사라집니다.

둘째, 단기 기억short-term memory은 정보를 약 20초에서 수 시간 동안 유지합니다. 예를 들어 처음 만난 사람의 이름은 기억하지만, 그 사람이 알려준 전화번호는 메모하지 않으면 기억하지 못하는 경우

장기 기억으로 가는 여정

5 **초이해**
정보를 완전히 체화합니다.

4 **이해**
정보를 깊이 이해합니다.

3 **장기 기억**
정보를 장기간 저장합니다.

2 **단기 기억**
정보를 잠시 동안 유지합니다.

1 **감각 기억**
정보를 짧은 순간 동안 보존
합니다.

가 이에 해당합니다.

셋째, 장기 기억long-term memory은 정보를 몇 주, 몇 달, 심지어 평생 동안 유지할 수 있습니다. 여기에 도달한 정보만이 진정으로 '내 것'이 된 지식입니다.

무지개 암기법의 핵심은 바로 이 세 단계를 체계적으로 연결하는 다리를 만드는 것입니다. 많은 학생들이 이 연결 과정을 무시하고, 단기 기억에서 장기 기억으로의 전환을 간과하기 때문에 학습 효율이 떨어집니다.

단순히 정보를 반복해서 보고 되뇌는 것만으로는 정보가 단기 기억에서 장기 기억으로 효과적으로 넘어가지 못합니다. 마치 밑 빠진 독에 물 붓기와 같습니다. 많은 학생이 시험을 앞두고 밤새워 '벼

락치기'를 하지만, 시험이 끝나면 머릿속이 하얗게 비어버리는 경험을 하는 이유가 바로 여기에 있습니다. 정보가 장기 기억으로 공고화Consolidation될 충분한 시간과 정교화 과정 없이, 단기 기억 속에 잠시 머물렀기 때문입니다.

혹자는 기억력 스포츠Memory Sports나 관련 서적에서 소개하는 특별한 기억술이 학습에도 그대로 적용되리라 기대하기도 합니다. 카드 덱 순서나 무작위 숫자 배열을 외우는 기술은 분명 인상적이지만, 학문적 지식 암기와는 근본적인 차이가 있습니다. 학습을 위한 암기는 단순한 정보의 나열이 아니라 **이해Understanding를 기반으로 할 때 가장 강력한** 힘을 발휘합니다. 내용을 깊이 이해하면 억지로 외우려 하지 않아도 자연스럽게 지식이 체화되는 '초이해超理解'의 단계에 이르게 됩니다. 즉 학습에서 암기는 무작정 정보를 밀어 넣는 것이 아니라, 정보의 의미를 파악하고 기존 지식과 연결하며 그 구조를 내 것으로 만드는 **적극적인 지식 구성 과정**이어야 합니다. 이것이 바로 육각형 인재의 여섯 가지 공통 속성 중 하나인 '공부 뇌'를 만드는 핵심 원리입니다.

무지개 암기법의 7단계 시스템: 대치동 최상위권의 비밀 도구

대부분의 학생은 암기할 때 '100% 완벽하게 외워질 때까지' 붙들고 있는 방식을 택합니다. 이는 최악의 방법입니다. 마치 마라톤을 처음부터 전력 질주하는 것과 같습니다. 우리의 단기 기억 용량은 생각보다 제한적이며, 한 번에 너무 많은 정보를 완벽하게 외우려 하면 오히려 먼저 외운 내용이 뒤따라 들어오는 정보에 밀려나거나(간섭 현상), 집중력이 떨어져 시간만 낭비하게 됩니다. "학원에서 단어 시험 때문에 3시간, 4시간씩 붙잡고 있어요." 이는 잘못된 접근입니다.

무지개 암기법의 핵심은 처음부터 100%를 목표로 하는 것이 아니라 단계를 나누어 점진적으로 완성도(%)를 높여 나가는 것입니다.

효과적인 암기 전략 비교

 완벽을 위한 전력 질주

 단기 기억 과부하

 집중력 감소

 점진적인 완성도

 장기 기억 강화

 메타인지 향상

전통적인 암기 방법 　　　　　　　　　 무지개 암기법

예를 들어 1차 암기에서는 50%를, 2차에서는 추가 20%(누적 70%), 3차에서 다시 20%(누적 90%)를 목표로 하는 식입니다. 이 과정에서 자연스럽게 여러 번 반복(N회독)하게 되며, 무엇보다 중요한 것은 내가 무엇을 알고 무엇을 모르는지를 정확히 파악하고(메타인지) 취약점을 집중 공략하게 된다는 점입니다. 이는 처음부터 80~90%를 외우고 넘어가는 학생보다 최종적으로 더 많은 내용을 더 오래 기억하게 만드는 비결입니다.

대치동 장원장이 수십 년간 교육 현장에 몸담으며 개발한 **'무지개 암기법'**은 학습을 위한 암기의 정수를 체계화한 전략입니다. 이 방법은 기억의 작동 원리에 기반을 두고 단순 반복이 아닌 체계적인

'N회독 학습'을 시스템화한 가장 강력하고 효율적인 암기 전략입니다. 이를 통해 단기 기억의 한계를 극복하고 장기 기억으로의 전환을 가속화합니다. 이것이 바로 후천적 육각형 인재의 여섯 가지 역량 중 **'본질적 학업 역량'**을 구축하는 실전 도구입니다. 다음은 무지개 암기법의 7단계와 구체적인 실행 방법입니다.

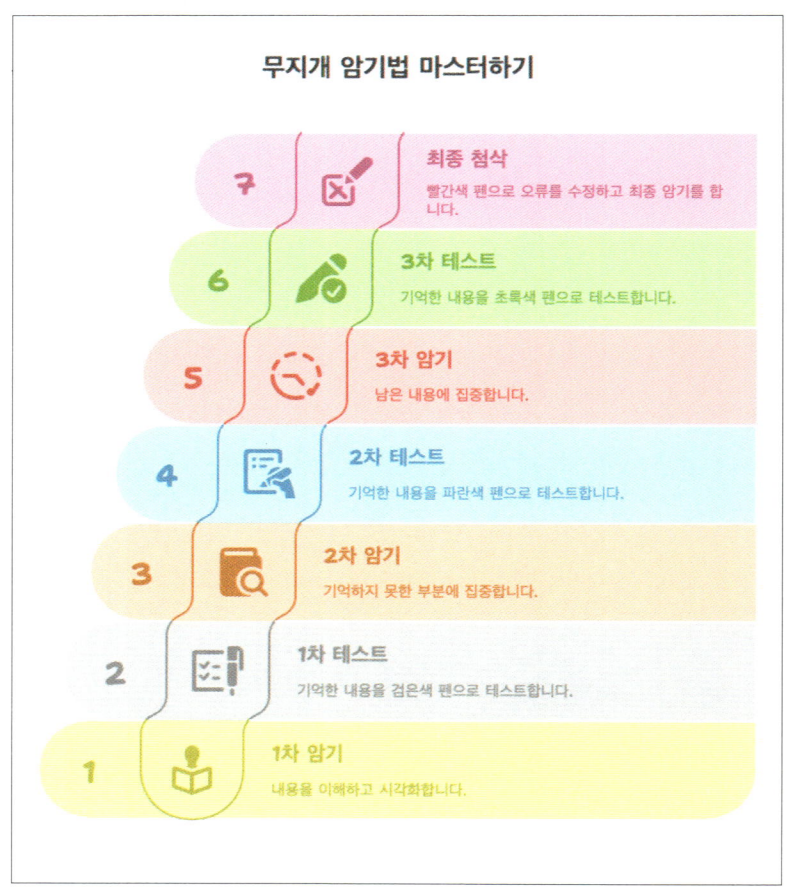

무지개 암기법 마스터하기

7 **최종 첨삭** 빨간색 펜으로 오류를 수정하고 최종 암기를 합니다.

6 **3차 테스트** 기억한 내용을 초록색 펜으로 테스트합니다.

5 **3차 암기** 남은 내용에 집중합니다.

4 **2차 테스트** 기억한 내용을 파란색 펜으로 테스트합니다.

3 **2차 암기** 기억하지 못한 부분에 집중합니다.

2 **1차 테스트** 기억한 내용을 검은색 펜으로 테스트합니다.

1 **1차 암기** 내용을 이해하고 시각화합니다.

필수 준비물:
시간과 색상의 마법

무지개 암기법을 실행하기 위해서는 두 가지 도구가 필요합니다.

1. **타이머(스톱워치):** 무제한 시간은 암기의 적입니다. 시간 압박이 없으면 집중력과 효율성이 떨어집니다. 효과적인 암기는 제한된 시간 내에서 이루어져야 합니다. 특히 '타임 타이머Time Timer'와 같이 남은 시간을 시각적으로 보여주는 도구 사용을 권장합니다. 이는 구글Google의 생산성 향상 도구로도 인정받은 제품으로, 시간 감각을 극대화합니다.
2. **다색 펜 세트:** 최소 네 가지 색상(검정, 파랑, 초록, 빨강)의 펜이 필요합니다. 각 색상은 기억 형성의 단계를 시각적으로 구분하는 중요한 역할을 합니다.

7스텝 시스템:
기억을 체계화하는 과학적 접근

무지개 암기법은 일곱 단계로 구성된 체계적인 시스템입니다. 이는 단순히 반복해서 외우는 것이 아니라 기억의 형성 과정을 과학적으로 관리하는 방법입니다.

(예시: 영어 본문 한 단락 암기, 30분 기준)

1단계: 1차 암기(50%, 10~15분)

암기할 내용을 **이해하는 데** 집중합니다(영어 본문이라면 해석, 모르는 단어 확인). 내용을 머릿속으로 시각화하고(영화처럼 그리기), 자신의 기존 지식이나 경험과 연결하며 의미를 부여합니다(지식 연계). 단순히 눈으로 읽는 것이 아니라, 내용을 능동적으로 재구성하며 머릿속에 입력합니다. 이 과정에서 문해력과 암기력이 동시에 작동합니다. **목표는 50% 암기.** 10분~15분 이상 넘기지 않는 것이 효율적입니다.

2단계: 1차 테스트(2분)

검은색 펜을 사용해 기억한 내용을 테스트합니다. 백지에 쓰거나 빈칸을 채우는 형식으로 진행할 수 있습니다. 이 단계에서는 자신이 얼마나 기억했는지 정확히 평가하는 것이 중요합니다. 막히는 부분은 억지로 쥐어짜지 말고 비워둡니다. 이것이 바로 메타인지를 훈련하는 순간입니다.

3단계: 2차 암기(70%, 7분)

1차 테스트에서 기억하지 못한 부분에 집중합니다. 이 단계가 실제 학습이 가장 많이 일어나는 단계입니다. 의미를 더 깊게 부여하거나, 이미지를 선명하게 그리거나, 직접 손으로 써보는 등 다양한 방법을 활용합니다. 2차 암기의 목표는 추가 20%를 더해 총 70% 정도를 기억하는 것입니다. 이 과정에서 의식적 노력을 통해 공부 뇌가 활성화됩니다.

4단계: 2차 테스트(2분)

파란색 펜을 사용해 다시 테스트합니다. 이때 색상 변경은 1차에서 기억한 내용과 2차에서 기억한 내용을 시각적으로 구분하는 중요한 역할을 합니다.

5단계: 3차 암기(90%, 3분)

남은 약 20~30%의 내용을 **마지막으로 집중 공략**해 암기합니다. 이제 분량이 줄었으므로 시간도 줄입니다. 시간 압박을 통해 고도의 집중력과 몰입도를 발휘해야 합니다. 이 순간 절대 실행력이 발현됩니다.

6단계: 3차 테스트(2분)

초록색 펜으로 테스트합니다. 이 단계까지 진행하면 약 90%의 내용을 기억하게 됩니다.

7단계: 최종 첨삭(100%, 5분)

마지막까지 외워지지 않은 부분, 또는 틀린 부분을 **빨간색 펜**으로 교정하고 **그 내용을 집중적으로 보면서 최종 암기**합니다. 이 5분은 단순히 오답을 확인하는 시간이 아니라, 가장 취약한 부분을 장기 기억으로 확실히 넘기는 마지막 관문입니다.

무지개 암기법 7단계 요약표

체계적인 암기를 위한 7단계 시스템 가이드

무지개 암기법은 점진적 완성 전략을 통해 단기 기억에서 장기 기억으로의 효과적인 전환을 돕는 체계적인 시스템입니다. 아래 표는 각 단계별 목표와 수행 방법을 요약한 것입니다.

단계	활동	목표 암기율	소요 시간	사용 도구	주요 활동
1 1차 암기	이해 & 입력	50%	10-15분	-	내용 이해, 시각화, 의미 부여
2 1차 테스트	자가 점검	-	2분	검은색 펜	기억 내용 확인, 모르는 부분 비워두기
3 2차 암기	취약점 공략	누적 70%	7분	-	1차 테스트에서 틀린 부분 집중 공략
4 2차 테스트	성과 확인	-	2분	파란색 펜	2차 암기 성과 확인
5 3차 암기	고효율 집중	누적 90%	3분	-	남은 20~30% 집중 공략
6 3차 테스트	최종 점검	-	2분	초록색 펜	3차 암기 성과 확인
7 최종 첨삭	완벽 마무리	100%	5분	빨간색 펜	최종 취약점 교정 및 완벽 암기

총 소요 시간: 약 30분 (내용 분량에 따라 조정 가능)

이렇게 7단계를 마치고 나면 암기 노트는 검정, 파랑, 초록, 빨강 펜으로 알록달록하게 채워져 있을 것입니다. 이것이 바로 '무지개 암기법'의 결과물입니다. 이 노트는 여러분이 무엇을 쉽게 외우고(검정, 파랑), 무엇을 어려워했으며(초록, 빨강), 최종적으로 어떤 부분을 보완했는지(빨강)를 한눈에 보여주는 '개인 맞춤형 오답노트'이자 '복습 로드맵'이 됩니다. 나중에 복습할 때는 **빨간 펜>초록 펜>파란 펜>검정 펜 순서**로, 즉 가장 취약했던 부분부터 확인하면 시간을 매우 효율적으로 사용할 수 있습니다. 이것이 실용 지능을 발휘한 공부 전략입니다.

실전 전략:
무지개 암기법의 고급 적용

시간 관리의 마법:
암기 용량 확장하기

무지개 암기법의 진정한 파워는 시간 관리에 있습니다. 초기에는 30분 단위로 설정하고 그 안에서 7단계를 완료하는 것을 목표로 합니다. 숙달되면 두 가지 방향으로 발전시킬 수 있습니다.

1. **양적 확장:** 같은 30분 내에 더 많은 내용을 외우는 방향으로 발전시킵니다. 처음에는 10개 단어를 30분에 외웠다면, 점차 12개, 15개, 20개로 늘려갑니다.

2. 시간 단축: 같은 양을 더 짧은 시간에 외우는 방향으로 발전시킵니다. 30분에서 25분, 20분으로 줄이며 효율성을 높입니다.

이런 방식으로 훈련하면 단위 시간당 암기 효율이 지속적으로 향상됩니다. 이는 마치 근육 훈련과 같아서 지속적인 도전을 통해 암기 능력이 강화됩니다. 이 과정에서 공부 멘탈이 단련되고 공부 태도가 변화하며, 결국 육각형 점화 지점에 도달하게 됩니다.

장기 기억으로의 전환: 반복의 과학

무지개 암기법은 단기 기억을 강화하는 전략이지만, 이를 장기 기억으로 전환하기 위해서는 주기적 반복이 필수적입니다. 연구에 따르면 헤르만 에빙하우스Hermann Ebbinghaus의 '망각 곡선'을 극복하기 위해서는 계획적 반복 학습을 해야 합니다.

오늘 무지개 암기법으로 학습한 내용을 일주일 후에 다시 같은 방식으로 복습하면, 1차 암기 단계에서 이미 훨씬 더 많은 내용을 기억하고 있음을 발견할 것입니다. 두 번째 주에 다시 복습하고 세 번째 주에 또 복습하면 이 내용은 장기 기억으로 안정적으로 전환됩니다.

이처럼 체계적인 반복을 통해 지식은 '내 것'이 되고, 이렇게 구축된 탄탄한 지식 기반은 미래 학습의 토대가 됩니다. 이것이 바로 공부 내공 6원소를 완성하는 과정입니다.

무지개 암기법,
모든 학습에 적용하기

무지개 암기법은 단순히 단어나 본문 암기에만 국한되지 않습니다. 이 시스템은 수학 공식, 과학 개념, 역사적 사건, 경제 이론 등 모든 학습 영역에 적용 가능합니다.

각 학생은 자신만의 방식으로 이 시스템을 발전시킬 수 있습니다. 마치 뉴턴Newton의 미적분학이나 아인슈타인의 상대성 이론이 기존 지식을 기반으로 발전했듯이, 학생들도 이 기본 프레임워크를 토대로 '나만의 무지개 암기법'을 발전시키면 됩니다.

학생들이 초극상위권으로 성장하면서 이 시스템은 더욱 정교하게 발전할 것입니다. 이것은 단순한 학습 방법이 아니라 평생 사용할 수 있는 강력한 인지 도구입니다. 육각형 인재의 여섯 가지 역량 중

본질적 학업 역량, 메타인지, 절대 실행력을 동시에 키워주는 통합 전략입니다.

노력이 아닌
시스템이 승리한다

많은 학생과 학부모님이 암기를 '어쩔 수 없이 해야 하는 고통스러운 과정'으로 여깁니다. 그러나 명확한 원리 이해와 체계적인 전략만 있다면, 암기는 더 이상 넘어야 할 벽이 아니라 **성장을 가속화하는 강력한 엔진**이 될 수 있습니다. 무지개 암기법은 단순한 암기 기술이 아닙니다. 이는 **학습의 효율성을 극대화하고, 메타인지를 강화하며, 궁극적으로는 자기 주도 학습 능력을 완성하는 핵심 열쇠**입니다. 육각형 인재의 여섯 가지 공통 속성인 공부 뇌, 습관 시스템, 강철 멘탈, 인강 활용력, 기억 전략, 동기 부여 중에서도 특히 **기억 전략**과 **습관 시스템**을 구축하는 실전 도구입니다.

이제 더 이상 "나는 암기를 못해"라고 자책하거나 포기하지 마십시오. 암기력은 타고나는 것이 아니라 올바른 방법으로 **'설계'되고 '훈련'될 수 있는 능력**입니다. 선천적 육각형 인재들이 가진 여섯 가지 심리 패턴(활자 중독, 루틴 과몰입, 효율 강박, 만족 결핍, 준비 불안, 성과 불만) 중에서도 '루틴 과몰입'과 '효율 강박'은 사실 이런 체계적인 습관 설계에서 비롯된 것입니다. 후천적으로도 충분히 개발 가능한 영역입니다.

오늘 당장 타이머와 4색 펜을 준비하세요. 그리고 영어 단어든, 교과서 본문이든, 작은 분량부터 시작해 무지개 암기법을 꾸준히 실천해보시길 바랍니다. 처음에는 다소 복잡하게 느껴질 수 있지만, 익숙해지는 순간 여러분은 이전과는 완전히 다른 학습 효율성과 성취감을 경험하게 될 것입니다.

부모님의 역할은 단 하나입니다. 아이가 이 시스템을 습득할 수 있게 초기 환경을 설계하고, 꾸준히 실천할 수 있도록 정서적으로 지지하는 것. 그 이후에는 아이 스스로 육각형 점화 지점에 도달하여 자기 주도적으로 성장해나갈 것입니다.

여러분의 아이는 암기력이 부족해서 실패하는 것이 아닙니다. 시스템이 갖춰지지 않았을 뿐입니다. 그리고 그 시스템은 부모님이 함께 설계해갈 수 있습니다. 이제, 우리 아이들의 무지개 암기 노트를 펼쳐볼 시간입니다.

6장

아이의 잠재력을 폭발시키는 동기 부여 설계법

육각형 레이더 차트 1-6. 동기 부여
(스마트폰 가로 모드에 최적화되어 있습니다.)

"원장님, 답만 해주십시오. 제 아들이 지금 이 방식대로 공부해서 소위 명문대에 갈 수 있습니까? 가능성이 없다면 저는 당장 이 모든 걸 그만두게 하고 다른 길을 찾겠습니다."

자수성가한 사업가 특유의 날카로운 눈빛과 단호한 목소리. H의 아버님과의 면담은 그렇게 한 치의 물러섬도 없는 벼랑 끝 질문으로 시작되었습니다.

저는 그 살얼음판 같은 분위기 속에서 H의 지난 기록을 조용히 펼쳐 보였습니다. 그 아이가 처음 이곳을 찾았던 날부터, 수많은 우여곡절을 거쳐 지금에 이르기까지의 모든 성장 과정을. 그리고 마지막으로 아버님의 눈을 똑바로 바라보며 말했습니다.

"아버님, H는 좋은 씨앗입니다. 그리고 지난 시간 동안 꾸준히 뿌리를 내리고 단단하게 성장해왔습니다. 저는 H의 노력을 믿기에, 충분히 가능하다고 확신합니다."

불신으로 가득했던 아버님의 눈빛이 온화하게 바뀌는 데는 오랜 시간이 걸리지 않았습니다. 아버님은 말없이 제게 손을 내밀어 악수를 청했습니다.

그 악수가 있기까지의 과정은 결코 순탄치 않았습니다. H를 처음 만났던 날의 풍경은 지금도 제 뇌리에 선명하게 박혀 있습니다. 상담실 의자에 엉덩이만 걸친 채, 두 손은 바지 주머니에 꽂고, 상체를 45도 각도로 기울여 세상을 비웃는 듯한 자세. 저는 그 모습을 보자마자 진단명을 떠올렸습니다. '대치 키즈 중2병 말기.' 명의가 와도 고치기 힘들다는, 저항과 불신으로 가득 찬 영혼의 상태였습니다.

저는 즉시 특단의 조치가 필요함을 직감하고, 어머님께 잠시 자리를 비워달라 청했습니다. 그리고 H에게 다가가 훈계가 아닌 하나의 제안을 건넸습니다. "바르게 앉는 건 상대를 위한 예의이기도 하지만, 자기 자신을 존중하는 첫 번째 표현이야." 부드럽지만 단호한 한마디로 아이의 자세를 바로잡은 뒤, 저는 H를 한 명의 온전한 인격체로 존중하며 물었습니다. 가면을 벗고, 진짜 네가 원하는 것, 너의 목표는 무엇이냐고. 겉으로는 반항아였지만, 속으로는 누구보다 자신의 성적에 불만족하며 스스로를 불신하던 아이. 그 흔들리는 눈빛을 보았습니다.

그리고 저는 아이의 인생을 건 승부수를 던졌습니다.

"딱 3개월만 너의 시간을 나에게 투자해볼래? '최상위 0.1% 육각형 인재 프로젝트'를 딱 3개월만 해보고, 그래도 네 인생이 바뀔 것 같지 않으면 수업료는 100% 돌려줄게. 너 자신을 바꿀 선택을 할 용기가 있니?"

그 뒤 H는 수많은 반항과 방황의 시간을 보냈지만, 결국 제 손을 놓지 않았습니다. 아이는 서서히 남에게 보이는 껍데기가 아닌 자신의 내면에 집중하기 시작했고, 몇 년 뒤 고3이 된 H는 모의고사에서 전교 최상위권의 성적을 이룩해내며 보란 듯이 명문대에 현역으로 합격했습니다.

중2병 말기의 H가 이렇듯 극적인 변화를 이뤄낼 수 있었던 핵심 동력은 꾸며낸 칭찬이 아닌 '고래 반응'이었습니다. 사람은 어떻게 대하느냐에 따라 독초가 될 수도, 향기로운 꽃이 될 수도 있습니다. 아이의 잠재력을 꽃피우고 최상위 인재로 성장시키는 특별한 소통의 기술. 그 핵심에는 켄 블랜차드Ken Blanchard의 저서 『칭찬은 고래도 춤추게 한다』의 원리를 저만의 20년 현장 경험으로 녹여낸 실전적 방법론이 있습니다.

이제부터 그 강력한 대화의 기술을 여러분에게만 공개하겠습니다.

우리의 가장 큰 착각:
동기 부여는 훈육의 문제가 아닙니다

대치동에서 수천 명의 학부모와 아이들을 만나며, 저는 깨달았습니다. 평범해 보이던 아이가 눈부신 성장을 이루고 마침내 최상위권으로 도약하는 과정에는 숨겨진 공통분모가 있다는 사실을 말입니다. 그것은 바로 '동기 부여의 설계'입니다. 혹시 아이가 좀처럼 공부에 마음을 붙이지 못하거나, "조금만 더 놀고 할게요"라는 말을 반복하며 시간을 흘려보내고 있나요? 이는 아이의 의지 부족이 아니라 '올바른 동기 부여 시스템'이 부재한다는 명백한 신호입니다.

저는 단순한 교육 전문가가 아닙니다. 심리학, 인지과학, 교육학의 깊이 있는 이론을 바탕으로 지난 20여 년간 교육 현장에서 아이들의 변화를 직접 이끌어온 실천가입니다. 제가 오늘 전해드릴 이야기는, 단순히 '칭찬을 많이 하라'는 막연한 조언이 아닙니다. 거대한 범고래조차 점프하게 만드는 정교한 동기 부여 설계법, 그리고 이를 우리 아이들에게 적용해 잠재력을 폭발시키는 구체적인 전략입니다.

제가 발견한 사실은 이것입니다. 후천적 육각형 인재로 성장한 아이들에게는 여섯 가지 핵심 역량이 체계적으로 구축되어 있다는 것. 본질적 학업 역량, 메타인지, 정서 조절, 목표의식, 절대 실행력, 관계·인성 역량. 이 여섯 축이 균형을 이룰 때 아이는 육각형 점화 지점에 도달합니다. 그리고 그 점화 지점을 만드는 가장 강력한 연료가 바로 올바른 동기 부여입니다.

지금부터 부모님께 세 가지 **'마음의 준비물'**을 요청드립니다. 첫째, **인내심**입니다. 아이의 변화는 단거리 경주가 아닌 마라톤입니다. 때로는 즉각적인 반응을 참고 기다려야 하는 순간이 반드시 찾아옵니다. 둘째, **긍정적 마인드**입니다. '우리 아이는 분명 더 나아질 수 있다', '이 아이는 엄청난 잠재력을 가진 존재다'라는 믿음이 모든 변화의 시작입니다. 셋째, **사랑**입니다. 이 모든 과정의 근본 동력은 바로 아이를 향한 깊은 애정입니다.

이 세 가지가 준비되셨다면, 이제 범고래보다 훨씬 더 위대한 우리 아이의 성장을 위한 여정을 시작할 준비가 되신 겁니다.

동기 부여의 심리학:
칭찬은 뇌의 작동 방식을 변화시킵니다

인지신경과학 연구에 따르면, 칭찬은 단순한 기분 좋은 말 이상입니다. 칭찬은 뇌의 보상 회로를 활성화해 도파민을 분비하게 만듭니다. 하버드 의대 신경과학자 딘 오니시Dean Ornish의 연구에 따르면, 긍정적 피드백은 뇌의 전전두엽을 자극해 집중력과 문제 해결 능력을 향상시킵니다.

흥미로운 점은 이것입니다. 선천적 육각형 인재들이 보이는 여섯 가지 심리 패턴, 즉 활자 중독, 루틴 과몰입, 효율 강박, 만족 결핍, 준비 불안, 성과 불만은 사실 잘못된 동기부여 방식에서 비롯된 경우가 많다는 것. 아이를 강박적으로 몰아붙이는 것이 아니라, 올바른 동기 부여 시스템으로 성장을 설계해야 하는 이유입니다.

아이에게 동기 부여를 해주기 위해서는 아래의 네 가지 요소가 필수입니다.

1. **신뢰를 쌓는다.**
2. **긍정적인 면을 강조한다.**
3. **실수할 때는 에너지를 전환시킨다.**
4. **벌을 주지 말고 시간을 준다.**

이 네 단계를 체계적으로 실천하면 범고래도 점프하게 만든 그 원리가 우리 아이에게도 작동하기 시작합니다. 이는 단순한 이론이 아닙니다. 학부모 교육 전략가로서 부모님이 갖춰야 할 가장 핵심적인 실용 지능입니다.

1단계:
흔들리지 않는 신뢰의 댐을 구축하라

아이의 마음을 움직이는 가장 강력한 기초는 바로 '신뢰'입니다. 신뢰가 없는 관계에서는 어떤 조언이나 칭찬도 공허한 메아리에 불과합니다. 그렇다면 어떻게 아이와의 신뢰를 단단히 쌓을 수 있을까요? 거창한 무언가가 필요한 것이 아닙니다. 핵심은 '함께하는 시간'과 '진심 어린 관심'입니다.

놀이, 관계의 윤활유

캐치볼, 배드민턴, 보드게임, 아니면 동네 한 바퀴 산책도 좋습니다. 중요한 것은 '함께' 시간을 보내며 즐거움을 공유하는 경험입니다. 혼낼 시간을 조금만 쪼개어 아이와 눈을 맞추고 웃는 시간을 확보하십시오. 짧더라도 꾸준한 놀이 시간은 부모와 자녀 사이의 벽을 허물고 단단한 유대감을 형성하는 가장 효과적인 방법입니다.

관심, 마음을 읽는 안테나

아이가 지금 무엇을 좋아하고 싫어하는지, 무엇을 하고 싶어 하는지를 기억하고 있다는 신호를 보내주세요. "네가 좋아하는 놀이 공원, 지금 당장은 못 가지만 다음에 꼭 가보자" 혹은 "그 놀이기구 타러 가는 대신 오늘은 여기서 신나게 놀아볼까?"와 같은 말 한마디는 '우리 부모님이 나에게 관심을 가지고 있구나'라는 깊은 안정감과 신뢰를 심어줍니다. 아이의 작은 관심사 하나하나를 소중히 여기는 부모의 모습에서 아이는 진정한 사랑과 지지를 느낍니다.

2단계:
긍정의 렌즈로 아이의 강점을 비추어라

아이를 키우다 보면 부족한 점, 잘못된 행동이 먼저 눈에 들어오기 마련입니다. 즉각적으로 질책하고 싶은 충동이 드는 것은 어쩌면 당연합니다. 하지만 이때, 미리 준비한 '인내심'을 발휘해야 합니다. 동기 부여의 핵심은 단점을 들추어내는 것이 아니라, **'긍정적인 면'을 발견하고 이를 증폭시키는 데 있습니다.**

결과보다는 과정을, 단점보다는 강점을 보라

시험 결과가 나왔을 때, 망친 과목에 집중하기보다 잘 본 과목을 먼저 언급하며 구체적으로 칭찬해주십시오. "와, 국어랑 영어를 정말 탁월하게 잘해냈구나!" 같은 긍정적 피드백은 아이의 자존감을 탄탄하게 다져주는 밑거름이 됩니다. 수학이나 과학 성적이 아쉽다면, 질책 대신 "어떻게 하면 다음번에 더 잘할 수 있을까?"라며 함께 고민하고 구체적인 계획을 세우는 방식으로 접근해야 합니다.

강점 기반 성장 전략을 세워라

'수학이 중요하니 수학만 파야 한다'는 생각은 위험합니다. 아이가 다른 과목에서 뛰어난 역량을 보인다면, 그 강점을 더욱 발전시킬 수 있도록 지원하고 격려하는 것이 우선입니다. 잘하는 것을 더 잘하게 해줄 때 아이는 성취감과 자신감을 얻고, 그 긍정적인 에너지는 부족한 부분을 채워 나갈 동력이 됩니다. 강점을 극대화하는 것이야말로 균형 잡힌 성장을 위한 가장 현명한 전략입니다.

여기서 중요한 개념이 있습니다. 제가 현장에서 발견한 공부 내공 6원소, 즉 문해력, 암기력, 사고력, 공부 습관, 공부 태도, 체력은 모두 강점을 통해 자연스럽게 향상됩니다. 아이가 좋아하는 과목을 깊이 있게 공부하는 과정에서 이 여섯 가지 요소가 자연스럽게 훈련되고, 이는 다른 과목으로 전이됩니다.

3단계:
실수 앞에서 에너지를 전환하는 지혜를 발휘하라

아이가 의욕적으로 무언가를 하다가 실수를 저질렀을 때, 부모의 반응은 아이의 다음 행동을 결정짓는 중요한 분기점이 됩니다. 예를 들어 엄마를 돕겠다며 설거지를 하다가 접시를 깨뜨렸다고 가정해봅시다. 이때 반사적으로 "내가 하지 말랬지!"라고 소리치는 것은 최악의 대응입니다. 여기서 다시 한번 '인내심' 카드를 꺼내야 합니다. 이것이 바로 **'에너지 전환**Redirection**'** 기술입니다.

1. 비난 대신 인정과 격려

"앗! 괜찮니? 다치진 않았고?" 먼저 아이의 안전을 확인하고 놀란 마음을 다독여주십시오. 그런 다음 "엄마 도와주려고 설거지해준 마음이 참 예쁘다. 이 접시, 네가 정말 깨끗하게 닦아놓았네"라며 아이의 긍정적인 의도와 노력한 부분을 먼저 인정해주는 것이 중요합니다.

2. 문제 상황의 재해석

깨진 접시라는 '결과'에 집중하기보다 아이가 보여준 '돕고자 하는 마음'과 '이미 잘 닦아놓은 다른 접시들'이라는 긍정적인 측면에 초점을 맞추십시오. "깨진 건 엄마(아빠)가 치울 테니 너는 마무리하고 어서 공부하러 가렴"같이, 잘못된 행동을 비난하거나 책임을 추궁하는 대신 아이가 원래 하려던 목표(공부)로 자연스럽게 주의를 돌려주는 것이 에너지 전환의 핵심입니다.

3. 차분한 피드백은 나중에

실수가 발생한 즉시 문제점을 지적하기보다, 감정이 가라앉은 후 차분하게 이야기하는 것이 훨씬 효과적입니다. 저녁 식사 후나 잠자리에 들기 전, "아까 설거지 도와준 건 정말 고마웠어. 그런데 다음번에는 그릇을 이렇게 잡으면 더 안전할 것 같아"와 같이 구체적인 대안을 제시하며, 아이가 스스로 배우고 성장할 기회를 주어야 합니다. 서툰 아이의 행동을 문제 삼기보다 그 안에 담긴 좋은 의도를 읽어주고 성장을 위한 발판으로 삼는 지혜가 필요합니다.

<h2 style="text-align:center; color:#e8603c;">4단계:
벌 대신 '생각할 시간'과 '긍정 강화'를 선물하라</h2>

아이가 잘못된 행동을 반복할 때 따끔하게 혼내면 다시는 그러지 않으리라고 생각하기 쉽습니다. 하지만 소리를 지르고 과거의 잘못까지 들추어내며 비난하는 것은 아이의 행동을 근본적으로 교정하지 못합니다. 이는 마치 어둠을 없애기 위해 어둠과 싸우는 일과 같

습니다. 방을 밝히려면 어둠을 탓할 것이 아니라 촛불을 켜고 그 빛을 더 밝게 만들어야 합니다. 동기 부여도 마찬가지입니다. 부정적인 행동을 지적하고 벌주는 대신, **긍정적인 행동을 강화하고 스스로 생각할 기회를 제공**하는 것이 핵심입니다.

1. 부정적 피드백 최소화

아이에게 부정적인 피드백을 주고 싶을 때는 즉각적인 반응을 참고, 최소 3시간 이상 지난 후에 이야기하는 것을 원칙으로 삼으십시오. 감정이 가라앉은 상태에서는 하고 싶었던 말의 5분의 1만 하게 될 것입니다. 이때도 과거의 잘못을 들추거나 비난하기보다 해당 사건에 대해서만 객관적이고 차분하게 이야기해야 합니다. 아이는 일부러 잘못되려고 행동한 것이 아니라 서툴거나 좋은 의도가 잘못된 결과로 이어진 경우가 대부분이라는 사실을 기억해야 합니다.

2. '보상 빼기'의 함정

"너 잘못했으니까 밥 먹지 마!" "간식 없어!" 와 같이 보상을 빼앗는 방식의 처벌은 심리학적으로 볼 때 효과가 미미하며, 오히려 아이에게 박탈감과 반항심만 키울 수 있습니다.

3. 성찰을 위한 '생각 의자'

아이가 잘못된 행동을 했을 때, 벌을 주기보다 "잠깐 저기 가서 네가 한 말과 행동에 대해 차분히 생각해볼래? 그러고 나서 다시 이야기하자"라고 제안하십시오. 이는 아이에게 자신의 행동을 객관적으로 돌아보고 스스로 문제점을 인식할 기회를 제공합니다. 부모역시 즉각적인 감정 반응에서 벗어나 이성적으로 상황을 판단하고 더 나은 해결책을 찾을 시간을 벌 수 있습니다. 부부 사이에서도 갈등이 있을 때 잠시 시간을 갖는 것이 도움이 되듯, 아이와의 관계에서도 '생각할 시간'은 매우 중요합니다.

반응의 힘: 부모의 반응이
아이의 행동을 결정합니다

아이의 행동에 대한 부모의 반응은 크게 네 가지로 구분됩니다. 이 네 가지 반응 패턴이 아이의 공부 멘탈과 습관 설계에 결정적인 영향을 미칩니다.

무반응

가장 위험한 반응은 사실 '반응하지 않는 것'입니다. 아이가 행동했을 때 부모가 무관심한 태도로 반응을 보이지 않으면, 아이는 자신의 행동이 가치 없다고, 자신이 존재감이 없다고 느낍니다. 심리학자 존 가트맨의 연구에 따르면 무반응은 거부의 한 형태로, 장기적으로 아이의 자존감과 안정적 애착 형성에 치명적입니다.

부정적 반응

"또 이러니?" "내가 너 이럴 줄 알았다." "왜 항상 그 모양이니?"

자녀가 잘못했을 때 이런 부정적 반응이 가장 즉각적으로 튀어나오기 쉽습니다. 그러나 이 반응은 아이의 도전 의지와 시도 자체를 꺾어버립니다. 하버드 교육대학원의 연구에 따르면, 반복적인 부정적 피드백은 아이의 도전 회피성을 강화해 결국 도전적인 학습 자체를 회피하게 만듭니다. 특히 한국 부모의 70% 이상이 자녀의 잘못된 행동에 즉각적인 부정적 피드백을 준다고 보고한 연구(김영미, 2018)는 우리가 얼마나 쉽게 '버럭' 모드에 돌입하는지를 보여줍니다.

전환 반응

원하지 않는 행동에 대응하는 가장 효과적인 방식입니다. 부정적 행동에 허비하는 에너지를 전환해 올바른 행동으로 주의를 돌리는 것입니다. 이 반응의 핵심 요소는 다음과 같습니다.

- 잘못이나 문제점을 가능한 한 빨리 명확히 설명하되, 감정적 책망은 하지 않는다.

- 그 행동이 가져올 부정적 영향을 객관적으로 알려준다.
- 업무나 기대치를 자세히 설명하고 이해했는지 확인한다.
- 아이에 대한 지속적인 신뢰와 확신을 표현한다.

예를 들어 아이가 식기를 깨뜨렸다면 "또 그러니?"라고 말하기보다, "그동안 접시를 잘 닦아놓았네. 이건 함께 치우고, 다음부터는 좀 더 조심하자"라고 말하는 것입니다.

긍정적 반응(고래 반응): 좋은 행동을 자동화하는 궁극의 기술

우리가 궁극적으로 지향해야 할 반응 방식은 바로 '고래 반응Whale Done Response'입니다. 이는 앞서 설명한 칭찬과 에너지 전환의 원리를 통합해, 아이가 **'잘한 일'을 적극적으로 찾아내고 이를 칭찬하고 격려함으로써 긍정적인 행동이 자연스럽게 반복되도록 자동화하는 방식**입니다.

거대한 범고래를 훈련시키는 것보다 우리 아이의 좋은 행동을 유도하는 것이 훨씬 더 쉽습니다. 고래 반응은 다음과 같은 네 가지 실천 원칙을 따릅니다.

1. **즉시성:** 잘했거나 대체로 잘해낸 일에 대해 **즉각적으로** 반응합니다.

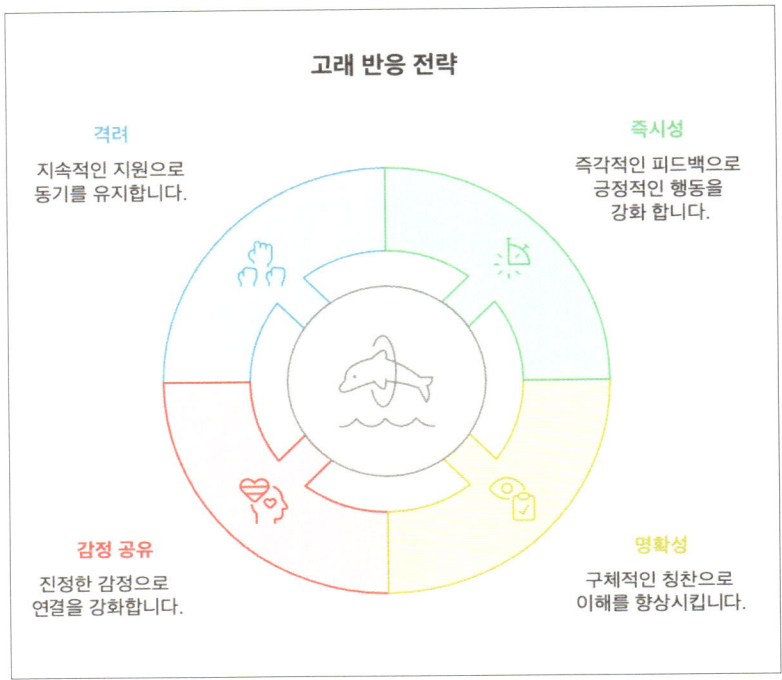

고래 반응 전략

격려
지속적인 지원으로
동기를 유지합니다.

즉시성
즉각적인 피드백으로
긍정적인 행동을
강화 합니다.

감정 공유
진정한 감정으로
연결을 강화합니다.

명확성
구체적인 칭찬으로
이해를 향상시킵니다.

2. **명확성**: 무엇을 잘했는지 **구체적으로** 지적해 명확하게 알려줍니다.

3. **감정 공유**: 아이의 행동에 대해 부모가 느끼는 **긍정적인 감정** (기쁨, 고마움, 감동 등)을 진솔하게 공유합니다.

4. **격려**: 앞으로도 계속 그 행동을 잘해 나가도록 **격려하고 지지** 합니다.

지적하고 비판하는 것은 쉽습니다. 하지만 어둠을 몰아내는 가장 좋은 방법은 빛을 밝히는 것이듯, 아이의 문제 행동을 줄이는 가장 효과적인 방법은 **긍정적인 행동을 찾아내 빛을 비추고 확장시키는 것**입니다. "내가 너 그럴 줄 알았다"라거나 잘못하기를 기다렸다가 공격하는 '뒤통수치기 반응'은 이제 그만두세요. 대신, 아이의 빛나는 순간을 포착해 고래 반응으로 화답하세요.

고래 반응의 실천: 육각형 인재를 위한 동기 부여 시스템 설계

　고래 반응을 실제 교육 현장에서 적용하는 방법을 살펴보겠습니다. 이는 단순한 이론이 아닌 대치동에서 수많은 학생과 학부모님을 통해 검증된 실전 전략입니다. 육각형 인재의 여섯 가지 공통 속성, 즉 공부 뇌, 습관 시스템, 강철 멘탈, 인강 활용력, 기억 전략, 동기 부여 중에서도 가장 기초가 되는 것이 바로 **동기 부여**입니다.

학습 동기 강화를 위한
고래 반응 적용법

1. 시간 관리에서의 긍정적 강화

"위클리 플래너의 목표 시간과 스톱워치로 정확한 공부 시간을 기록해둔 걸 봤어. 효율적으로 시간을 활용하는 모습이 정말 훌륭하구나. 플래너를 보니 감동이더라. 이렇게 시간 관리를 잘하고 있으니, 목표 미션이 끝나면 자유 시간은 꼭 보장해줄게." 이 한마디가 아이의 공부 루틴을 견고하게 만듭니다. 집중 양육의 핵심은 아이의 작은 노력도 놓치지 않고 인정해주는 것입니다.

2. 수학 공부에서의 전환 반응

"모든 문제마다 풀이 과정을 쓰는 건 아직 힘들 테니, 오답만 풀이 과정을 한번 써보자. 그리고 엄마에게 설명해줄래? 지금 이 부분이 잘 이해가 안 되는데, 네가 설명해주면 더 잘 이해될 것 같아." 그리고 이후에는 이런 식으로 말하는 것이 좋습니다. "오답 풀이 과정을 정리하니 실력이 느는 게 보여서 너무 좋다. 수학 공부가 점점 즐거워지겠구나."

이는 아이의 사고력을 키우는 동시에 정서 지능을 함께 발달시키는 방법입니다. 설명하는 과정에서 아이는 자신의 생각을 정리하고, 부모는 아이의 이해 수준을 파악할 수 있습니다.

3. 생활 습관에서의 고래 반응

"저기 쌓아둔 쓰레기를 네가 치워놓은 것을 보니 기분이 정말 좋네. 토요일쯤 버리려고 생각했는데 이제 다 치워졌으니 다른 일을 하거나 쉴 수 있겠다. 덕분에 마음의 짐을 하나 덜었어. 고맙다."

4. 소통에서의 고래 반응

"오늘 널 학원에 데려다주면서 나눈 대화가 정말 유익했어. 우리가 이렇게 나누는 대화에서 많은 것을 배운단다. 앞으로도 계속 이렇게 대화했으면 좋겠구나." 관계·인성 역량은 이렇게 일상적인 대화 속에서 자연스럽게 길러집니다.

5. 아침 루틴에서의 고래 반응

"오늘은 한 번만 불렀는데도 일어났구나. 아침에 다들 준비하느라 정신이 없을 때 네가 이렇게 해준 게 얼마나 도움이 됐는지 몰라. 정말 고마워."

이러한 고래 반응은 단순히 "잘했어"라고 말하는 것과는 차원이 다릅니다. 구체적인 행동을 명시하고, 그 행동이 가져온 긍정적 결과와 감정을 표현하며, 앞으로도 그런 행동을 이어가도록 격려하는 종합적인 접근법입니다.

미국 교육심리학자 캐롤 드웩의 마인드셋 이론에 따르면, 이런 방식의 칭찬은 '과정 칭찬'으로 분류되며, 아이의 성장 마인드셋을 강화합니다. "너는 똑똑하다"라는 능력 칭찬보다 "정말 열심히 노력했구나"라는 과정 칭찬이 장기적으로 아이의 도전 정신과 회복 탄력성을 높인다는 연구 결과가 이를 뒷받침합니다.

아이를 칭찬하는 일이 처음에는 어색하게 느껴질 수 있습니다. 특히 공부를 많이 하신 부모님일수록 감정 표현이나 칭찬에 서툰 경우가 많습니다. 괜찮습니다. 처음에는 대본처럼 외워서라도 시작해보세요. 진심을 담아 반복하다 보면 어느새 자연스러운 여러분의 언어가 되고, 그 긍정적인 에너지는 아이에게 고스란히 전달될 것입니다. 세상에 당연한 일은 없습니다. 아이의 작은 노력 하나하나를 발견하고 감사하며 칭찬하는 것, 그것이 바로 아이의 잠재력을 깨우는 가장 강력한 열쇠입니다.

부모의 반응 패턴 전환하기: 강력한 실천 전략

　동기 부여는 일회성 사건이 아닌 지속적인 시스템의 문제입니다. "칭찬이 중요하다", "결과보다는 과정을 칭찬해라" 등의 시중에 떠도는 수많은 조언을 들으셨겠지만, 막상 하려면 말문이 막히고 결국 하던 대로 부정적인 부분만 평가하게 됩니다. 그러다 보면 '칭찬? 그거 해봤는데 동기 부여 안 되던데?'라는 자기 합리화만 하게 됩니다. 이걸 피하고 아이를 육각형 인재로 키워내기 위해서는 구체적이고 강력한 실천 시스템이 필요합니다. 학부모 교육 전략가로서 부모님께 제시하는 시스템적 접근을 위한 실천 전략입니다.

자기 반응 패턴 분석하기

먼저 부모 자신의 반응 패턴을 객관적으로 분석해보세요. 무반응, 부정 반응(특히 "내가 너 이럴 줄 알았어" 같은 표현)을 얼마나 자주 사용하는지 점검하세요. 자신의 반응 패턴을 인식하는 것이 변화의 첫 단계입니다.

인내심 뇌근육 키우기

인내심은 근육과 같습니다. 훈련할수록 강해집니다. 즉각적인 부정 반응이 튀어나오려 할 때, 3초만 기다려보세요. 이 작은 지연이 반응 방식을 바꾸는 결정적 순간을 만들어냅니다.

뇌과학자 대니얼 골먼은 이를 '정서적 하이재킹'을 막는 방법이라고 설명합니다. 화가 났을 때 반응하기 전 잠시 멈추는 것만으로도 전두엽이 다시 작동하기 시작해 더 합리적인 반응이 가능해진다는 것입니다. 이는 정서 조절 능력의 핵심입니다.

고래 반응 스크립트 준비하기

자녀에게 특히 자주 지적하게 되는 행동이나 상황에 대해, 미리 고래 반응 스크립트를 5개 이상 작성해두세요. 실제 상황에서는 즉흥적으로 생각하기 어렵기 때문에, 미리 준비된 반응이 큰 도움이 됩니다. 이것이 바로 의식적 노력입니다. 처음에는 애써 노력해야 하지만 반복하다 보면 자연스러운 공부 습관처럼 체화됩니다.

하루에 하나의 반응만 바꾸기

모든 반응을 한꺼번에 바꾸려 하지 말고 하루에 한 가지 상황에서 만 고래 반응을 시도해보세요. 점진적 변화가 지속 가능한 변화를 만듭니다. 습관 설계의 핵심은 작은 성공을 쌓아가는 것입니다.

긍정적 신체 접촉 활용하기

아무 이유 없이 하루에 한 번 자녀를 안아주세요. 신경과학 연구 에 따르면, 긍정적 신체 접촉은 옥시토신 분비를 촉진해 부모와 자 녀 사이의 신뢰와 안정적 애착을 강화합니다.

특히 무지개 암기법과 같은 학습 전략을 아이와 함께 실천할 때 이러한 긍정적 반응이 필수입니다. 암기력은 단순히 반복만으로 길 러지는 것이 아니라, 정서적 안정감 속에서 더욱 효과적으로 발달 합니다.

결론: 노력은 타고나는 것이 아니라 설계되는 것

진정한 동기 부여는 의지의 문제가 아닙니다. 시스템의 문제입니다. 명심하세요. 의지가 약한 게 아니라 구조가 약했던 것입니다. 노력은 타고나는 게 아니라 설계되는 것입니다. 동기 부여는 추상적인 개념이 아닌 구체적 반응 패턴의 집합체입니다.

아이의 내면에는 이미 반짝이는 보석 같은 가능성이 숨어 있습니다. 부모의 역할은 보석을 발굴하는 것이 아니라 이미 있는 보석이 더 빛날 수 있도록 닦아주는 것입니다. 고래 반응이라는 과학적 동기 부여 시스템을 통해 여러분의 자녀가 진정한 육각형 인재로 성장하는 여정을 시작하세요.

후천적 육각형 인재의 여섯 가지 축, 즉 본질적 학업 역량, 메타인지, 정서조절, 목표의식, 절대 실행력, 관계·인성 역량은 모두 올바른 동기 부여 시스템 위에서 자라납니다. 동기 부여가 탄탄할 때 아이는 육각형 점화 지점에 도달하고, 그 순간부터 아이의 성장은 급속도로 빨라집니다.

고래도 칭찬으로 점프를 배우듯, 우리 아이는 부모의 긍정적 반응으로 날아오를 수 있습니다. 오늘부터 작은 변화 하나를 실천해 보세요. 아이가 잘한 일을 찾아 구체적으로 칭찬하고, 실수에는 시간을 두고 에너지를 전환하세요. 부모의 인내심과 사랑이 아이의 내면에 동기 부여의 불꽃을 지필 것입니다. 부모의 반응이 바뀌면 아이의 미래가 바뀝니다. 지금, 고래 반응을 시작하세요!

PART II

과목별
& 학년별
대치동
비법

1장

수학: 수포자도 수학 초고수로 만드는 대치동 비법 - 중등편

육각형 레이더 차트 2-1. 중등 수학 마스터
(스마트폰 가로 모드에 최적화되어 있습니다.)

천재도 노력했다,
우리도 노력해야 한다

처음 수학 공부를 시작할 때 아이들은 저마다 열정과 호기심을 가지고 출발합니다. 하지만 어느 순간 벽에 부딪히고 복잡한 개념과 끝없는 문제 풀이에 지쳐 방향을 잃기 십상입니다. 이럴 때 우리에게는 다시 나아갈 힘을 주는 등대와 같은 이야기가 필요합니다.

그래서 저는 오늘, 역사상 가장 위대한 지성 중 한 명인 아이작 뉴턴의 이야기를 빌려 여러분의 여정에 작은 불씨를 지펴드리고자 합니다. 지금은 절판되어 구하기 어렵지만, 『뉴턴과 아인슈타인, 우리가 몰랐던 천재들의 창조성』이라는 책에는 우리가 미처 몰랐던 천재들의 학습 비밀이 담겨 있습니다. 뉴턴 하면 물리학의 거두로만 생각하기 쉬운데, 사실 그는 수학사에서도 빼놓을 수 없는 거대한 족적을 남긴 인물입니다. 뉴턴이 없었다면 현대 수학의 많은 부분이 존재하지 않았을지도 모릅니다. 그야말로 수학을 마스터한 대가이죠. 과연 그는 어떻게 공부했을까요?

놀랍게도 뉴턴은 타고난 천재성에 더해 무서울 정도로 성실하고 끊임없이 노력하는 학습자였습니다. 학생 시절, 그는 당시 수학 입문서로 여겨지던 유클리드Euclid의 『기하학 원론Stoicheia』을 건너뛰고 곧바로 최신 수학 이론이었던 데카르트Descartes의 『기하학La Géométrie』에 도전했습니다. 처음부터 책을 읽어 나가다 모르는 부분이 나오면 어떻게 했을까요? 그는 주저 없이 다시 책의 맨 처음으로 돌아갔습니다. 막혔던 부분을 염두에 두고 처음부터 다시 읽으면, 신기하게도 이전에는 보이지 않던 것들이 보이고 이해의 폭이 넓어지며 더 멀리 나아갈 수 있었습니다. 그렇게 또다시 벽에 부딪히면 그는 몇 번이고 처음으로 돌아가는 과정을 반복했습니다.

이 방식은 분명 엄청난 시간과 끈기를 요구합니다. 하지만 뉴턴은 이를 통해 단 한 권의 책을 읽으면서도 열 권을 훑어 읽는 것보다 훨씬 더 깊고 단단한 이해를 얻었을 뿐 아니라, 그 지식을 장기 기억으로 만드는 놀라운 이점까지 얻었습니다. 저는 이 학습법의 정수를 '뉴턴식 되돌아가기 학습법'이라고 부릅니다. 천재라 불리는 뉴턴조차 완벽한 이해를 위해 이토록 지독한 반복과 회귀의 노력을 기울였습니다.

그럴진대 우리는 왜 이러한 정성과 노력을 생략한 채 그저 학원 수업을 듣거나 문제집 페이지만 넘기면 수학 실력이 저절로 향상되리라고 기대하는 걸까요? 단언컨대 **단순히 수업을 듣는 것만으로는 지식이 온전히 자신의 것이 되지 않습니다.** 제가 이 점은 정말 수없이 강조해왔습니다. 진짜 공부는 스스로 차분히 읽고 이해될 때까지 생각하고, 필요하다면 과감히 앞으로 돌아가 자신이 놓친 부분을 찾아 메우는 과정 그 자체입니다. 혹시 지금 자녀가, 또는 학생 본인이 수학 앞에서 길을 잃고 헤매고 있다면, 그것은 재능의 문제가 아닐 가능성이 큽니다. 어쩌면 제대로 된 학습 전략과 시스템의 부재가 발목을 잡고 있는 것일지도 모릅니다. 천재도 노력했는데 우리가 노력하지 않는다면 어떻게 더 나은 결과를 기대할 수 있을까요? 오늘, 뉴턴의 지혜를 빌려 우리의 수학 공부법을 근본적으로 점검하고, 한 권을 공부하더라도 열 권 이상의 깊이를 만들어내는, 그래서 결국 장기 기억으로 이어지는 진짜 공부법을 함께 찾아봅시다. 노력하면 반드시 이루어집니다. 배 속에서부터 수학을 잘하는 사람은 아무도 없습니다. 천재도 노력했으니 우리도 당연히 해야 합니다!

중등 수학 선행 최적화 로드맵: 흔들리지 않는 수학의 뼈대 세우기

최상위권 학생들의 수학 학습에는 분명한 패턴이 있습니다. 그들은 무작정 선행하지 않고, 각 개념의 연결성과 위계성을 고려한 '최적의 테크트리'를 따라 학습합니다. 최신 개정 교육과정에 기반을 둔 중등 수학 선행 최적화 로드맵을 공개합니다.

1순환: 대수 정복 없이는 다음 단계도 없다! 수학의 기둥부터 세워라

제가 지난 20여 년간 현장에서 수많은 학생들의 성공 사례를 통해 검증하고 확립한 중등 수학 선행의 제1원칙은 바로 '대수 파트 우선 정복'입니다. 구체적으로 말하면, 중학교 1학년 1학기, 2학년 1학기, 3학년 1학기 과정을 순서대로 먼저 학습하는 것입니다. 흔히 중등 수학은 1학기가 대수, 2학기가 도형·통계 파트라고 생각하면 이해가 쉬운데, 수와 식, 방정식, 함수 등 수학의 언어와 논리를 이루는 이 대수 영역이 탄탄하게 자리 잡아야 이후 도형이나 다른 영역의 학습이 빛을 발할 수 있습니다. 뼈대가 부실한 건물은 결국 무너질 수밖에 없는 것과 같은 이치입니다.

여기서 반드시 기억해야 할 핵심 포인트는 **'개념 학습'과 '문제 풀이'를 절대로 분리해서는 안 된다는 것**입니다. 개념만 따로 공부하면 막상 문제를 풀 때 어떻게 적용해야 할지 막막하고, 반대로 문제만 기계적으로 풀면 조금만 문제가 변형되어도 손도 못 대는 상황이 발생합니다. 반드시 개념을 학습한 직후, 해당 개념이 적용된 문제들을 풀어보면서 '개념을 문제에 연결하는 고리'를 스스로 만들어가는 훈련을 해야 합니다. 이것이 바로 '살아 있는 개념 공부'입니다.

그런데 만약 3-1 과정(예: 이차함수)을 공부하는데 도무지 이해가 가지 않고 어렵게 느껴진다면 어떻게 해야 할까요? 이때 바로 우리가 떠올려야 할 이름이 있습니다. 바로 '뉴턴'입니다! 지금 이해되지 않는 부분만 뚫어져라 쳐다보는 것은 현명한 방법이 아닙니다. 마치 매직아이처럼 본다고 해서 갑자기 숨겨진 그림이 나타나듯 개념이 떠오르지는 않습니다. 그보다는 **과감하게 이전 학년으로 되돌아가야 합니다.** 3-1 이차함수가 어렵다면, 혹시 2-1의 일차함수 개념이 부족한 것은 아닌지, 더 거슬러 올라가 1-1의 좌표평면과 그래프 개념부터 흔들리는 것은 아닌지 점검해야 합니다. 이전 학년의 관련 개념을 찾아 다시 학습하고, 그 개념이 적용된 기본 문제들을 풀어보며 빈틈을 메운 뒤, 다시 현재 학습 내용으로 돌아오면 이전 과는 확연히 다른 이해도를 경험하게 될 것입니다. 이것은 혼공러든, 학원의 도움을 받는 학생이든 모두에게 해당되는 절대 원칙입니다. 뉴턴도 돌아갔는데, 우리가 돌아가지 않을 이유가 없습니다. 지금 수학이 어렵다면 그 방식부터 따라 해봅시다.

'심화'라는 이름의 덫: 과도한 심화 문제 풀이, 오히려 독이 될 수 있다

"우리 아이, 심화 문제집은 뭘 풀어야 할까요?" 정말 많은 학부모님들이 심화 학습에 대한 강박을 가지고 계십니다. 하지만 저는 오히려 선행 초기 단계에서는 **섣부른 심화 학습에 매달리기보다, 다음 학기 개념과 유형을 정확히 이해하고 자기 것으로 만드는 데 집중**하라고 강력하게 말씀드립니다. 왜일까요? 소위 '심화' 또는 '최상위' 문제집에 실린 문제들은 지나치게 난도가 높거나 비비 꼬여 있어, 아직 개념과 유형이 단단하게 자리 잡지 않은 학생들에게는 성취감보다는 좌절감을 안겨주고 심지어 수학에 대한 흥미와 의욕마저 꺾어버리는 경우가 허다하기 때문입니다.

제가 대치동에서 만난 아이들을 기준으로 솔직하게 말씀드리면, 정말 심화 문제를 즐기면서 풀고 이를 통해 수학적 역량을 키워나가는 아이는 많아야 10% 정도입니다. 마음 같아서는 100명 중 1명이라고 말하고 싶고, 아마 전국 단위로 확장하면 그 비율은 더 낮아질 것입니다. 정말 심화를 즐기는 1%의 아이들은 누가 시키지 않아도 이미 그 과정에서 즐거움을 느끼고 있을 겁니다. 하지만 나머지 99%의 학생들에게는 그 시간에 다음 학기의 개념과 유형 문제를 한 번 더 복습하고 완벽하게 다지는 것이 훨씬 더 효과적인 '진정한 의미의 심화 학습'이라고 저는 단언합니다. 예전보다 요즘 수학 문제들이 개념과 유형 단계에서도 충분히 복합적이고 사고력을 요구하게 변화했다는 점도 기억해야 합니다.

물론 학교 내신에서 최상위권 성적을 목표로 한다면 심화 문제 풀이가 필요한 순간이 옵니다. 하지만 이 역시 선행 과정에서부터 미리 붙잡고 씨름할 필요는 없습니다. 해당 학년 시험을 앞둔 직전 방학이나 학기 중에 집중해서 풀어도 충분히 대비할 수 있습니다. 이미 다음 학년, 심지어 고등 과정까지 탄탄하게 선행 학습을 진행한 학생에게 이전 학년의 심화 문제가 아주 어렵게 느껴지는 경우는 거의 없습니다. 제대로 공부했다면 말이죠. 시간도 생각보다 오래 걸리지 않습니다.

중등 수학 1학기(대수) 과정 핵심 중단원 로드맵	
학년	중단원(이 순서대로 학습하며, 막힐 시 이전 학년 관련 단원 복습!)
1-1	소인수분해 → 정수와 유리수 → 문자와 식 → 일차방정식 → 좌표평면과 그래프
2-1	유리수와 순환소수 → 식의 계산 → 일차부등식 → 연립일차방정식 → 일차함수와 그래프 → 일차함수와 일차방정식의 관계
3-1	제곱근과 실수 → 다항식의 곱셈과 인수분해 → 이차방정식 → 이차함수와 그래프

2순환: 도형 정복과 대수 복습의 환상적인 시너지 창출

대수 파트(1-1, 2-1, 3-1)의 개념 학습과 유형 문제 풀이가 1차적으로 마무리되었다면, 이제 수학의 또 다른 큰 축인 도형 파트 정복에 나설 차례입니다. 1학년 2학기, 2학년 2학기, 3학년 2학기 과정을 순서대로 학습합니다.

여기서 절대 놓쳐서는 안 될 두 번째 핵심 원칙이 있습니다. 바로 **새로운 학기 도형 진도를 나가면서, 동시에 3-1 대수 파트를 꾸준히 복습해야 한다**는 것입니다. 왜 3-1 대수 파트만 복습하냐고요? 3-1 대수 파트 과정은 앞선 1-1와 2-1 대수 파트의 핵심 내용을 응축하고 확장하는, 대수 파트의 '완성판'과 같기 때문입니다. 따라서 3-1 대수 파트 복습을 꾸준히 하는 것만으로도 전체 대수 파트에 대한 감각을 효과적으로 유지하고 강화할 수 있습니다.

만약 1학기 때 배운 대수 내용을 까맣게 잊어버린 상태에서 2학기 도형 진도만 나간다면 어떻게 될까요? 그것은 밑 빠진 독에 물 붓기와 같습니다. 시간과 노력을 들여 진도를 나가는 의미가 퇴색될 뿐 아니라 오히려 학습 효율만 떨어뜨리는 결과를 낳습니다. 차라리 안 하느니만 못한 학습이 될 수도 있습니다. 특히 현재 중학교 2학년, 3학년 학생이라면 다음 학기 내용을 준비하는 것과 동시에, 반드시 이전 학기 내용을 꾸준히 복습하는 습관을 들여야 합니다. 복습하지 않으면 애써 쌓아 올린 지식은 너무나 쉽게 사라져버립니다.

잠시 멈춤! 확률 및 통계 단원은 다음 기회에

그런데 2학기 과정에는 도형만 있는 것이 아닙니다. 각 학년 말미에 '확률 및 통계' 관련 단원이 포함되어 있습니다. 하지만 효율적인 선행 학습을 위해서, **초기 순환 단계에서는 이 확률 및 통계 단원을 잠시 건너뛰고 도형 파트에 집중**하는 것이 좋습니다. 왜냐하면 대수, 도형에 확률·통계까지 한꺼번에 너무 많은 것을 가져가려고 하면 학습 부담이 과중해져서 오히려 모든 내용이 뒤죽박죽 섞여버리고 쉽게 잊힐 수 있기 때문입니다.

이 확률·통계 단원들은 내용의 연계성 측면에서도 다른 단원들과 분리해서 학습하는 것이 더 효과적일 수 있습니다. 따라서 도형 파트 학습(2순환)이 어느 정도 마무리된 후, 예를 들어 '2.5 순환'과 같이 별도의 시기를 정해 1, 2, 3학년의 확률·통계 단원만 모아서 학습하는 것을 추천합니다. 내용 자체가 아주 어렵거나 문제 난도가 극도로 높지는 않기 때문에, 너무 미리부터 걱정하며 학습 계획에 포함시킬 필요는 없습니다. 그 시간에 차라리 다음 학기 선행 진도를 나가거나, 이미 학습한 내용의 오답 복습에 투자하는 것이 훨씬 더 현명한 선택입니다.

도형 심화, 서두르지 마라! 적절한 타이밍이 중요하다

도형 파트 역시 대수 파트와 마찬가지입니다. 선행 학습 단계에서부터 **지나치게 어려운 심화 문제까지 파고들 필요는 없습니다.** 특히 중학교 도형의 경우, 각 도형(삼각형, 사각형, 원 등)의 기본적인 정의, 성질, 그리고 관련 공식들만 명확하게 이해하고 있어도 고등 수학(특히 수상, 수하)을 학습하는 데 큰 어려움은 없습니다.

물론 내신 시험에서 변별력을 가르기 위해 어려운 도형 심화 문제가 출제되기도 합니다. 따라서 심화 학습이 전혀 필요 없다는 의미는 아닙니다. 다만 그 시점이 중요합니다. 도형 심화는 **해당 학년의 내신 시험을 대비해야 할 때, 즉 해당 학년으로 진급하기 직전 방학이나 학기 중에 집중적으로 다루는 것이 가장 효과적**입니다. 예를 들어 2-2 도형 심화는 2학년 여름방학이나 2학기 중에 집중해서 푸는 방식입니다. (단, 전국 단위 자사고나 과학고, 영재학교 등을 목표로 하고 내신 경쟁이 매우 치열한 최상위권 학생이라면 해당 학교 시험 범위에 따라 3-2 심화까지 미리 대비해야 할 수도 있습니다.)

하지만 일반적인 경우라면 선행 단계에서 무리하게 도형 심화 문제와 씨름하기보다는 기본 개념과 유형 문제를 완벽하게 다지는 데 집중하십시오. 그리고 남는 시간에는 차라리 다음 학기 대수 파트 내용을 예습하거나, 이미 배운 고등 수학 내용을 복습하는 데 투자하는 것이 전체적인 수학 실력 향상에 훨씬 더 도움이 됩니다. 우리에게 주어진 시간은 무한하지 않습니다. 가장 효율적인 곳에 시간과 에너지를 사용하는 전략적 사고가 필요합니다.

중등 수학 2학기(도형 및 확률·통계) 과정 핵심 중단원 로드맵	
학년	중단원(도형 중심/ 확률·통계는 2.5 순환 권장)
1-2	기본 도형 → 작도와 합동 → 평면도형의 성질 → 입체도형의 성질 → 대푯값 → 도수분포표와 상대도수
2-2	삼각형과 사각형의 성질 → 도형의 닮음 → 피타고라스 정리 → 경우의 수와 확률
3-2	삼각비 → 원의 성질 → 산포도 → 상자 그림과 산점도

특히 공통수학에서 원의 방정식 등 원과 관련된 내용이 매우 중요하게 다뤄집니다. 만약 3-2의 원주각 등 원 관련 내용이 어렵게 느껴진다면, 주저하지 말고 1-2의 '원과 부채꼴' 단원까지 거슬러 올라가 기본 개념부터 다시 확인해야 합니다. 하지만 이때도 명심하세요! 해당 부분만 '찾아서' 보는 것이 효율적이지, 갑자기 1-2 전체를 다시 공부하겠다며 시간을 낭비해서는 안 됩니다. 부족한 부분만 핀셋처럼 찾아 메우는 것이 현명한 공부법입니다. 이 챕터 목차들을 잘 정리해두시면 필요할 때 바로 찾아볼 수 있어 편리할 것입니다.

경고! 절대 피해야 할 함정: 단순 학년별 순환 학습

여기서 제가 반드시 강조하고 싶은, 그리고 많은 학생들이 빠지기 쉬운 함정이 있습니다. 바로 **1-1→1-2→2-1→2-2→3-1→3-2 순서대로, 그저 학년과 학기 순서에 따라 기계적으로 진도를 나가는 방식**입니다. 특히 일부 지역 학원 등에서 이러한 커리큘럼을 따르는 경우가 있는데, 이는 매우 비효율적인 학습 방법입니다. 왜냐하면 이렇게 대수와 도형 개념을 번갈아 배우게 되면, 각 영역에 대한 깊이 있는 이해를 형성하기 어려울 뿐 아니라 이전에 배운 내용이 다음 영역을 배우는 동안 신기할 정도로 쉽게 잊혀버리기 때문입니다. 대수와 도형은 서로 다른 논리 체계를 가지고 있어, 짧은 간격으로 번갈아 학습하는 것은 오히려 머릿속을 혼란스럽게 만들 수 있습니다.

물론 예외적인 상황은 있습니다. 예를 들어 어떤 학생이 3-1 대수 파트를 너무 힘들어하고 지쳐서 잠시 학습 분위기를 환기할 필요가 있을 때, 다음 학기인 1-2 도형 파트를 가볍게 접해보는 것은 괜찮습니다. 학생의 지적 수준과 심리 상태에 맞춰 속도를 조절하는 유연성은 필요합니다. 하지만 그런 순간에도 **반드시 기존에 학습하던 대수 파트(이 경우 3-1 또는 그 이전 복습)를 완전히 놓아서는 안 되며, 꾸준히 복습을 병행해야 합니다.** 예를 들어 3-1 개념 학습이 너무 힘들다면, 2-1 내용을 복습하면서 1-2 도형 개념을 새로 공부해 나가는 방식의 '맞춤형 테크트리'를 설계하는 것이 더 현명할 수 있습니다. 결론적으로 단순한 학년별 순환 커리큘럼은 지양하고, 대수 우선 정복 후 도형 학습과 대수 복습을 병행하는 전략을 따르시길 권장합니다.

잠재력 폭발시키는
맞춤형 3사이클 전략

우리 아이 잠재력, 제대로 터뜨리는
학습 사이클 설계의 모든 것

모든 학생에게 똑같은 옷을 입힐 수 없듯이, 수학 공부법 역시 학생의 현재 수준과 학습 성향에 따라 맞춤 설계되어야 합니다. 저는 크게 '상위권 학생'과 '아직 상위권은 아니지만 상위권을 목표로 하는 잠재력 있는 학생(비상위권)'을 위한 각각의 3단계 학습 사이클 전략을 제시합니다. 이 전략들은 제가 대치동 현장에서 수많은 아이들을 지도하며 효과를 검증한 실전 로드맵입니다.

상위권 학생을 위한 3사이클 전략:
탄탄함을 넘어 압도적인 실력으로!

  현재 수학에 자신감이 있고 학습 속도가 빠른 학생, 또는 이제 중학교 수학을 시작하는 예비 중1 및 중1 학생에게 추천합니다. 중1 이하 학생들은 자신의 가능성을 믿고 일단 상위권 전략으로 도전했다가, 만약 어렵게 느껴진다면 언제든 비상위권 전략으로 전환해도 괜찮습니다.

1사이클: 개념과 유형, 한 번에 완벽 정복!

- **학습**
  - **개념서**('개념원리' 추천! 좋은 인강을 찾기 쉽습니다) 학습
    +개념 인강 수강(혼자 책을 보고 이해되지 않는 부분만 선별적으로!)
    +동시에 유형서('쎈' 추천!) 풀이 병행
- **핵심**
  - **개념 누적 테스트 필수:** 오늘 2강을 배웠다면 1강과 2강 내용을 함께 테스트하는 방식입니다. 절대 빼먹으면 안 됩니다!
  - **자기 주도적 인강 활용:** 책을 먼저 보고 스스로 이해하려 노력하세요. 그래도 막히는 부분만 인강의 도움을 받는 것이 진짜 자기 주도 학습입니다. 떠먹여 주는 공부는 이

제 그만!

· **'쎈' C스텝은 옵션:** 처음부터 C스텝까지 다 풀 필요는 없습니다. B스텝까지만 완벽히 하고, C스텝은 3사이클 심화 단계에서 도전하거나 생략해도 괜찮습니다.

2사이클: 유형 복습과 오답 완전 정복! 실수의 빈틈을 메워라!

· 학습

　· 1사이클에서 풀었던 유형서('쎈') 전체를 다시 훑어보며, 특히 **틀렸던 문제들을 집중적으로 다시 풀어봅니다.**

　+동시에 개념 복습(누적 테스트 또는 취약 단원 재확인)은 기본!

· 핵심

　· **오답 카드 작성 시작:** 이때 다시 풀었는데도 또 틀리는 문제들이 있습니다. 이런 문제들이 진짜 약점! 이 문제들부터 '오답 카드'를 만들기 시작합니다(오답 카드 만드는 법은 뒤에서 자세히!).

　· **기억력 과신 금물:** 상위권 학생들은 기억력이 좋아 한 번 보면 다 아는 것 같지만, 시간이 지나면 의외로 많이 잊어버립니다. 반드시 다시 보고 자기 것으로 만드는 과정이 필요합니다.

3사이클: 심화 도전(선택) 또는 오답 카드 반복!
실력의 깊이를 더하라!

- **학습**
  - (선택 사항) 심화서('블랙라벨' 추천) 풀이에 도전합니다.
    +2사이클에서 만들었던 유형서 오답 카드를 다시 풀어보며 약점을 완벽히 제거합니다.

- **핵심**
  - **심화서는 '선택':** 수학을 좋아하고 심화 문제 풀이에서 성취감을 느낀다면 도전하세요! 하지만 속도를 내는 것이 더 중요하거나 심화가 부담스럽다면 과감히 생략하고 다음 학기 선행이나 복습에 집중하는 것이 현명합니다.
  - **심화서도 전략적으로:** 심화서라고 해서 모든 문제를 다 풀어야 하는 것은 아닙니다. 예를 들어 '블랙라벨'의 스텝 3은 너무 어려우니 이번 사이클에서는 제외하고 스텝 1, 스텝 2만 풀겠다거나, 특정 단원만 풀겠다거나 하는 식으로 조절해도 괜찮습니다.
  - '에이급 수학'은 예전에는 많이 추천했지만, 요즘 내신 경향과는 다소 거리가 있어 '블랙라벨'을 더 권장하는 편입니다. 하지만 둘 중 무엇을 선택해도, 혹은 둘 다 하지 않아도 괜찮습니다.

비상위권 학생을 위한 3사이클 전략:
두려움을 설렘으로! 차근차근 상위권 도약!

현재 수학이 다소 어렵게 느껴지고 연산 실수가 잦거나 개념 이해에 시간이 걸리는 학생. 걱정 마세요! 이 전략을 따라 차근차근 나아가면 누구나 상위권으로 도약할 수 있습니다. 우리는 '중하위권'이라는 말을 쓰지 않습니다. 모두가 상위권이 될 가능성을 가진 '비상위권'일 뿐입니다.

1사이클: 연산 워밍업으로 자신감 UP! 개념은 차근차근!

- **학습**
  - **(1단계) 연산 문제집 풀이:** 해당 단원에서 배울 내용과 관련된 기본적인 계산 연습을 먼저 합니다. (추천: 수학을 아직 사랑하지 않는다면 '수력충전', 조금 해볼 만하다면 '기적의 중학 연산' 또는 '바쁜 중3을 위한 빠른 중학 연산', 상위권 느낌을 살짝 내고 싶다면 '쎈 개념연산') 서점에서 아이와 함께 책을 펴보고, 아이가 좀 더 편안하게 느끼는 책으로 고르세요.
  - **(2단계) 개념서+개념 인강:** 연산으로 워밍업을 한 후, 개념서('개념원리') 학습과 개념 인강 수강을 병행합니다. 연산집을 통해 무엇을 배우는지 대략 감을 잡았기 때문에 개념 설명이 훨씬 더 쉽게 다가올 것입니다.

- 핵심
  - **연산 선행의 효과:** 개념 설명부터 들으면 막막할 수 있지만, 쉬운 연산 문제집의 빈칸을 채우고 간단한 문제를 풀다 보면 '아, 이번 단원에서는 이런 걸 배우는구나!' 하고 자연스럽게 감을 잡게 됩니다. 이는 개념 학습의 문턱을 낮춰줍니다.
  - **개념 누적 테스트는 생명줄:** 비상위권 학생들에게 개념 누적 테스트는 **정말 중요합니다!** 개념이 흔들리면 다음 단계로 나아갈 수 없습니다. 매일 꾸준히, 이전 내용을 잊지 않도록 반복해야 합니다.

2사이클: 유형 문제 도전! 개념 복습은 찰떡궁합!

- 학습
  - 이제 본격적으로 유형서 풀이에 도전합니다. ('쎈'보다는 조금 더 친절한 'RPM' 추천!)+**개념 복습 테스트(누적)를 반드시 함께** 진행해야 합니다.
- 핵심
  - **개념이 열쇠다:** 유형 문제를 틀리는 가장 큰 이유 중 하나는 해당 개념을 정확히 이해하지 못했기 때문입니다. 따라서 유형 풀이와 개념 복습은 항상 함께 가야 합니다. 문제를 풀기 전에 관련 개념을 다시 한번 확인하는 습관을 들이는 것도 좋습니다.

3사이클: 오답 재도전! 개념 숙달로 실력 점프!

- **학습**
  - 2사이클 유형서('RPM')의 오답 문제를 다시 풉니다.
    +개념 복습 테스트 역시 꾸준히 반복합니다.

- **핵심**
  - **오답 카드 작성 시작:** 이때 또 틀리는 문제가 있다면 드디어 '오답 카드'를 만들 차례입니다. 상위권 학생들보다 한 사이클 늦게 시작하지만 괜찮습니다. 정확히 아는 것이 더 중요하니까요.
  - **심화서는 아직:** 상위권 전략과 달리 심화서는 포함하지 않았습니다. 아직 수학을 사랑하는 단계가 아니라면 섣부른 심화 도전은 오히려 독이 될 수 있습니다. 조급해하지 마세요! 개념과 유형을 완벽하게 내 것으로 만드는 연습에 집중하다 보면, 어느 순간 수학 실력이 쭉쭉 성장하는 것을 경험하게 될 것입니다. 제가 정말 여러 번 경험했습니다. 믿고 따라와보세요!
  - **개념 숙달의 힘:** 개념을 여러 번 반복해서 보고 테스트하다 보면, 어느 순간 구구단처럼 자연스럽게 머릿속에서 튀어나오는 경지에 이르게 됩니다. 바로 그 순간부터 문제가 술술 풀리기 시작할 것입니다!

학습 효과를 200% 끌어올리는
실전 도구와 습관

개념부터 오답까지, 빈틈없이 관리하는
대치동식 학습 시스템 구축

　우리 아이에게 맞는 최적의 로드맵과 학습 사이클을 설계했습니다. 하지만 아무리 좋은 계획도 제대로 실행되지 않으면 무용지물입니다. 이제는 이 계획을 현실로 만들고 학습 효과를 극대화할 구체적인 '학습 도구'와 '공부 습관'을 장착할 차례입니다. 이것들이 바로 여러분의 수학 실력을 단단하게 지탱해줄 기둥이 될 것입니다.

개념 빈칸 테스트: 아는 것을 증명하고, 모르는 것을 드러내라!

"개념은 다 이해했어요." 학생들이 흔히 하는 말입니다. 하지만 정말 그럴까요? 눈으로 읽고 고개를 끄덕이는 것과 백지상태에서 핵심 내용을 써 내려가는 것은 완전히 다른 차원의 이야기입니다. 내가 무엇을 알고 무엇을 모르는지 정확히 파악하는 '메타인지'를 높이는 가장 효과적인 방법, 그것이 바로 '개념 빈칸 테스트'입니다.

왜 필요한가?

단순히 개념을 다시 보는 것보다 훨씬 더 능동적인 학습입니다. 머릿속에서 정보를 '인출'하는 연습을 통해 기억을 강화하고, 내가 암기했다고 착각했던 부분, 어설프게 알고 있던 부분을 정확히 찾아낼 수 있습니다. 힘들게 개념 노트를 처음부터 만들 필요 없이, 효율적으로 개념 암기 상태를 점검할 수 있는 최고의 방법입니다.

어떻게 만드나?

- 개념서('개념원리' 등)의 핵심 이론, 공식, 용어 정의가 설명된 페이지를 그대로 복사합니다. (원본 책에 바로 작업하면 안 됩니다!)
- 복사본 위에, 반드시 외워야 할 핵심 키워드, 공식, 용어 등을 화이트(수정테이프)로 꼼꼼하게 지웁니다. (이 과정은 초반에는 부모님께서 도와주시면 아이가 훨씬 수월하게 시작할 수 있습니다. 아이 혼

자서는 무엇이 중요하고 외워야 할 부분인지 정확히 알기 어려울 수 있으니까요.)

- 수정테이프로 지운 복사본을 다시 복사하면 멋진 나만의 '빈칸 테스트지'가 완성됩니다! 여러 장 복사해두면 반복 학습에 유용하겠죠?

어떻게 활용하나?

- 매일 그날 배운 진도에 해당하는 빈칸 테스트를 실시합니다.
- **핵심은 '누적'**: 오늘 5강을 공부했다면 5강 테스트만 보는 것이 아니라 이전에 학습했던 2, 3, 4강의 빈칸 테스트도 함께 보는 것입니다. (상위권 학생 기준, 보통 직전 2~3개 강의 정도를 누적해서 보면 충분합니다. 너무 오래된 내용은 이미 여러 번 반복했기 때문에 자연스럽게 마스터됩니다.)
- 빈칸을 채우지 못했다면 해당 개념을 다시 확인하고 완벽히 이해될 때까지 반복합니다.

I. 다항식 3. 인수분해

I.3.01 인수분해

1 인수분해

하나의 다항식을 두 개 이상의 다항식의 곱으로 나타내는 것을 **인수분해**라 한다.

이때 곱을 이루는 각각의 다항식을 처음 다항식의 인수 라 한다.

$$x^2 + 5x + 6 \xrightarrow[\text{전개}]{\text{인수분해}} (x+2)(x+3)$$

합의 꼴   곱의 꼴

이처럼 인수분해는 다항식의 전개 과정을 거꾸로 생각하면 된다.

2 인수분해 공식   ☞ 필수 01.02

인수분해는 다항식의 전개 과정을 거꾸로 생각하면 되므로 곱셈 공식의 좌변과 우변을 바꾸면 다음과 같은 인수분해 공식을 얻을 수 있다.

(1) $ma + mb = m(a+b)$

(2) $a^2 + 2ab + b^2 = (a+b)^2$, $a^2 - 2ab + b^2 = (a-b)^2$ ← 완전제곱식

(3) $a^2 - b^2 = (a+b)(a-b)$ ← 합차공식

(4) $x^2 + (a+b)x + ab = (x+a)(x+b)$

(5) $acx^2 + (ad+bc)x + bd = (ax+b)(cx+d)$

(6) $a^2 + b^2 + c^2 + 2ab + 2bc + 2ca = (a+b+c)^2$

(7) $a^3 + 3a^2b + 3ab^2 + b^3 = (a+b)^3$

     $a^3 - 3a^2b + 3ab^2 - b^3 = (a-b)^3$

(8) $a^3 + b^3 = (a+b)(a^2 - ab + b^2)$ ← 세제곱의 합

     $a^3 - b^3 = (a-b)(a^2 + ab + b^2)$ ← 세제곱의 차

(9) $a^3 + b^3 + c^3 - 3abc = (a+b+c)(a^2 + b^2 + c^2 - ab - bc - ca)$

(10) $a^4 + a^2b^2 + b^4 = (a^2 + ab + b^2)(a^2 - ab + b^2)$

수학 빈칸 테스트 1

필수 10.11

보충학습 특정한 조건을 만족시키는 순열

(1) 이웃하게 나열하는 순열의 수

  (i) 이웃하는 것을 ~~하나로~~ 묶어서 ~~일렬~~ 로 나열한다.

  (ii) (i)의 결과와 한 묶음 안에서 ~~자리~~ 를 ~~바꾸~~ 는 방법의 수를 곱한다.

(2) 이웃하지 않게 나열하는 순열의 수

  (i) ~~이웃해도~~ 되는 것을 먼저 일렬로 나열한다.

  (ii) (i)에서 나열한 것의 ~~사이사이~~ 와 ~~양끝~~ 에 이웃하지 않아야 할 것을 나열한다.

(3) '적어도 ~'의 조건이 있는 순열의 수

  (적어도 ~인 경우의 수) = (전체 경우의 수) − (~~모두 ~가 아닌 경우의 수~~)

(4) 교대로 나열하는 순열의 수

  (i) 두 개의 집단 중 ~~한 집단~~ 을 일렬로 나열한다.

  (ii) (i)에서 나열한 것의 ~~사이사이~~ 와 ~~양끝~~ (또는 ~~한쪽 끝~~)에 나머지 집단을 나열한다.

III. 경우의 수 2. 조합

III.2.01 조합

1 조합　필수 02

(1) 조합

서로 다른 n개에서 ~~순서~~ 를 ~~생각하지~~ 않고 $r\,(0 < r \le n)$개를 택하는 것을 n개에서 r개를 택하는 **조합**이라 하고, 이 조합의 수를 기호로 $_n\mathrm{C}_r$와 같이 나타낸다.

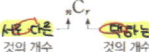

서로 다른 것의 개수 　택하는 것의 개수

(2) 조합의 수

서로 다른 n개에서 r개를 택하는 조합의 수는

$$_n\mathrm{C}_r = \frac{_n\mathrm{P}_r}{r!} = \frac{n!}{r!\,(n-r)!} \quad (\text{단, } 0 \le r \le n)$$

2 조합의 수의 성질　필수 01

(1) $_n\mathrm{C}_r = {_n\mathrm{C}_{n-r}} \quad (\text{단, } 0 \le r \le n)$

(2) $_n\mathrm{C}_r = {_{n-1}\mathrm{C}_r} + {_{n-1}\mathrm{C}_{r-1}} \quad (\text{단, } 1 \le r < n)$

수학 빈칸 테스트 2

오답 카드:
틀린 문제는 성장을 위한 최고의 보석!

틀린 문제는 부끄러운 것이 아니라 나의 약점을 정확히 알려주는 소중한 신호입니다. 이 신호를 무시하지 않고 제대로 분석하고 정복할 때 비로소 실력 향상이 이루어집니다. 이를 위한 가장 강력하고 효과적인 도구가 바로 '오답 카드'입니다.

언제 만드나?

유형서나 심화서를 풀 때 한 번 틀려서 고쳤는데 **두 번째 다시 풀 때도 또 틀리는 문제.** 이런 문제들이 진짜 나의 약점입니다. 이런 문제들부터 오답 카드를 만들기 시작합니다.

어떻게 만드나?

- 카드 앞면에는 문제 전체를 정성껏 옮겨 적거나 문제집을 오려 붙입니다.
- 카드 뒷면에는 해설지를 참고하되, **절대로 그대로 베끼지 말고, 반드시 자신의 생각과 언어로 풀이 과정을 상세하게 작성**합니다. 이 과정 자체가 엄청난 복습 효과를 가져옵니다.
- 풀이 과정 중간중간에 내가 왜 틀렸는지, 어떤 개념을 놓쳤는지, 주의해야 할 함정은 무엇인지 등을 **빨간 펜으로 메모**해두면 더욱 좋습니다. 풀이를 여러 번 고친 흔적이 남아 있다면,

그 자체가 실력 향상의 증거가 될 것입니다!

어떻게 활용하나?

- 만들어진 오답 카드를 모아두었다가 자투리 시간이나 주말 등을 이용해 주기적으로 반복해서 풀어봅니다.

- 시험 직전에는 다른 문제집을 더 풀기보다 내가 만든 오답 카드만 완벽하게 마스터하는 것이 훨씬 효과적입니다.

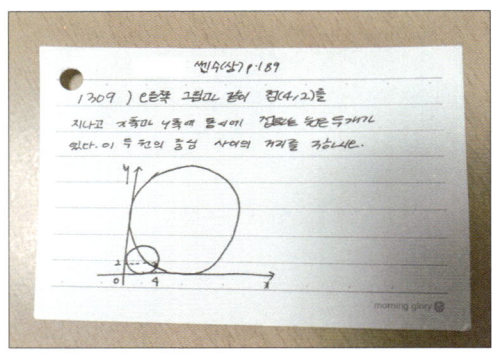

수학 오답 카드(앞)

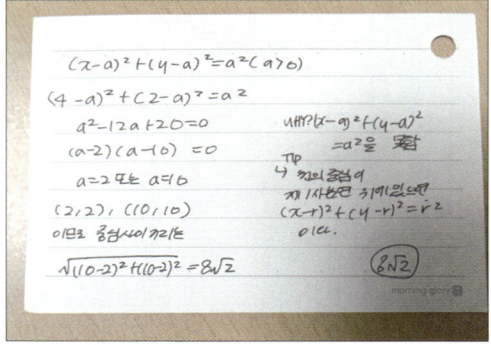

수학 오답 카드(뒤)

인덱스 노트/테스트(심화 단계):
아는 것은 효율적으로, 모르는 것은 집중적으로!

학습 사이클을 여러 번 반복하고 개념 빈칸 테스트를 꾸준히 하다 보면, 특정 단원의 개념들은 이제 더 이상 틀리지 않고 완전히 내 것이 되는 단계가 옵니다. 이럴 때까지 계속해서 모든 범위를 똑같이 테스트하는 것은 비효율적일 수 있습니다. 이때 활용하면 좋은 것이 바로 '인덱스 노트/테스트'입니다.

어떻게 만드나?

노트에 해당 과목(예: 중1-1 수학)의 대단원, 중단원, 소단원 등 목**차(인덱스)만 쭉 적습니다.** 그리고 그 목차 아래에는 전체 내용을 다 적는 것이 아니라 **그중에서도 내가 유독 자주 헷갈리거나, 시험에 자주 나오고 중요하다고 생각하는 핵심 개념, 공식, 주의사항 등만 간략하게 키워드 중심으로 추가**합니다.

어떻게 활용하나?

테스트를 볼 때는 목차만 적힌 빈 종이(또는 노트)를 보고, 각 목차에 해당하는 내용 중에서 내가 인덱스 노트에 정리해두었던 '헷갈리는 핵심 내용'만 기억해서 써 내려가는 방식으로 진행합니다.

왜 좋은가?

이미 완벽하게 아는 내용에 대한 불필요한 반복 테스트 시간을 대폭 줄여줍니다. 대신, 내가 아직 부족하다고 느끼는 부분, 즉 진짜 공부해야 할 부분에만 시간과 에너지를 집중 투입할 수 있게 해 학습 효율을 극대화합니다. 3사이클 이상 진행하는 상위권 학생들에게 특히 추천하는 방법입니다.

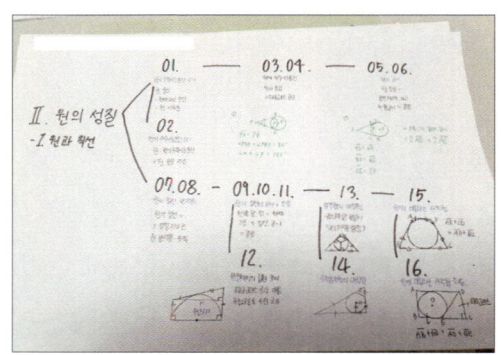

수학 인덱스 노트

인강 & 해설지 활용법:
끌려가지 말고, 똑똑하게 이용하라!

인강과 해설지는 잘 쓰면 더없이 훌륭한 학습 도구가 되지만, 잘못 사용하면 오히려 자기 주도 학습 능력을 저해하는 독이 될 수 있습니다. 핵심은 '내가 주체가 되어 필요할 때만 활용하는 것'입니다.

인강 활용 원칙

- **개념 인강**: 무조건 처음부터 끝까지 다 듣는 것이 아닙니다! 반드시 책을 먼저 읽고 스스로 이해하려고 노력한 후, 그래도 이해가 잘 안 되는 부분이나 설명이 더 필요한 부분만 '찾아서' 듣는 것입니다.

- **문제 풀이 인강(유형/심화)**: 이것은 더욱 중요합니다! 강의를 듣기 전에 **① 반드시 내가 먼저 문제를 풀어보고 ② 채점한 후 ③ 해설지를 보며 스스로 왜 틀렸는지, 어떻게 풀어야 하는지 분석하는 과정**을 거쳐야 합니다. 그런 다음에도 도저히 이해되지 않는 문제나 다른 풀이법이 궁금한 문제만 **'골라서'** 강의를 듣는 것입니다. 인강 전체를 다 들으려고 하면 시간이 너무 오래 걸릴 뿐 아니라, 스스로 고민하고 해결하는 능력을 키울 기회를 잃게 됩니다. 10만 원짜리 인강에서 내가 필요한 단 10분만 듣는 것이 돈 아까운 것이 아니라, 그 10분으로 내 시간과 노력을 아끼는 것이 훨씬 현명한 투자입니다. 인강 완강에 집착하는 것은 공부를 '못하는' 사람들의 특징일 수 있습니다.

해설지 활용 원칙

- **해설지는 '정답지'가 아니라 '학습지'**: 해설지는 답을 베끼라고 있는 것이 아닙니다! 학원이나 과외 선생님 중 해설지를 무조건 뺏는 경우가 있는데, 저는 바람직하지 않다고 봅니다. 물론 베끼는 습관은 절대 안 되지만, 필요할 때는 반드시 봐야

합니다.

- **분석하고 배우는 도구**: 내가 푼 풀이와 해설지의 풀이를 비교 분석하면서 내가 어떤 개념을 놓쳤는지, 어떤 접근 방식이 더 효율적인지 배우는 용도로 활용해야 합니다. 모든 문제를 선생님께 질문할 수는 없으니, 해설지를 보고 스스로 이해하고 분석하는 능력을 키우는 것이 중요합니다. 특히 복습할 때는 해설지 분석 능력이 필수입니다. 부모님께서도 아이가 해설지를 보며 끙끙댈 때, 답을 알려주기보다 어떤 부분이 이해 안 되는지 질문을 통해 스스로 생각하도록 유도해주시면 좋습니다.

흔들리지 않는 수학 실력,
부모의 역할과 아이의 담대한 실천

**진짜 변화는 오늘,
여러분의 '실천'에서 시작된다!**

지금까지 우리는 대치동 상위 0.1% 아이들이 걸어온 길을 바탕으로, 중등 수학 선행 학습의 성공 전략과 구체적인 방법론을 상세하게 살펴보았습니다. 뉴턴의 지혜에서부터 시작해 최적의 학습 로드맵 설계, 학생 수준별 맞춤 사이클 전략, 그리고 학습 효과를 극대화하는 실전 도구 활용법까지, 여러분의 수학 여정을 성공으로 이끌 나침반과 지도를 제공해드렸습니다.

하지만 아무리 상세한 지도와 성능 좋은 나침반이 있어도 직접 발걸음을 내딛지 않으면 목적지에 도달할 수 없습니다. 이 모든 지식과 정보로 여러분과 자녀의 삶에서 실질적인 변화를 이루어내려면, 결국 '실천'이라는 마지막 퍼즐 조각이 맞춰져야 합니다.

마지막으로 꼭 기억해주십시오. 혹시 지금 아이의 수학 성적이 기대만큼 오르지 않아 속상하시다면, 그것은 아이의 의지나 재능 부족 탓이 아닐 가능성이 훨씬 높습니다. **의지가 약했던 것이 아니라 그것을 지탱해줄 학습 구조와 시스템이 약했던 것입니다.** 노력은 타고나는 천성의 문제가 아니라 얼마든지 후천적으로 설계되고 길러질 수 있는 역량입니다. 문제는 아이 자체가 아니라 아이를 둘러싼 학습 환경과 전략의 부재였을 수 있습니다.

오늘 제시된 대치동 장원장의 실전 전략들을 나침반 삼아, 우리 아이에게 최적화된 수학 학습 시스템을 설계하고 꾸준히 실천해 나가십시오. 흔들리지 않는 수학 실력, 그리고 더 나아가 SKY를 향한 성공적인 학업 여정의 첫걸음은 바로 오늘, 지금 이 순간, 여러분의 담대한 실천에서 시작됩니다. 여러분의 빛나는 성공을 진심으로 응원합니다!

오늘의 미션

1. 로드맵 점검 및 수정: 오늘 제시된 내용을 바탕으로, 현재 자녀(또는 본인)의 수학 학습 계획을 냉정하게 점검하고 필요한 부분을 수정하십시오. 혹시 단순 학년별 순환 학습을 하고 있지는 않았나요? 대수와 도형 학습의 순서는 올바른가요? 복습 시스템은 제대로 작동하고 있나요? 놓친 부분이 있다면 괜찮습니다. 지금부터라도 바로잡으면 됩니다. 과거에 지나온 학년 내용을 전부 다시 할 필요는 없습니다. 앞으로 나아가면서 막히는 부분이 있을 때마다 '뉴턴식 되돌아가기'를 통해 필요한 부분을 찾아 메우면 됩니다.

2. 학습 도구 즉시 도입: '개념 빈칸 테스트'와 '오답 카드'를 아직 활용하고 있지 않다면 오늘 당장 시작하십시오. 만드는 방법은 앞에서 상세히 알려 드렸습니다. 처음에는 이 과정이 번거롭고 시간이 더 걸리는 것처럼 느껴질 수 있습니다. 하지만 단언컨대, 이 작은 실천들이 쌓여 단단한 개념 이해와 빈틈없는 오답 관리라는 강력한 무기를 만들어줄 것입니다. 이것이 바로 진정한 자기 주도 학습의 핵심입니다.

3. 부모님의 역할 재정의: 부모님께서는 단순히 아이를 학원에 보내거나 문제집을 사주는 데서 역할을 멈추어서는 안 됩니다. 아이가 올바른 방향으로 꾸준히 나아가고 있는지 주기적으로 관심을 가지고 살펴봐주시고, 개념 빈칸 테스트나 오답 카드 작성과 같은 구체적인 실천 과정을 칭찬하고 격려하며 함께 해주시는 것이 중요합니다. 특히 아이가 해설지를 보며 스스로 문제 해결 능력을 키워 나갈 수 있도록, 답을 알려주기보다는 질문을 통해 생각의 길을 열어주는 현명한 조력자가 되어주십시오.

2장

수학: 수포자도 수학 초고수로 만드는 대치동 비법 - 고등편

선행 학습 단계별 로드맵 & 초효율 완전 학습 비법

육각형 레이더 차트 2-2. 고등 수학 마스터
(스마트폰 가로 모드에 최적화되어 있습니다.)

"원장님, 우리 아이 수학…… 정말 답이 없는 걸까요?"

대치동과 온라인에서 수많은 아이들과 씨름하며, 저는 이런 절박한 질문을 매일같이 마주합니다. 그리고 깨달았습니다. 최상위 0.1% 아이들의 진짜 비밀은 타고난 머리가 아니라, 학습의 본질을 꿰뚫는 '설계 능력'과 지치지 않는 '실행 시스템'에 있다는 것을요. 특히 수학이라는 에베레스트 같은 과목 앞에서 방향을 잃고 헤매는 학생과 학부모님이 너무나 많습니다. "선행, 어디까지 해야 안심일까요?" "수많은 문제집과 인강, 무엇이 정답일까요?" 이런 막막함 속에서 길을 찾아 헤매는 분들을 위해, 저는 단순한 정보 나열이 아닌 성공으로 가는 '지도'를 그려드리고자 합니다.

이 책은 단순한 학습법 소개서를 넘어 여러분 자녀의 수학 학습에 대한 근본적인 프레임 전환을 이끌고, 흔들림 없는 성공 로드맵을 제시하는 '실전 학습 설계서'가 될 것입니다. 불안감을 확신으로, 막막함을 명확함으로 바꾸어 드리겠습니다. 수학, 더 이상 걱정하지 마세요.

우리 아이 수학,
무엇이 문제일까?

수학 공부, 노력하는데
왜 제자리걸음일까?

"아이가 학원도 열심히 다니고, 밤늦게까지 문제집도 푸는데……
왜 성적은 그대로일까요?" 부모님의 타들어가는 마음, 저는 너무나
잘 압니다. 아이들은 나름대로 애쓰지만, 고등 수학의 높은 벽 앞에
서 쉽게 지치고 좌절합니다. 특히 '선행 학습'이라는 명목 아래 아이
의 소화 능력은 고려하지 않고 무작정 진도만 빼는 경우, 아이는 학
습된 무기력에 빠지기 쉽습니다. 밑 빠진 독에 물 붓기처럼 시간과
노력은 투입되지만 남는 게 없는 허탈한 상황이 반복되는 것이죠.

이것은 결코 아이의 의지나 성실성 부족 문제가 아닙니다. 명확한 목표 설정, 내 아이에게 맞는 전략, 그리고 그것을 꾸준히 실천할 시스템의 부재, 이것이 본질입니다. 우리는 종종 '천재'라는 단어 앞에서 주눅 들곤 하지만, 과연 천재성은 타고나는 것일까요? 저는 발명왕 토머스 에디슨Thomas Edison의 이야기에서 그 답의 실마리를 찾습니다.

어느 날 에디슨의 실험실에 큰 화재가 발생했습니다. 평생을 바쳐 이룬 연구 결과와 설비들이 하룻밤 사이에 잿더미로 변했습니다. 보통 사람이라면 재기 불능의 절망에 빠졌을 상황. 하지만 에디슨은 달랐습니다. 그는 불길에 휩싸인 실험실을 보며 당황하기는커녕 오히려 차분하게 그 광경을 지켜보았다고 합니다. 심지어 아들에게 "어서 가서 네 어머니를 모셔오너라. 이런 장관은 평생 다시 보기 힘들 것이다!"라고 말했다지요. 얼마나 놀라운 태도입니까?

다음 날 아침, 폐허가 된 실험실을 거닐며 그는 이렇게 중얼거렸다고 합니다. "재난도 가치가 있는 법이지. 내 모든 실수가 다 타버렸으니까. 오, 하느님! 제가 다시 시작할 수 있게 해주셔서 정말 감사합니다." 모든 것이 사라진 절망의 잿더미 위에서 그는 좌절 대신 감사를, 포기 대신 새로운 시작을 선언한 것입니다. 그리고 놀랍게도 화재가 발생한 지 불과 3주 만에 그는 인류 최초의 축음기를 발명해 세상에 내놓았습니다.

이 이야기가 우리에게 주는 교훈은 명확합니다. 에디슨의 위대함은 단순히 번뜩이는 영감에 있는 것이 아니라, 모든 것을 잃고도 다시 일어서는 불굴의 의지와 긍정적인 마음가짐, 그리고 끊임없는 노력에 있었습니다. 우리는 어떻습니까? 에디슨처럼 모든 것이 불타 없어진 상황이 아닙니다. 우리에게는 책상도 있고 연필도 있고 펼쳐볼 책도 있습니다. 모든 조건이 갖춰진 상태에서 '공부가 힘들다'며 노력을 주저한다면, 에디슨의 이야기 앞에서 스스로를 돌아봐야 하지 않을까요? 우리는 화마에 휩쓸린 상황이 아니니, 오히려 더 편안한 마음으로 위대한 도전을 시작할 수 있습니다. 우리 아이들과 함께 파이팅을 외쳐봅시다!

성공하는
수학 선행의 비밀

천재성은 지속적인 노력의
다른 이름이다

에디슨의 사례처럼 실제로 수많은 연구와 위인들의 삶은 "천재성은 꾸준하고 올바른 노력의 결과"라고 증언합니다. 역설적으로 노력이야말로 천재성을 만들어내는 가장 확실한 방법이며, 천재성은 노력에 대한 보상, 즉 '노력의 선물'이라는 통찰은 교육 현장에서 거듭 확인됩니다.

특히 고등 수학의 영역, 그중에서도 '선행 학습'에서는 이 '끊임없는 노력'이 반드시 '올바른 방향'과 만나야 합니다. 많은 학생과 학부모님이 중학 수학 공부의 성공 방식(혹은 실패 방식)을 그대로 고등 수학에 적용하려는 오류를 범합니다. 중등 수학에서는 내신 기간에만 대수면 대수, 도형이면 도형을 단기 집중 학습해도 어느 정도 성과를 낼 수 있었겠지만, 고등 수학은 완전히 다릅니다. 각 단원과 과목이 긴밀하게 연결된 유기체와 같아서, 반드시 순차적이고 체계적인 접근을 해야 합니다.

여기서 가장 중요한 핵심 원칙은 '사라지지 않는 선행'을 만드는 것입니다. 집을 지을 때 기초 공사가 부실하면 아무리 화려한 외장재를 쓴들 결국 사상누각이 되고 말듯, 고등 수학의 기초인 공통수학1, 공통수학2가 탄탄하지 않으면 그 위에 대수, 미적분I, 확률과 통계를 아무리 쌓아 올려도 의미가 없습니다. 실제로 대치동에서 "중학교 때 미적분까지 끝냈다"는 아이들을 테스트해보면 정작 공통수학1의 기본 개념조차 흔들리는 경우가 허다합니다.

그래서 저는 명확한 기준을 제시합니다. 개념 랜덤 테스트 정답률 90% 이상, '쎈' C스텝 기준 정답률 80% 이상. 이 기준을 통과하지 못했다면 다음 진도로 넘어가는 것은 시간 낭비일 뿐입니다. 아이가 소화하지도 못하는 지식을 억지로 밀어 넣으면 결국 다 토해내게 되고, 나중에는 어디서부터 잘못된 건지조차 알 수 없는 총체적 난국에 빠지게 됩니다. 급할수록 돌아가라는 말처럼, 탄탄하게 다지고 나아가는 것이 가장 빠른 길입니다.

대치동 장원장식
자기 주도 솔루션

이제 막연한 불안감을 떨치고 구체적인 실천 전략을 통해 '성공하는 수학 선행'이라는 정상으로 함께 올라가봅시다. 제가 제시하는 이 설계도를 따라 꾸준히 실천해 나간다면, 결코 삽질하지 않는, 단단한 수학 실력을 쌓아 올릴 수 있을 것입니다.

고등 수학 선행,
흔들림 없는 로드맵 구축하기

학습 순서의 절대 원칙: 순차성을 사수하라!

고등 수학은 반드시 '공통수학1 → 공통수학2 → 대수 → 미적분Ⅰ' 순서로 진행해야 합니다. 중학교 때처럼 영역별로 넘나드는 것은 절대 금물입니다. 특히 공통수학은 모든 고등 수학의 주춧돌입니다. 그 중요성은 아무리 강조해도 지나치지 않습니다. 공통수학1·2의 완성도가 낮으면 이후 대수, 미적분 학습은 밑 빠진 독에 물 붓기가 될 가능성이 매우 높습니다. 공통수학1·2는 여러 번 반복해서라도 개념부터 심화 유형까지 완벽하게 내 것으로 만들어야 합니다. 다음 단계 진입 기준은 명확합니다. 개념 랜덤 테스트 90% 이상(최소 80%, 80% 미만은 절대 불가!), '쎈' C스텝 기준 정답률 80% 이상. 이 기준에 도달했을 때만 다음 진도를 나가십시오. 고등 수학은 진도 빼기 경쟁이 아니라 깊이의 싸움입니다.

동시 진도의 치명적 함정: 절대로 피하라!

간혹 학원에서 공통수학1과 공통수학2의 '개념' 진도를 동시에 나가는 경우가 있습니다. 이것은 정말 최악의 방식입니다. 절대 피하셔야 합니다. 공통수학1의 개념을 끝내고 유형 문제 풀이를 하면서 공통수학2 개념 학습에 들어가는 방식은 괜찮습니다. 하지만 두 과목의 새로운 개념을 동시에 머릿속에 넣는 것은 뇌의 과부하를 유발하고 결국 둘 다 제대로 잡지 못하는 결과를 초래합니다. 만약 이런 커리큘럼을 제시하는 학원이나 과외가 있다면 정중히 변경을 요청하십시오. 아이의 미래가 달린 문제입니다.

복습은 생명줄: 사라지지 않게 붙잡아라!

새로운 진도를 나아갈 때, 이전에 배웠던 내용을 그냥 흘려보내서는 안 됩니다. 반드시 이전 진도 내용에 대한 복습을 병행해야 합니다. 예를 들어 미적분I을 공부한다면, 대수 내용을 꾸준히 복습하거나 혹은 공통수학1, 공통수학2, 대수까지의 누적 범위 모의고사를 주기적으로 풀며 감을 유지해야 합니다. 고등 수학은 휘발성이 강해서 애써 쌓아 올린 지식이 순식간에 사라지는 경우가 비일비재합니다. 앞 단원이 비어버리면 결국 다시 돌아와야 하는 비효율이 발생합니다. '사라지지 않는 선행'을 위한 가장 확실한 방법은 꾸준한 복습과 점검입니다.

목표별 진도 설계: 내 아이 맞춤 전략

• **의대·치대·약대·한의대·수의대 목표**

경쟁이 치열한 만큼 남들보다 한발 앞서 나가는 전략이 유효할 수 있습니다. 중3 겨울방학 또는 고1 진학 전까지 일반 선택과목(대수, 미적분I, 확률통계)은 탄탄하게 학습하고, 진로 선택과목인 기하 또는 미적분II는 개념 이해와 암기 중심으로 최소 1회 이상 경험해보는 것을 추천합니다. 물론 앞선 과정(공통수학1, 공통수학2, 대수, 미적분I, 확률과 통계)이 탄탄하다는 전제하에서입니다. 필수는 아니지만, 고등학교 진학 후 내신과 수능 대비 시간을 벌 수 있다는 장점이 있습니다. 비학군지 일반고의 지역인재 전형을 준비한다면 일반 선택과목(대수, 미적분I, 확률과 통계)까지만 탄탄하게 공부해두는 것이 더 좋습니다.

- **SKY·카이스트·포스텍**(이공계) 및 SKY(문과 최상위권)

이 그룹은 대수까지는 완벽하게 마스터해야 합니다. 특히 최근 통합 수능 체제에서는 문과 학생이라 할지라도 이과 학생들과의 경쟁에서 밀리지 않으려면 1학년 공통 과목인 공통수학1·2의 완성도가 절대적으로 중요합니다. 문과 최상위권인 경우 수능에서 이과 준비생과 경쟁하는 것까지 고려한다면 일반 선택 과목인 '대수, 미적분I, 확률과 통계' 개념 학습 후 유형 완성까지 해두면 큰 도움이 될 뿐 아니라, 고교학점제 환경에서 과목 선택의 폭을 넓히고 학생부 경쟁력을 높일 수 있습니다.

- **인서울 상위권 대학 목표**

어설픈 선행 진도 경쟁에 휘말리기보다 공통수학1·2를 완벽하게 다지는 것이 백번 낫습니다. 고등학교 1학년 내신은 대부분 공통수학1·2에서 결정됩니다. 여기서 무너지면 수시 전략에 큰 차질이 생기고 결국 정시로 방향을 틀어야 할 가능성이 높아집니다. 하지만 바뀐 입시 시스템에서는 상위권 대학은 수능만 또는 내신만 중심으로 보지 않고 둘을 모두 전형의 기본 정보로 선택할 가능성이 크니 고1 내신에서 최대한 좋은 성과를 만들어내는 전략을 잡아야 합니다.

- **심화 문제 함정 주의-개념과 유형부터 정복하라!**

고등 선행 단계에서는 '블랙라벨', '고쟁이' 같은 고난도 심화 문제집에 매달리는 것보다, 개념을 정확히 이해하고 '쎈' C스텝 수준까지 다양한 유형을 완벽하게 마스터하는 것이 훨씬 더 중요합니다. 유형 정복이 탄탄하게 이루어진 후에 심화로 나아가도 늦지 않습니다. 조급해하지 마십시오. 어떤 과정이든 최소 3회독 이상 반복하며 구멍 난 부분을 메우고 완전히 내 것으로 만드는 과정을 거쳐야 합니다. 아이가 정말 잘한다면 3회독을 남들보다 빨리 끝낼 수 있습니다. 다지고 또 다지고 다시 다져야 합니다!

선행 학습 최강 도구 1. 인강

지리적 여건 등으로 대치동 현장 강의를 듣기 어렵거나, 자기 주도 학습 능력이 뛰어난 학생들에게 강력 추천하는 방식입니다. 고등 수학은 다행히도 사교육 시장의 경쟁 덕분에 양질의 인강 콘텐츠가 넘쳐납니다. 특히 일타강사들의 인강은 대치동 현장 강의 못지않은, 아니 때로는 그 이상의 퀄리티를 보여주기도 합니다.

- **현우진 선생님(메가스터디):** 자타공인 일타강사. '노베' 또는 '시발점' 강좌는 공통수학1·2를 처음 시작하는 학생들에게 매우 인기가 높습니다. 문이과 구분 없이 많은 학생이 선호하고 최상위권의 절대적 지지를 받고 있는 넘사벽 일타선생님입니다.
- **정승제 선생님(이투스, EBS):** '수포자들의 구세주'로 불릴 만큼 수학을 쉽고 재미있게 가르치는 데 탁월한 능력을 보여줍니

다. '개때잡(개념 때려잡기)', '50일의 수학' 인강 등은 특히 문과 학생이나 수학에 흥미를 붙이고 싶은 학생들에게 강력 추천합니다.

- **한석원 선생님(대성마이맥):** 깊이 있는 설명과 특유의 카리스마로 이과 상위권 학생들에게 오랫동안 사랑받는 강사입니다. '생각의 질서' 시리즈는 수학의 근본을 파고드는 강의로 유명합니다. 부모님 세대 중에서도 한석원 선생님 강의를 들으셨던 분이 있을 정도로 관록이 있습니다.

인강 활용의 장점은 강력합니다. 대치동에서 이분들의 현장 강의를 들으려면 엄청난 시간과 비용이 듭니다. 하지만 온라인에서는 훨씬 더 저렴한 가격으로, 내가 원하는 시간과 장소에서 최고의 강의를 반복해서 들을 수 있습니다. 정보 격차가 사라진 시대, 이 엄청난 혜택을 누리지 않을 이유가 없습니다. 단, 주의할 점! 강의가 좋다고 무작정 수능 개념 강좌부터 듣는 것은 위험합니다. 반드시 고1 기본 강좌부터 차근차근 밟아 올라가야 합니다. 내 것으로 소화하지 못하고 진도만 나가면 결국 다 무너집니다.

선행 학습 최강 도구 2. 교재

스스로 책을 보며 개념을 익히고 문제를 푸는 것을 선호하거나, 인강은 보조 수단으로만 활용하고 싶은 학생에게 적합한 방식입니다. 또는 과외나 클리닉 수업을 받으면서 교재 선택권을 가지고 있는 경우에도 이 테크트리를 따를 수 있습니다.

1단계(개념 학습): 개념서+개념 인강(선택)+누적 테스트

- 추천 개념서
  - '수학의 바이블': 내용이 충실하고 짜임새가 좋습니다.
  - '풍산자': '수학의 바이블'이나 '수학의 정석'('정석'은 요즘 학생들에게는 다소 딱딱하고 불친절하게 느껴질 수 있습니다. 물론 수학을 정말 좋아하는 이과 '수학 덕후' 중에는 '정석' 특유의 간지를 선호하는 친구들도 있긴 합니다)보다 쉽고 친절하게 구성되어 있어 수학을 어려워하는 학생이나 선행을 처음 시작하는 저학년(초6, 중1)에게 좋습니다.
  - '수력 충전': 연산 능력이 부족한 학생들에게 강력 추천합니다. 고등 수학 문제를 풀 때 계산 실수로 발목 잡히는 경우가 많은데, 이 교재로 꾸준히 연습하면 연산 속도와 정확성을 크게 높일 수 있습니다. 개념 학습과 병행하거나, 유형서 풀이 전에 기초 체력을 다지는 용도로 활용하면 좋습니다.
- 개념 인강 활용: EBSi, 강남구청 인터넷 수능방송(강남인강) 등 저렴하고 질 좋은 인강 사이트에서 해당 교재의 강의를 찾아 헷갈리는 부분만 발췌해서 듣는 것을 추천합니다. 전체 강의를 다 들을 필요는 없습니다.

- 개념 누적 테스트: 학습한 개념은 반드시 빈칸 테스트, 인덱스 테스트 등을 통해 '사라지지 않도록' 꾸준히 점검해야 합니다 (뒤에서 자세히 설명).

2단계(유형 정복): 유형서+오답 3회독

- 추천 유형서
  - '쎈'(상위권 추천): 고등 수학 유형서의 바이블입니다. 문제 양이 많고 C스텝은 상당히 어렵지만, 이를 완벽히 소화하면 내신과 수능의 기본기를 탄탄히 다질 수 있습니다. 대치동 최상위권 학생들도 '쎈' C스텝 정답률 90%를 넘기기 쉽지 않습니다. 그만큼 제대로 공부해야 합니다.
  - '일품': '쎈'과 유사한 포지션이지만 약간 더 어렵게 느껴질 수 있습니다. '쎈'을 마스터한 후 추가적인 유형 학습이나 복습용으로 활용하기 좋습니다.
  - 'RPM'(비상위권 추천): '개념원리'와 세트처럼 많이 활용되며, '쎈'보다 난이도가 낮아 유형 학습을 시작하는 학생들에게 적합합니다.
  - '마플': 문제 수가 많지만 해설이 매우 친절해서 혼자 공부하는 학생들에게 좋습니다. 고난도 문제보다는 기본~중급 유형을 충실히 다지고 싶을 때 좋은 선택입니다. 내신 대비용으로도 충분합니다.
- 오답 관리: 유형서는 한 번 풀고 끝내는 것이 아닙니다. 틀린

문제는 최소 3번 이상 반복해서 풀어봐야 합니다. 1차 풀이 후 오답 체크, 2차 풀이(틀렸던 문제만), 3차 풀이(2차에서도 틀렸던 문제만). 이렇게 반복해서 풀었는데도 또 틀리는 문제만 오답 노트에 정리하는 것이 효율적입니다. 오답이 너무 많은 상태에서 처음부터 오답 노트를 만들면 시간만 낭비하게 됩니다.

3단계(기출 심화-선택 사항): 수능 · 모의고사 기출문제

- 기출문제 활용: 대수, 미적분I, 확률과 통계 등 수능 범위 학습이 진행되면 해당 과목의 수능 및 평가원 모의고사 기출문제를 풀어보는 것이 중요합니다. 또한 고1, 고2 학생들은 교육청에서 주관하는 전국연합학력평가(모의고사) 기출문제를 통해 중간 점검을 할 수 있습니다.

- 기출문제 다운로드: EBSi 사이트에 가면 학년별, 월별, 과목별로 모든 모의고사 문제지와 해설지, 심지어 문항별 해설 강의까지 무료로 제공됩니다! 정말 최고의 자료실이니 반드시 즐겨찾기 해두고 활용하세요.

- 모의고사 활용 팁: 앞에서 배운 내용이 사라지는 것을 막기 위해, 2주에 한 번 또는 최소 한 달에 한 번씩 이전 범위가 포함된 모의고사를 시간을 재면서 풀어보는 것이 매우 효과적입니다. 예를 들어 대수를 배우고 있다면 고2 3월 모의고사(공통수학1, 공통수학2 전 범위)를 풀어보는 식입니다. 방학 때는 매주 1회씩 푸는 것도 좋습니다.

- 온라인 도우미 적극 활용: 콴다, 포토매쓰, ChatGPT, 유튜브 등을 활용하세요. 혼자 공부하다 보면 막히는 문제가 반드시 생깁니다. 옆에 선생님이 없어도 괜찮습니다. 우리에게는 강력한 온라인 도우미들이 있습니다.

  - 콴다QANDA 앱 or 포토매쓰PhotoMath 앱: 문제 사진을 찍으면 인공지능AI이 문제 풀이를 찾아줍니다. 중2 이상 학생들의 내신 대비 기출문제 풀이 시 해설지가 부족할 때 정말 유용합니다.
  - 유튜브: 모의고사나 학군지 내신 기출 그리고 문제집 이름과 문제 번호, 또는 특정 개념을 검색하면 수많은 선생님들의 무료 해설 강의를 찾을 수 있습니다.
  - ChatGPT: AI 기술이 빠르게 발전하고 있어서 사진을 찍어 올리거나 문제를 같이 보면서 설명을 들을 수 있습니다.
  - 부모님도 활용하세요: 아이가 어려운 문제를 가져왔을 때 당황하지 마시고, 위의 온라인 도우미들을 함께 보면서 해결 방법을 찾아주세요. 아이가 콴다로 답만 베껴 오는 경우가 없는지 확인하는 용도로도 활용하실 수 있습니다. 시대가 좋아진 만큼 이런 IT 기술을 적극적으로 활용하는 지혜가 필요합니다.

대치동 장원장의 수학 공부 절대 원칙: 이것만 지키면 실패는 없다!

지금부터 제가 말씀드릴 네 가지 원칙은 수학 공부의 성패를 가르는 핵심 기둥입니다. 이 원칙들을 여러분의 것으로 만들지 못한다면, 아무리 많은 시간과 돈을 쏟아부어도 밑 빠진 독에 물 붓기가 될 것입니다. 반대로 이 네 가지 원칙을 철저히 지킨다면, 어떤 수학적 도전 앞에서도 흔들리지 않는 단단한 실력을 쌓아 올릴 수 있습니다. 학생 여러분도 부모님도 반드시 명심하셔야 합니다. 이 방법대로 하지 않으면 다 리셋되고 다 사라질 수 있습니다!

사라지지 않는 개념 만들기

(3단계 반복 기억 시스템)

    고등 수학의 핵심은 결국 '개념'입니다. 개념만 확실히 잡혀 있다면 문제 풀이 테크닉은 언제든 채울 수 있습니다. 하지만 개념이 흔들리면 모든 것이 모래성처럼 무너집니다. 우리의 뇌는 생각보다 쉽게 잊어버립니다. 그래서 '반복'을 통해 장기 기억으로 만드는 시스템이 반드시 필요합니다.

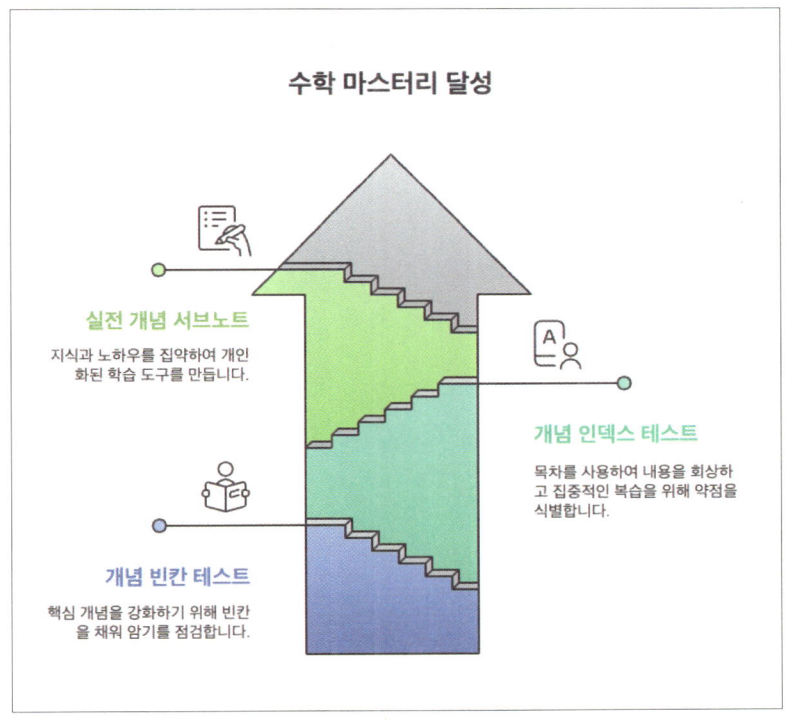

1단계(개념서 학습 시)

개념 빈칸 테스트. 교재의 핵심 개념, 공식, 정의 등이 담긴 부분을 화이트로 지우거나 가린 뒤, 빈칸을 채우는 방식으로 암기 상태를 점검합니다. 가장 기본적인 1차 방어선입니다.

2단계(유형서 풀이 또는 개념 복습 시)

개념 인덱스 테스트. 교재의 대·중·소 목차만 보고 해당 내용을 떠올려 말하거나(구술 테스트), 백지에 써보는(백지 테스트) 방식입니다. 모든 내용을 다 할 필요는 없습니다. 1단계 빈칸 테스트에서 자주 틀렸거나 유독 헷갈리는 부분만 인덱스(색인)로 표시해두고, 그 부분만 집중적으로 반복하는 것이 효율적입니다. 외워야 할 양이 점점 줄어드는 것을 경험하게 될 것입니다.

3단계(심화 학습 또는 유형 N회독 시)

실전 개념 서브노트. 개념서와 유형서를 공부하며 얻게 된 모든 지식과 노하우를 집약해 '나만의 최종 병기'를 만드는 단계입니다. 단순 공식 요약을 넘어 특정 유형을 풀 때 필요한 접근법, 자주 하는 실수와 해결책, 심화 개념, 문제 해결 테크닉 등을 한 권의 노트에 정리합니다. 이 서브노트가 너덜너덜해질 때쯤 여러분은 이미 수학 고수가 되어 있을 것입니다. 선행 단계에서 이 서브노트까지 만들 수 있다면 정말 '초고수'라 할 수 있습니다.

왜 이렇게까지 반복해야 할까?

독일의 심리학자 헤르만 에빙하우스는 우리의 기억이 시간이 지남에 따라 얼마나 빨리 사라지는지를 실험으로 증명했습니다. 학습 직후에는 100% 기억하지만, 불과 20분만 지나도 42%를 잊고 하루가 지나면 약 67%, 한 달이 지나면 무려 79%를 망각한다고 합니다 (수치는 연구마다 약간의 차이는 있습니다). 하지만 에빙하우스는 반복 학습이 망각을 막고 장기 기억으로 전환시키는 열쇠라는 것도 함께 발견했습니다. 1번 복습할 때, 2번 복습할 때, 3번 복습할 때마다 기억 유지율이 극적으로 높아집니다. 우리가 구구단을 평생 잊지 않는 것처럼, 반복을 통해 수학 개념을 완벽한 '내 것'으로 만들어야 합니다. 최소 3번의 의식적인 반복, 잊지 마십시오!

속도 조절하기
(내 아이 맞춤형 학습 페이스 찾기)

수학 선행은 100미터 달리기가 아니라 마라톤입니다. 남들 따라 무작정 빨리 달리는 것이 능사가 아닙니다. 내 아이의 학습 능력과 소화 속도에 맞춰 페이스를 조절하는 지혜가 필요합니다. 학원 진도에 끌려다니다가는 가랑이가 찢어지고 결국 완주조차 못 하게 됩니다.

상위권 학생
학습 소화 능력이 뛰어나므로 내신 대비 기간(시험 3~4주 전)을 제외하고는 꾸준히 선행 학습을 지속하는 것이 좋습니다. 단, 자만하지 말고 주기적으로 복습과 테스트를 통해 구멍이 없는지 점검해야 합니다.

중위권 학생

가장 중요한 것은 탄탄한 내신 성적 확보입니다. 내신 기간에는 선행을 잠시 멈추고 학교 시험 대비에 올인해야 합니다. 선행 학습은 방학 기간을 중심으로 진행하고, 학기 중에는 새로운 진도를 나가기보다 방학 때 학습한 내용을 복습하고 다지는 데 집중하는 것이 현명합니다. 어설픈 선행으로 내신까지 놓치는 우를 범해서는 안 됩니다. 내신 성적이 안정적으로 상위권에 진입하면 그때 상위권 학생의 전략을 따라가도 늦지 않습니다. "우리 아이만 뒤처지는 거 아니에요?"라고 걱정하실 수 있지만, 잘못된 선행으로 고등학교 내신을 망치는 것보다 훨씬 나은 전략입니다. 공통수학1, 공통수학2 점수가 안 나오면 그동안 했던 대수, 미적분I 선행은 다 리셋됩니다. 명심하세요.

하위권 학생

무리한 선행은 독입니다. 최대 한 학기 정도의 가벼운 선행에 집중하세요. 그보다 더 중요한 것은 부족한 연산 능력을 키우는 것입니다. 많은 하위권 학생들이 개념을 몰라서 틀리기보다 계산 실수나 느린 연산 속도 때문에 시간을 허비하고 결국 문제를 풀지 못하는 경우가 많습니다. 시간을 내어 연산 훈련(예: '수력 충전' 활용)을 꾸준히 하십시오. 이것만 해결되어도 문제 풀이 속도가 빨라지고 자신감이 붙으면서 선순환이 시작될 수 있습니다. 수학을 포기하지 않게 만드는 것, 그것이 최우선 목표입니다. 포기하지만 않으면 언젠가는 반드시 잘하게 됩니다.

수학적 소화불량 경계

음식을 급하게 많이 먹으면 체하는 것처럼 수학 공부도 마찬가지입니다. 내 아이의 '학습 용량'(한 번에 이해하고 받아들일 수 있는 정보의 양)과 '처리 속도'(문제를 이해하고 푸는 데 걸리는 시간)를 정확히 파악해야 합니다. 햄버거를 2개밖에 못 먹는 아이에게 억지로 3개를 먹이면 탈이 나는 것처럼, 아이의 수준을 고려하지 않은 과도한 학습량과 빠른 진도는 결국 '수학적 소화불량'을 일으킵니다.

내공 만드는 Why&Tip 오답 분석
(틀린 문제에서 보석 캐기)

오답 노트, 그냥 틀린 문제 다시 풀어보고 해설 베껴 쓰는 용도로 만들고 있다면 당장 그만두십시오. 제대로 된 오답 분석은 틀린 문제 속에 숨겨진 나의 약점을 발견하고, 같은 실수를 반복하지 않도록 만드는 최고의 '내공 수련법'입니다. 제가 개발한 Why&Tip 분석법을 소개합니다.

Why – 내가 틀린 이유

왜 틀렸는지 아주 구체적으로 분석해야 합니다. 단순히 '계산 실수'라고 적는 것이 아니라 '분배 법칙 적용 오류', '부호 오류', '이항 오류' 등 어떤 계산 실수인지 명확히 밝혀야 합니다. 개념을 까먹었다면 어떤 개념이나 공식인지, 조건을 잘못 봤다면 어떤 조건을 놓쳤는지 상세히 기록합니다.

Tip – 실수를 막기 위한 나만의 해결책/전략

'다음엔 문제 똑바로 읽자! 계산 실수 하지 말자' 같은 다짐은 아무 소용 없습니다. 구체적인 '행동 지침'을 만들어야 합니다. '[조건] → [전략]' 형태로 정리하는 것을 추천합니다.

예를 들어 제 학생의 오답 노트에는 이렇게 적혀 있습니다.

Why: 원의 중심이 1사분면 위에 있고 x, y축에 동시에 접한다는 조건을 보고 중심 좌표를 (R, R)로 두는 것까지는 생각했으나, 이를 원의 방정식 표준형에 바로 대입하지 않고 헤맴.

TIP: [원이 x, y축에 동시에 접하고 중심이 1사분면 위] (조건)→[중심 (R, R), 반지름 R 공식을 즉시 떠올리고, 원의 방정식 $(x-R)^2+(y-R)^2=R^2$을 활용해 문제 풀이 시작] (전략).

이렇게 구체적인 팁을 만드는 연습을 꾸준히 해야 유사한 유형의 문제를 만났을 때 실수를 반복하지 않고 빠르고 정확하게 해결할 수 있습니다. Why&Tip은 문제집에 직접 쓰기보다 해설지 여백이나 오답 노트에 따로 정리하는 것이 좋습니다. 문제지에 답이나 힌트가 적혀 있으면 다시 풀 때 효과가 떨어지기 때문입니다.

절대 기준 설정 및 평가, 보완
(나침반과 속도계를 갖추다)

목표 없이 항해하는 배는 표류할 뿐입니다. 수학 공부도 마찬가지입니다. 명확한 기준을 세우고, 주기적으로 나의 상태를 측정하고 평가하며, 부족한 부분을 보완해 나가는 과정이 반드시 필요합니다. 감感에 의존하는 공부는 이제 그만해야 합니다.

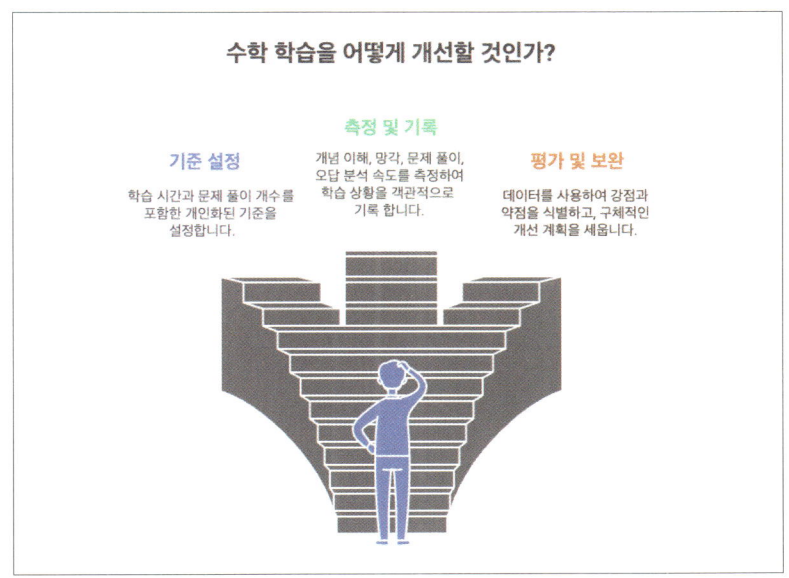

명확한 기준 설정

앞서 제시한 개념 테스트/유형서 정답률 기준 외에도 학습 시간, 문제 풀이 개수 등 자신만의 기준을 설정합니다.

꾸준한 측정과 기록(나의 수학적 스펙 파악하기)

나의 학습 상태를 객관적인 수치로 파악해야 합니다. 다음 네 가지 속도를 꾸준히 측정하고 기록하는 습관을 들이십시오. 주간 플래너에 기록하는 것이 가장 좋습니다.

- 개념 이해 속도: 새로운 개념 강의 1개를 듣거나 개념서 1페이지를 이해하는 데 걸리는 시간
- 개념 망각 속도: 학습 후 며칠 만에 개념 테스트 정답률이 떨어지는지(예: 3일 주기, 1주일 주기)
- 유형 문제 풀이 속도: 특정 유형(예: '쎈' B스텝) 10문제를 푸는 데 걸리는 시간(예: 1문제당 평균 3분)
- 오답 분석 속도: 특정 난이도(예: '쎈' C스텝) 1문제를 Why&Tip 분석까지 완료하는 데 걸리는 시간(예: 1문제당 평균 15분)

평가 및 보완

측정한 데이터를 바탕으로 나의 강점과 약점, 학습 효율성을 객관적으로 평가합니다. 예를 들어 '개념 망각 속도가 3일이니 최소 3일에 한 번은 복습해야겠다', '유형 문제 풀이 속도가 목표보다 느리니 시간을 정해두고 푸는 연습을 해야겠다', '오답 분석 시간이 너무

오래 걸리니 Why&Tip 작성 요령을 좀 더 연습해야겠다'와 같이 구체적인 개선 계획을 세우고 실천합니다. 기준점을 알면 목표를 설정하고 도전할 수 있습니다. 그냥 '빨리 해야지'가 아니라 '원래 4문제 오답 분석에 16분 걸렸는데, 다음 주에는 12분으로 줄여보자!'와 같이 구체적인 목표를 세우고 도전하는 일은 완전히 다른 차원의 학습입니다. 햄버거 3개를 못 먹는다는 사실을 알면 2개만 먹거나 3개째는 한 입만 먹어보는 식으로 조절할 수 있습니다. 내 용량을 모른 채 무작정 3개, 4개를 먹으면 무조건 체하는 것과 같습니다. 수학 공부도 마찬가지입니다. 나를 알아야 나를 넘어설 수 있습니다.

가슴에 새길 한 문장

고등 수학이라는 여정은 분명 길고 험난합니다. 하지만 올바른 지도와 나침반, 그리고 꾸준한 발걸음만 있다면 누구나 정상에 오를 수 있습니다. 많은 부모님이 아이의 재능 부족을 탓하지만, 제가 20여 년간 현장에서 목격한 진실은 다릅니다. 의지가 약했던 것이 아니라 아이에게 맞는 학습 구조가 약했던 것입니다. 노력은 타고나는 것이 아니라 섬세한 관심과 전략 속에서 '설계'되는 것입니다.

이제 부모님의 역할은 달라져야 합니다. 아이를 다그치는 감시자가 아니라, 아이의 가능성을 믿고 최적의 학습 시스템을 함께 만들어가는 든든한 '전략가'이자 '코치'가 되어주셔야 합니다. 제가 제시한 원칙과 전략들을 믿고 꾸준히 실천해보십시오. 시행착오도 있겠지만, 그 과정 속에서 아이는 스스로 길을 찾는 '최상위 0.1% 육각형 인재'로 성장할 것입니다. 기억하십시오. 문제는 아이의 잠재력이 아니라 그것을 깨울 부모의 전략 부재였습니다. 이제, 그 잠재력을 폭발시킬 최고의 전략을 함께 실행할 시간입니다. 여러분의 위대한 도전을 응원합니다!

3장

국어: 문해력에서 시작해 수능까지 가는 국어력 기르기

국어 감각은 어떻게 기를 수 있는가 & 문해력 훈련법

육각형 레이더 차트 2-3. 국어 마스터
(스마트폰 가로 모드에 최적화되어 있습니다.)

20여 년간 교육 현장에서 만난 수천 명의 아이 중에서 결국 최상위 0.1%가 된 아이들에게는 모두 놀라운 공통점이 있었습니다. 과목을 불문하고 공통적으로 발견되는 단단한 기반, 바로 '문해력文解力'입니다. 많은 학부모님이 국어 공부를 단순히 점수 올리기 수단으로 여기시지만, 저는 문해력의 크기가 아이의 모든 학습 잠재력을 결정짓는 '그릇'의 크기라고 강조합니다. 이번 장에서는 우리 아이의 국어 학습을 근본적으로 변화시켜, 국어 성적뿐 아니라 모든 과목에서 최상위권으로 도약할 수 있는 실질적인 로드맵을 제시하고자 합니다. 이는 지난 20여 년간의 교육 현장 경험과 심리·인지과학, 교육학 이론을 융합해 검증한 최상위 0.1% 육각형 인재를 만들기 위한 '대치동 장원장식 자기 주도 국어 시스템 설계법'입니다.

이번 장에서는 국어 선행 학습에 대한 학부모님의 주요 오해를 바로잡고, 문해력(비문학 및 어휘력), 문학, 그리고 문법 학습의 올바른 방향과 실천 전략을 명확히 제시해드릴 것입니다. 이미 많은 분이 유튜브 강좌를 통해 그 효과를 경험하셨습니다. 이 책에서는 더욱 정제되고 심화된 내용을 담아, 즉시 실천 가능한 형태로 전달해드리고자 합니다.

우리 아이 국어 공부,
무엇이 문제일까요?:
낡은 관점과 흔한 실패의 함정들

"국어, 도대체 어떻게 공부해야 할까요?" 많은 학부모님께서 토로하시는 고민입니다. 방학마다 문법 특강을 듣게 하고, 수많은 문학 작품 분석 강의를 따라가게 해도 성적은 제자리걸음일 때가 많습니다. 혹시 우리 아이만 뒤처지는 것은 아닐까 불안감이 엄습하기도 합니다. 그러나 이는 아이의 능력 부족이 아니라, 국어 학습에 대한 낡은 관점과 잘못된 접근 방식 때문일 가능성이 큽니다.

가장 큰 문제는 국어 시험 준비와 문해력 향상을 동일시하는 데 있습니다. 내신 시험 대비에 급급하다 보면 정작 중요한 '공부 그릇' 자체를 키우는 데 소홀해지기 쉽습니다. 또한 많은 학부모님 과거 자신의 학창 시절 경험을 바탕으로 자녀의 국어 학습을 지도하려 하시는데, 이는 매우 위험한 접근입니다. 현재의 국어 교육은 과거와 본질적으로 달라졌습니다. 특히 수능에서는 과거보다 훨씬 더 높은 수준의 사고력을 요구하며, 그 중심에는 '비문학' 영역이 자리 잡고 있습니다.

국어 선행 학습에서 흔히 저지르는 실패 유형을 살펴보겠습니다.

의미 없이 반복되는 문법 학습

특히 중학교 3학년 이하 학생들에게 방학마다 문법 특강을 반복해서 듣게 하는 것은 시간 낭비에 가깝습니다. 영어 문법과 달리 국어 문법은 단기 특강으로 효과를 보기 어려우며 휘발성이 강합니다.

실력 향상에 도움 안 되는 문학 작품 분석

내신 대비를 위해 특정 작품을 분석하고 암기하는 것은 시험 범위 내에서는 유효할 수 있습니다. 그러나 이것이 문학 작품을 이해하고 감상하는 근본적인 능력, 즉 새로운 작품에 대한 독해력으로 이어지지는 않습니다. 과거 대치동 일부 학원에서는 모든 문학 작품과 현대 시, 고전 소설을 분석해주면 만점을 받을 수 있다고 주장하기도 했지만, 이는 분석 방법을 가르치는 것이 아니라 단순 지식 전달에 불과합니다.

떠먹여 주는 비문학 강의

강사가 지문을 구구절절 분석해주고 학생은 수동적으로 받아 적는 방식의 비문학 강의는 아이의 독해력을 전혀 키우지 못합니다. 학생 스스로 지문을 분석하고 이해하려는 노력이 선행되지 않으면 강의는 무용지물입니다.

머리에 남지 않는 독서 훈련

초등학교 5학년 이하에게는 독서 논술 학원이 일정 부분 도움이 될 수 있으나, 초등학교 6학년 이상에게는 시간 낭비일 수 있습니다. 남들이 하니까 따라 하는 독서 훈련은 지양해야 하며, 보다 체계적이고 목표 지향적인 접근이 필요합니다.

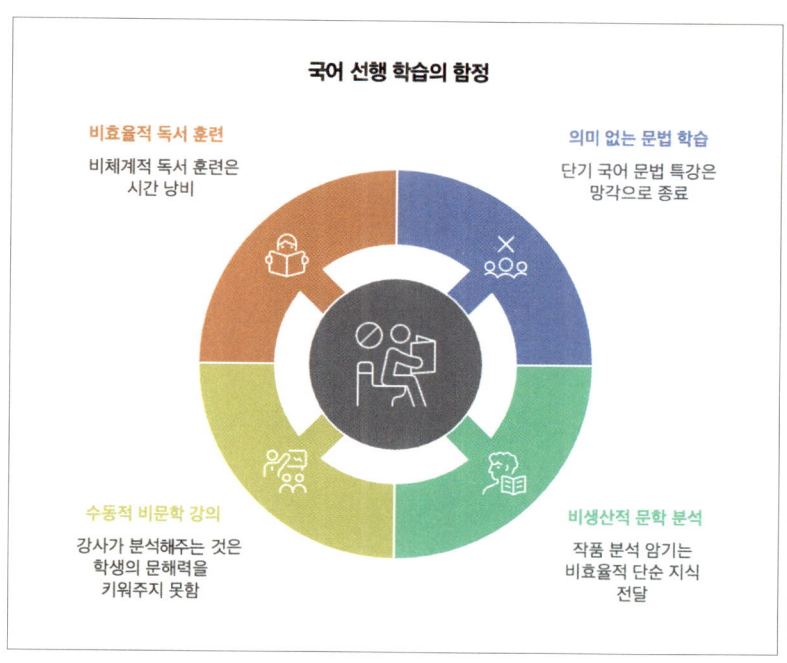

이러한 함정들을 피하는 것만으로도 우리 아이는 소중한 시간과 노력을 절약하고, 국어 능력 향상의 올바른 길로 들어설 수 있습니다. 이제 국어 학습의 패러다임을 전환할 때입니다.

국어 공부의 패러다임 전환: 시험 점수에서 '공부 그릇'으로

국어 학습의 목표는 단순히 시험 점수를 잘 받는 것을 넘어서야 합니다. 저는 이것을 '공부 그릇을 키우는 과정'이라고 정의합니다. 그릇이 작으면 아무리 좋은 내용을 담으려 해도 넘쳐흐르거나 얼마 담기지 않습니다. 반면 그릇이 크면 담는 만큼 차곡차곡 쌓여 진정한 실력이 됩니다. 만약 아이가 열심히 공부하는데도 남는 것이 별로 없다면 바로 이 '공부의 그릇', 즉 문해력이 부족하기 때문입니다. 문해력이란 글을 읽고 의미를 파악하며 이해하는 능력으로, 이것이 부족하면 정보를 머릿속에 담아두고 깊이 있게 사고하는 능력 전반이 저하됩니다.

실제로 대치동에서 과학고나 영재학교를 목표로 수학, 과학에만 몰두했던 학생 중 수학, 과학 실력이 제대로 쌓이기는커녕 국어, 영어 능력까지 퇴보하는 안타까운 사례를 종종 목격합니다. 이들이 놓친 것이 바로 문해력입니다. 반대로 문해력 훈련이 충분히 된 아이들은 어떤 과목을 공부하든 그 내용을 효과적으로 소화하고 자신의 것으로 만듭니다. 따라서 국어 선행 학습의 최우선 목표는 바로 이 문해력을 향상시켜 공부의 그릇 자체를 넓히는 데 두어야 합니다.

문해력은 단순히 글을 읽고 이해하는 능력이 아닙니다. 이는 복잡한 정보를 빠르고 정확하게 분석하고, 이를 자신의 지식으로 내재화하는 '인지적 그릇'입니다. 인지과학 연구에 따르면, 문해력은 뇌의 '실행 기능executive function'—정보를 처리하고 유지하며 문제를 해결하는 능력—과 밀접하게 연관됩니다(Anderson, 2002). 문해력이 약한 학생은 아무리 많은 문제를 풀어도 학습 내용이 머릿속에 쌓이지 않습니다. 반대로 문해력이 강한 학생은 국어뿐 아니라 수학, 과학, 사회 등 전 과목에서 학습 효율이 높아집니다. 대치동 상위 0.1% 학생들은 문해력을 체계적으로 훈련하며, 이를 바탕으로 안정적인 수능 1등급을 목표로 큰 그림을 그립니다.

그렇다면 문해력이란 구체적으로 무엇일까요? 단순히 글을 읽고 이해하는 능력을 넘어, 처음 보는 낯선 글, 특히 난도가 높은 글을 빠르고 정확하게 이해하고 분석하는 객관적 독해력을 의미합니다. 글을 통해 생각하는 힘, 즉 심화된 독해 능력이 바로 문해력의 핵심입니다.

이러한 문해력을 향상시키기 위해서는 세 가지 핵심 요소, 즉 어휘력, 문장 분해력, 제시문 구조 분석력을 균형 있게 길러야 합니다.

1. **어휘력:** 단순히 단어의 사전적 의미를 암기하는 것을 넘어, 예문 속에서 그 쓰임새를 익히는 것이 중요합니다.
2. **문장 분해력:** 복잡한 문장의 구조를 파악하고 숨겨진 의미까지 정확히 이해하는 능력입니다. 마치 영어 구문을 분석하듯 주성분과 부속성분을 나누어 이해하는 훈련이 필요하지만, 가정에서의 자기 주도 학습으로는 다소 어려울 수 있어, 우선은 어휘력과 제시문 구조 분석력 훈련을 통해 자연스럽게 보완하는 것

을 목표로 합니다.

3. **제시문 구조 분석력:** 주어진 분량의 글을 읽고 핵심 키워드를 중심으로 글 전체의 논리적 구조와 내용을 파악하는 능력입니다. 제가 강조하는 '도식화 훈련'이 바로 이 능력을 길러주는 훈련입니다.

국어 학습의 무게중심도 명확히 설정해야 합니다. 과거에는 문학의 중요성이 강조되었지만, 현재 수능 국어의 변별력은 비문학에서 나옵니다. 따라서 학습 우선순위는 비문학〉문학〉문법 순이 되어야 합니다. 많은 학원 강사들이 문학이나 문법을 강조하는 이유는 이 영역들이 가르치기 상대적으로 용이하기 때문입니다. 비문학 능력은 가르쳐서 단번에 느는 것이 아니라 학생 스스로 생각하는 힘을 기르도록 장기적인 관점에서 훈련해야 하므로 더 어렵고 정교한 코칭이 필요합니다. 당장의 내신 성적도 중요하지만, 우리는 수능 1등급이라는 큰 그림을 그리고 아이의 근본적인 학습 역량을 키우는 데 집중해야 합니다.

대치동 상위 0.1%의 국어 선행 시스템 구축법: 문해력부터 문법까지 완성하는 4단계 로드맵

이제 구체적인 국어 선행 학습 전략을 단계별로 설계해드리겠습니다. 이는 아이 스스로 학습을 설계하고 실행할 수 있도록 돕는 '학습 설계서'입니다. 모든 전략은 '문제 인식→핵심 원리→실천 전략'의 3단 구조를 따릅니다.

전략 1. '뇌를 깨우는' 문해력 훈련
(비문학 중심)

많은 학생이 비문학 지문을 눈으로만 읽을 뿐, 깊이 있는 이해와 분석에 도달하지 못합니다. 수동적인 학습 태도는 진정한 문해력 향상을 가로막습니다. 비문학 독해의 핵심은 제시된 정보의 정확한 이해를 바탕으로 글의 구조를 파악하고 핵심 내용을 자신의 언어로 재구성하는 '적극적 사고 과정'에 있습니다. 이를 위해 '도식화 schematization'와 같은 구조적 분석 훈련이 필수적입니다.

실천 전략 1단계: 문제 풀이 및 근거 찾기(워밍업 1~2주)

자신의 수준에 맞는 비문학 문제집을 선택해(교재는 후술) 먼저 문제를 풉니다. 채점 후 맞힌 문제보다는 틀린 문제, 혹은 모든 문제의 각 보기에 대한 정답 및 오답의 근거를 제시문에서 직접 찾아 한 줄이라도 적어보는 연습을 합니다. 이 과정을 통해 지문을 문제 해결의 관점에서 능동적으로 읽는 습관을 들입니다. 만약 정답률이 아주 높다면(스스로 분석할 필요성을 못 느낄 정도라면) 해당 문제집은 너무 쉬운 것이므로 과감히 다음 단계의 교재로 넘어가야 합니다. 서점에서 책의 중간 부분을 풀어보고 정답률을 가늠해 선택하는 것도 좋은 방법입니다.

실천 전략 2단계: 제시문 분석 훈련(도식화 중심)

- **어휘 정리:** 지문에서 모르는 단어를 찾아 사전적 정의를 손으로 한번 써봅니다(암기 강요는 금물, 쓰는 행위 자체로 의미 부여). 학부모님께서 지도하실 경우 아이가 모를 만한 한자어를 중심으로 확인해주시면 효과적입니다.
- **핵심 키워드 찾기:** 지문의 핵심 내용을 담고 있는 키워드를 찾

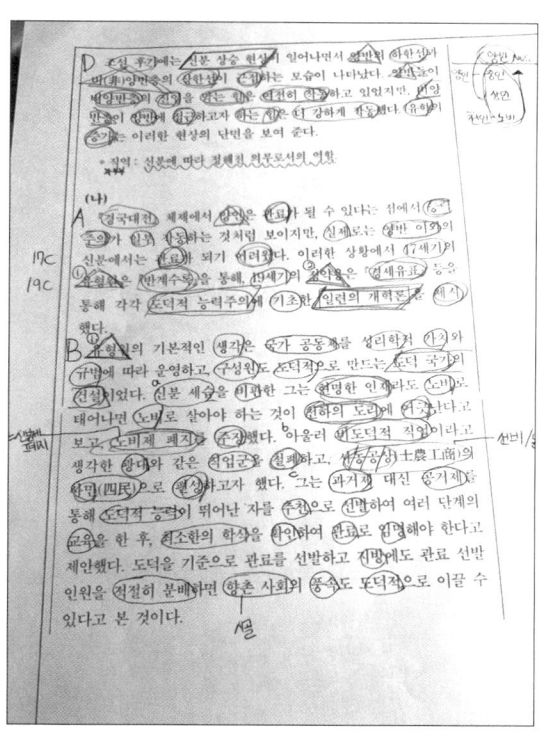

비문학 제시문 키워드 체크

습니다. 좋은 문제집은 해설지나 분석 설명에 키워드가 제시되어 있으므로 자신이 찾은 것과 비교해봅니다.

- **도식화:** 찾은 키워드를 중심으로 글의 구조(예: 원인-결과, 비교-대조, 문제-해결 등)를 파악해 그림이나 표 형태로 정리합니다. 처음에는 문제집의 예시를 흉내 내는 것부터 시작해 점차 자신만의 방식으로 발전시킵니다. 이 도식화를 보고 글의 내용을 역으로 설명할 수 있을 정도가 되어야 합니다.

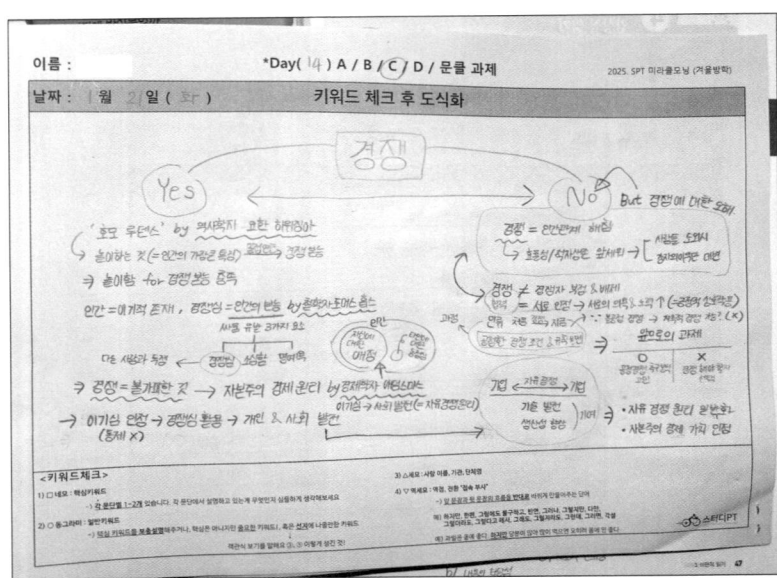

비문학 제시문 도식화 분석 1

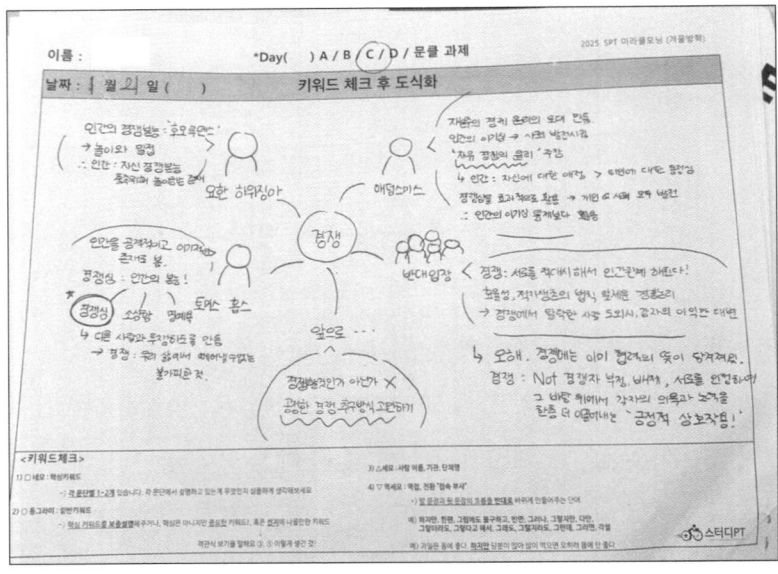

비문학 제시문 도식화 분석 2

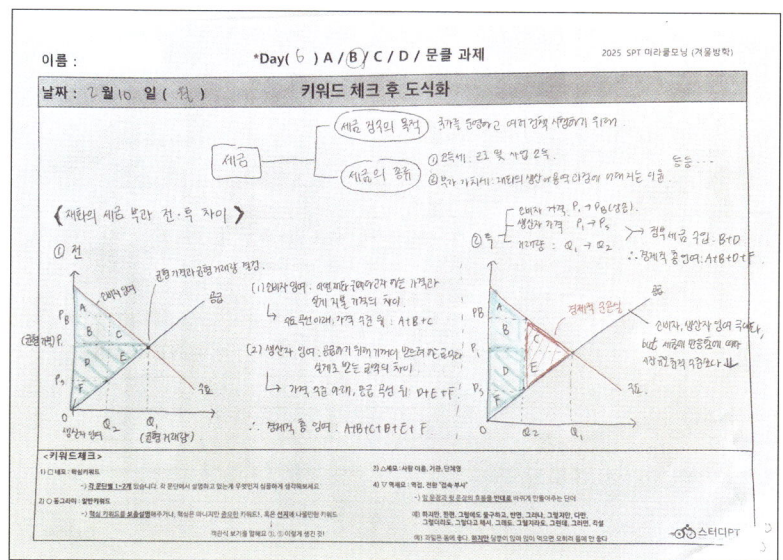

비문학 제시문 도식화 분석 3

실천 전략 3단계(분석 능력 안정화 후 심화 훈련): 스피드 훈련

제시문 분석 능력이 어느 정도 궤도에 오르면(통상 2~3개월 꾸준한 훈련 후) 시간을 정해두고 실제 시험처럼 빠르게 문제를 푸는 훈련을 병행합니다. 이때는 모든 지문을 정교하게 분석하기보다, 제한 시간 내에 문제를 푼 후 많이 틀린 지문 위주로 심층 분석 및 도식화를 진행합니다.

구현 가이드

• **학습량:** 처음부터 완벽하게 하기보다 정확하게 하는 것이 중요합니다. 하루에 제시문 1~2개 분석으로 시작해 익숙해지면 점

차 양을 늘립니다. 숙달 전에는 제시문 하나 분석에 약 40분, 숙달 후에는 20~25분 정도 소요됩니다.

- **주기**: 매일 하기 어렵다면 격일 또는 주 2~3회 꾸준히 실천합니다.

추천 교재
(수준에 맞춰 단계적으로 선택)

입문: 『자이스토리 중학 국어 독해 완성 1, 2, 3권』(초등은 학부모의 도움이 필요할 수 있습니다. 양을 조절하며 도전적 과제로 접근). 정답률이 높으면 다음 단계로 신속히 이동합니다.

기본: 『예비 매3비』(예비 고1용, 상위권 중2~3 수준에 적합). 해설이 풍부해 자기 주도 학습에 용이합니다. 모든 지문을 도식화할 필요는 없고, 틀린 문제 중심으로 선별해 진행합니다.

심화: 『매3비 (매일 지문 3개씩 푸는 비문학 독해) 1권』(고2~3용, 상위권 중3~고1 수준에 적합)

실전(스피드 훈련용): EBSi 등에서 제공하는 학년별 모의고사 기출문제. 수능 수준의 지문은 해설이 탄탄한 교재를 활용하는 것이 좋습니다. 전체 모의고사(80분)가 부담스럽다면, 3~4개 지문을 30~40분 내에 푸는 '하프 모의고사' 형태로 진행합니다.

전략 2. '이해의 폭을 넓히는'
어휘력 훈련 : 3회독 공부법

많은 전문가들 사이에서 어휘력 향상 방법에 대한 견해가 갈립니다. 어떤 이들은 글을 많이 읽다 보면 자연스럽게 어휘력이 향상된다고 주장하고, 또 어떤 이들은 체계적인 어휘 학습이 필요하다고 말합니다. 수많은 학생을 지도한 제 경험에 비추어 보면, 두 접근법을 병행하는 것이 가장 효과적입니다.

아무리 책을 많이 읽어도 애매하게 알고 있는 단어는 영원히 애매하게 알고 있을 가능성이 높습니다. 따라서 특별히 학습 단계에서는 어휘력 향상을 위한 별도의 시간을 투자할 필요가 있습니다.

1회독: 단어 정의 쓰기 및 쉽게 풀어 설명하기

단어의 사전적 정의를 한 번은 직접 써보는 것이 중요합니다. 사전적 정의는 논리적으로 가장 완벽한 문장 구조를 가지고 있어 이를 쓰는 과정에서 문장력 자체가 향상됩니다.

외우면 더욱 좋지만 외우기 어렵다면 강요할 필요는 없습니다. 대신 사전적 정의를 자신만의 쉬운 말로 바꾸어 설명하는 연습도 어휘력 향상에 큰 도움이 됩니다. 특히 이해 중심의 학습을 선호하는 학생들에게는 이 방법이 효과적입니다.

2회독: 새로운 문장 만들기

두 번째 회독에서는 배운 단어를 활용해 새로운 문장을 만들어봅니다. 교재에 있는 예문과 유사한 문장을 만들어보는 것만으로도 어휘력이 크게 향상됩니다. 이 과정은 1회독과는 다른 접근법이므로, 같은 내용을 반복하더라도 입체적인 이해와 기억이 가능해집니다.

문장은 손으로 직접 쓰거나 말로 표현하는 방식 모두 효과적입니다. 중요한 것은 단어를 실제 맥락 속에서 활용해보는 경험입니다.

3회독: 문제 풀이로 점검

마지막 회독에서는 교재의 문제를 풀어봅니다. 이때 중요한 것은 앞에서 학습한 정의나 예문을 다시 보지 않고 문제를 푸는 것입니다. 이렇게 해야 자신이 어떤 단어를 헷갈려 하는지 정확히 파악할 수 있습니다.

문제를 풀고 난 후 틀린 부분을 다시 확인하면서 앞에서 배운 내용을 복습하면 이해도를 더욱 높일 수 있습니다. 헷갈리는 단어들은 표시해두고 추가로 복습하면 효과적입니다.

구현 가이드

- **학습량:** 매일 꾸준히 조금씩 하는 것이 핵심입니다. 하루에 학습할 분량(예: 문제집 기준 하루 치 또는 절반)을 정해 지킵니다.
- **주기:** 고정 실천하는 미션으로 설정해 최소 주 4회 이상, 가급적 매일 실천합니다.

- **학년별 적용:** 중1 이하는 학기 중/방학 구분 없이 문제집 한 권 3회독이 끝날 때까지 꾸준히 진행합니다. 중2 이상은 시간이 부족하므로 학기 중 내신 대비 이외 기간(내신 대비는 최대 3주)과 방학 동안 집중적으로 2회독 이상 하는 것을 목표로 합니다.

추천 교재
(여러 권을 전전하기보다 한 권을 제대로 마스터하는 것이 중요)

'EBS 어휘가 독해다' 시리즈(초등/중학/수능 편)
1단계: 『EBS 어휘가 독해다! 중학 국어 어휘』 1권 마스터(3회독 추천)
2단계: 『EBS 어휘가 독해다! 수능 국어 어휘』 1권 마스터(3회독 추천) (비문학 독해 수준이 함께 향상되었을 때 도전)

전략 3. '개념으로 정복하는' 문학 분석 훈련

"요즘 아이들은 공감 능력이 부족해서 문학을 못한다"는 말은 절반만 맞습니다. 현대 문학 문제 해결의 열쇠는 주관적 공감을 넘어선 객관적 '이론'과 '개념'에 기반한 분석력입니다. 문학 작품을 시험에서 효과적으로 분석하기 위해서는 수학처럼 명확한 '개념'을 학습하고 이를 다양한 작품에 적용하는 훈련이 필요합니다. 작품 하나하나를 따로 분석하는 수업은 새로운 작품에 대한 응용력을 길러주지 못합니다(『EBS 윤혜정의 개념의 나비효과』가 이러한 개념 기반 학습의 중요성을 널리 알렸습니다).

작품별 분석 중심의 수업은 장기적인 문학 능력 향상에 도움이 되지 않습니다. 마치 수학에서 개념 없이 문제 풀이 방법만 외우는 일과 같습니다. 수능에서는 계속 새로운 작품이 출제되기 때문에, 특정 작품의 분석보다 문학을 분석하는 보편적인 도구와 방법론의 습득이 더 중요합니다.

실천 전략 1단계: 문제 풀이 및 근거 찾기(워밍업 1~2주)

비문학과 마찬가지로 문학도 처음에는 문제를 풀고 답의 근거를 찾는 훈련부터 시작합니다. 핵심은 '느낌적인 느낌'으로 답을 고르지 않고 정확한 근거를 본문에서 찾는 습관을 들이는 것입니다.

예를 들어 문제의 보기가 "영식이는 나쁜 인물이다"라고 주장한다면, 본문의 어떤 부분이 이를 뒷받침하는지 정확히 찾아내야 합니다. "3번 문단 2번째 줄: 영식이는 친구의 물건을 훔쳤다"와 같이 구체적인 근거를 표시하는 습관을 들이세요.

실천 전략 2단계: 문학 개념 이해 및 암기

문학 개념을 체계적으로 학습하고 암기하는 단계입니다. 많은 학습법이 이해만을 강조하지만, 실제로 공부를 잘하는 학생들은 암기 능력도 뛰어납니다. 핵심 개념을 암기함으로써 다양한 작품에 일관되게 적용할 수 있는 분석 도구를 갖추게 됩니다.

이 단계에서는 문학 개념서나 강의를 통해 문학의 기본 이론을 학습하고, 이를 자신만의 방식으로 정리한 후 핵심 개념을 암기합니다.

실천 전략 3단계(개념 숙달 후 심화 훈련): 스피드 훈련

앞의 두 단계가 충분히 익숙해진 후에는 시간제한을 두고 문제를 푸는 훈련을 합니다. 개념 학습이 충분히 이루어진 후에 속도 훈련으로 넘어가는 것이 효과적입니다. 개념이 탄탄하게 자리 잡혀야 다양한 작품에 빠르고 정확하게 적용할 수 있기 때문입니다.

구현 가이드

- **주기 및 시기:** 주 1~2회 학습을 기본으로 하되, 내신 기간에 시험 범위에 해당하는 문학 갈래(현대 시, 고전 소설 등)의 개념을 집중적으로 학습하고 적용하는 것도 효율적입니다. 어휘력과 비문학 훈련이 충분히 이루어진 후에 본격적으로 시작하거나, 병행하더라도 비중 조절이 필요합니다.

선택 활동(중1 이하 또는 방학 중인 중2-3): 단편 문학 읽고 토론하기

초등학생과 중학교 1학년 학생이나 방학 중인 중2~3 학생들에게는 단편 문학 작품을 읽는 것을 추천합니다. 그러나 모든 작품을 다 읽으려 하기보다는 주 1~2편 정도를 꾸준히 읽는 것이 효과적입니다.

추천 강의/교재(하나를 선택해 집중)

강의 중심: 『EBS 윤해정의 개념의 나비효과』

입문: 『EBS 윤해정의 개념의 나비효과 입문편』(고1~2 대상이지만 중학생도 가능). 총 3권 중 1권(시문학), 2권(소설문학)을 중심으로 학습하고, 비문학편은 제외해도 됩니다. 시문학 파트를 먼저 확실히 다지는 것을 추천합니다.

심화: 『EBS 윤해정의 개념의 나비효과-수능 대비·수능 국어 개념』. 방대한 강의 중 문학 개념이 집약된 초반 13강까지만 학습해도 충분합니다.

교재 중심: (인강을 선호하지 않거나 보조적으로 활용할 경우)

중등: 『EBS 필독! 중학 국어 문학 개념』

책을 읽은 후에는 부모님과 함께 다음과 같은 관점에서 대화를 나누면 좋습니다.

- 어떤 인물이 가장 인상적이었는가
- 어떤 사건이 중요했는가
- 이야기의 배경은 어떤 의미가 있는가

이러한 소설 구성의 3요소인 인물, 사건, 배경(주제, 구성, 문체가 소설의 3요소이며, 인물, 사건, 배경은 소설 '구성'의 3요소임)을 중심으로 대화하고, 가능하다면 이를 기록해두는 것만으로도 훌륭한 독서 노트가 됩니다. 부모님도 함께 작품을 읽고 대화에 참여한다면 아이의 공감 능력과 분석력을 동시에 향상시킬 수 있습니다.

단편소설 읽기는 학생뿐만 아니라 성인에게도 큰 도움이 됩니다. 정신 건강에도 긍정적인 영향을 미치므로, 재테크 서적만 읽기보다는 다양한 문학 작품을 접하는 것이 인생을 더욱 풍요롭게 만드는 방법이 될 수 있습니다.

전략 4. '효율 극대화' 문법 학습 타이밍

문법 학습은 내신 시험이 있을 때 집중적으로 하는 것이 가장 효율적입니다. 특히 중학교 2학년 이상 학생은 내신 시험에 문법이 포함될 때 해당 문법 영역만 집중적으로 학습하는 것이 좋습니다.

더욱 효과적인 방법은 '수직 완성' 접근법입니다. 즉 중학 문법을 학습할 때 고등 문법 내용까지 함께 연계해 학습하는 것입니다. 문법 문제의 양이 많지 않기 때문에, 고등 문법 교재를 함께 보면 더 높은 난이도의 문제까지 대비할 수 있고 개념도 더 체계적으로 이해할 수 있습니다.

실천 전략
- **학습 시기:** 중학교 내신 시험 범위에 문법이 포함될 때 해당 파트를 집중 공략합니다.

- **예비 고1 겨울방학:** 고등학교 1학년 1학기 내신에 자주 포함되는 '현대 문법'을 학습합니다(진학할 고등학교의 교육과정을 미리 확인해 필요한 부분을 선택합니다). 고대 문법까지 한 번에 전부 다루려고 들면 학습량만 많아지고 효율이 떨어질 수 있습니다.

추천 교재

내신 시험 대비 시 추천하는 교재는 다음과 같습니다.

- 『마더텅 고교 수능·내신 국어 문법 개념 완성 2400제』
- 『마더텅 수능·내신 한 권에 끝내는 고교 국어 문법 500제』

이 두 권만 제대로 학습해도 대부분의 문법 문제에 충분히 대응할 수 있습니다. 학습 시에는 시험에 출제되는 영역만 선택적으로 학습하면 되므로, 실제 학습량은 생각보다 많지 않습니다.

국어, 모든 학습의 가능성을 여는 첫 번째 열쇠

지금까지 우리는 국어 선행 학습의 새로운 지평을 살펴보았습니다. 단순히 지식을 암기하고 문제를 기계적으로 푸는 것을 넘어, 생각의 힘을 키우고 세상을 이해하는 창으로서의 국어, 특히 '문해력'의 중요성을 확인했습니다. 잊지 마세요. 국어 공부의 핵심은 단기적인 점수 향상이 아니라, 아이의 모든 '공부 그릇'을 결정짓는 근본적인 역량을 키우는 데 있습니다.

과거의 낡은 학습 방식으로는 다가올 미래의 인재가 될 수 없습니다. 시험 기술이 아닌 진짜 실력, 깊이 있는 문해력과 자기 주도적 학습 능력을 키우는 일이 중요합니다. 그게 우리 아이가 SKY를 넘어 자신이 꿈꾸는 어떤 미래든 당당히 성취해 나갈 수 있는 가장 확실한 선행 전략입니다. 누구나 마음속에 그리고 있는 미래의 빛나는 모습, 그 원대한 포부를 현실로 만들 첫걸음은 바로 국어 능력, 즉 모든 학습의 기초가 되는 문해력이라는 최상위 역량을 갖추는 데서 시작됩니다.

4장

영어: 4대 영역을 뛰어넘는 영어 완전 정복의 길 – 중등편

초등 ~ 중등까지 영어 '레벨별' 완전 정복 로드맵

육각형 레이더 차트 2-4. 중등 영어 마스터
(스마트폰 가로 모드에 최적화되어 있습니다.)

흔들리는 영어 공부의 종착역, 대치동표 SKY 로드맵 (중등 영어 선행 전략)

    스스로 학습을 설계하고 미래를 개척하는 최상위 0.1% 육각형 인재. 그 중심에는 언제나 '목표가 명확한 외국어 능력', 특히 영어가 자리하고 있었습니다. 이 아이들에게 영어는 단순한 시험 과목이 아니라, 더 넓은 세상으로 나아가는 강력한 지성의 도구이자 글로벌 인재로 성장하기 위한 필수 역량이었습니다.

    우리가 영어 학습을 하는 궁극적인 이유는 단순히 시험을 잘 보기 위함만은 아닐 것입니다. 글로벌 인재가 되어 더 넓은 세상에서 자신의 역량을 펼치기 위함이며, 이는 곧 더 많은 사업적, 직업적 기회와 연결됩니다. 영어를 잘하면 접근할 수 있는 정보의 양과 질의 차원이 달라지며, 이는 지성의 도구가 엄청나게 확장됨을 의미합니다. 심지어 해외여행을 가서도 영어 한마디 못 하는 아쉬움에서 벗어날 수 있습니다. 물론 일상 회화 영어와 입시 영어는 다릅니다만, 평생의 도구로서 영어를 생각한다면 초중고 시절에 그 기틀을 탄탄히 다져놓는 것은 분명 막대한 이점을 가져다줄 것입니다.

여러분의 자녀가 시험을 잘 보는 것을 넘어 최상위 0.1% 육각형 인재로 발돋움하기를 바라신다면, 영어 학습의 목적부터 경로까지 모든 것을 새롭게 점검해야 합니다. 설령 명문대에 진학하지 못하더라도, 사회 어떤 분야에서 활동하든 탁월한 영어 능력은 취업, 승진, 그리고 삶의 질을 윤택하게 하는 결정적인 기회를 제공할 것입니다.

이 장에서는 영어 학습의 목적 설정부터 초등 영어와 중등 영어의 차이, 그리고 구체적인 중등 영어 선행 로드맵과 추천 교재까지, 중등 영어 정복의 모든 것을 빠짐없이 알려드리고자 합니다. 지난 20여 년간의 경험과 데이터를 집약해 알차게 준비했습니다. 영어를 잘한다는 평범한 수준이 아니라 최상위 0.1% 육각형 인재가 마스터해야 하는 고급 영어 완성의 명확한 로드맵을 보여드리겠습니다.

흔들리는 영어 학습의
근본 원인 진단

"우리 아이 영어, 도대체 어디서부터 잘못된 걸까요?" 많은 학부모님이 영어 학습의 방향성에 대해 혼란을 겪습니다. 영어에 대한 관심이 지대한 만큼 조언도 넘쳐납니다. 학원, 과외, 학교 선생님은 물론 심지어 친척들까지 각기 다른 목소리를 냅니다. **목적 설정이 명확하지 않으면 이리저리 흔들리다 결국 '영어 미로'에 빠지게 됩니다.** "토플 점수가 높으면 다 해결된다더라", "아이가 즐거워하면 언젠간 성적도 오르겠지"라는 막연한 기대감은 위험합니다.

첫 번째 경고부터 드리겠습니다. 불필요한 어학 능력 시험 준비에 시간과 에너지를 낭비해서는 안 됩니다. "필요성이 있다면 하셔도 되지만, 그 필요가 명확하지 않다면 절대 준비하시면 안 됩니다.

도움 하나도 안 돼요." 이것이 제 철칙입니다.

두 번째, 반드시 기억해야 할 체크 포인트는 **'즐거움을 위한 영어'** **와 '성적을 위한 영어'는 그 궤를 달리한다는 사실입니다.** 물론 이상 적으로는 두 가지가 함께 갈 수 있지만, 현실에서는 이 둘을 성공적 으로 병행하는 경우는 극히 드뭅니다. 초등 시기에는 영어에 대한 긍정적 경험과 노출이 중요하지만, 중등 이후의 영어 학습은 보다 전략적이고 목표 지향적이어야 합니다. 특히 중학교 2학년 첫 중간 고사를 치르고 나서야 이 현실을 깨닫고 뒤늦게 상담을 요청하는 학 부모님이 부지기수입니다. 아이가 영어책을 술술 읽고 외국인과 대 화하는 일을 즐긴다고 해서, 그것이 곧바로 내신이나 수능 점수로 이어지리라는 착각에서 벗어나야 합니다. 영어 내공과 시험 대비는 분명 다른 영역이며, 이를 구분하지 못하면 아이는 결국 결과 앞에 서 좌절하게 됩니다.

목표별 최적 경로 설정 및 프레임 전환

영어 학습의 목표는 자녀의 학년과 구체적인 진로 계획에 따라 명확하게 설정되어야 합니다. 대입, 유학, 내신, 수능 등 각기 다른 목표는 전혀 다른 학습 전략을 요구합니다. 유럽 유학 시 아이엘츠 IELTS, 미국 유학 시 토플TOEFL을 보는 것처럼 목적에 따라 시험 자체가 달라지는데, 하물며 영어를 통해 얻고자 하는 바가 다양하건만 길이 하나일 수는 없습니다.

초등 영어: 흥미와 노출 중심, ESL을 넘어선 전략적 접근

일반적으로 초등 영어는 ESL(English as a Second Language) 방식으로 읽기Reading, 듣기Listening, 말하기Speaking, 쓰기Writing 등을 섞어 진행하며, 미국 교과서를 사용하는 경우가 많습니다. 학원 하나 보내면 이른바 '4대 영역'을 다루게 되는데, 이는 영어에 대한 친숙함과 전반적인 능력을 키우는 데 중점을 둡니다. 특정 시험 점수 획득이 주목적은 아닙니다. 하지만 이러한 ESL 방식만으로 한국에서 최상위 엘리트로서 좋은 대학에 진학하기는 매우 어렵습니다. 제가 외고 출신이고 평생 영어를 해왔기에 단언컨대, ESL 타입의 영어 학습은 초등까지로 한정하는 것이 좋습니다.

중등 내신 대비는 빠르면 초등학교 5학년, 보통은 6학년부터 시작하는 것이 바람직하며, 이때부터는 서서히 '점수를 만드는 공부'로 전환해야 합니다. 영어를 좋아해서 영어 독서를 많이 하고 그 절대량이 크다면 계속해도 괜찮지만, 중등 내신에 너무 일찍부터 목맬 필요는 없습니다.

많은 초등 영어 학원에서 토플을 강조하는데, 이는 가르치기 쉽고 주니어 토플이라는 쉬운 단계가 있으며 '토플을 정복하면 영어를 다 정복한다'는 환상을 심어주기 좋기 때문입니다. 그러나 토플 준비 역시 초등까지만 권장하며 그 이유는 뒤에서 자세히 설명하겠습니다.

초등 영어의 방향은 진학 목표에 따라 달라집니다. 일반 중학교에 진학하고, 특히 강남권이나 학군지 학교처럼 경쟁이 치열한 곳을 생각한다면 ESL 타입으로 재미있게 하다가 적어도 초6부터는 중등 내신 준비를 시작해야 합니다. 공부 타입이 바뀌기 때문입니다. 그렇지 않은 경우 토플은 하지 않는 것이 좋습니다.

반면 국제중이나 유학을 준비한다면 주니어 토플 등을 통해 읽기, 듣기, 말하기, 쓰기를 종합적으로 준비하는 것이 유리합니다. 이 경우 중등 내신보다는 ESL 중심으로 하다가 토플 중심으로 전환하는 것을 추천합니다.

솔직히 초등 영어는 어떻게 하든 크게 상관없습니다. 아이가 편안하고 재밌고 즐겁게, 많이 접하는 것이 최고입니다. 점수 중심의 영어를 너무 이르게 도입하지 않는 것을 추천하며, 빨라야 초5, 본격적으로는 초6 정도부터 점수 나오는 영어를 시작하는 것이 좋습니다.

중등 영어: 본격적인 '점수 관리'와 '선행 학습'의 시작

중등 영어의 목표는 명확합니다. 바로 '점수'입니다. 초등 시기에 충분한 영어 노출이 이루어졌다면(초5, 초6부터 점수 나오는 공부 시작), 이제는 그 역량을 바탕으로 내신 성적을 확보하고, 더 나아가 수능 영어를 위한 선행 학습의 기틀을 마련해야 합니다.

중등 내신에서는 문법적 사항이 매우 중요하며, 잘하는 친구들은 수능을 기준으로 선행 학습을 진행합니다. 일반고, 과학고, 영재고 진학을 목표하는 예비 중학생이나 중1, 중2 학생들은 중등 내신에 집중하고, 이후 고등학교에서 잘하고 싶다면 수능 선행 공부를 하는 것이 좋습니다. 이 경우 텝스나 토플은 '절대 완전 비추'입니다. 한편 아이가 영어를 몹시 사랑하고 즐거워해서 그 특기를 살리고 싶다면 외고나 전국 단위 자사고(전사고)로 진학할 가능성이 높습니다. 외고, 전사고, 국제고는 영어 난이도가 상당히 높습니다. 전국 단위 자사고에서 이과를 선택하더라도 국영수사과(국어, 영어, 수학, 사회, 과학)를 골고루 잘하는 인재들이 모이기 때문에 영어 수준이 높습니다. 이들 학교를 목표로 하고 국내 대학(SKY 등) 진학을 염두에 둔다면 토플보다는 텝스를 추천합니다. 유학을 갈 생각이 있다면 당연히 토플을 해야 하지만, 그 외의 경우 토플은 비추천합니다.

고등 영어: 대입 목표에 따른
맞춤형 심화 전략

고등 영어는 대입과 직결됩니다. 수시를 목표한다면 고등 내신 준비를 예비 고1부터 타이트하게 해야 하며, 정시(수능 위주)를 목표한다면 수능 대비형으로 공부를 시작하는 것이 좋습니다. 물론 고2, 고3이 되면 수능 준비를 잘한 친구들이 내신도 잘 보는 경향이 있지만, 약간의 차이는 있습니다. 예를 들어 의치약한수(의대, 치대,

약대, 한의대, 수의대) 계열을 목표로 일반고에서 최상위권을 노린다면, 수능 대비보다는 고등 내신을 탄탄히 준비하는 것이 더 중요할 수 있습니다. 유학을 준비한다면 토플 중심으로 학습하고, AP 과정(대학 과목 선이수제)을 통해 학점을 미리 따두는 전략이 필요합니다. 중등 영어와 고등 영어 학습 시 목적이 명확히 설정되어야 그에 맞는 로드맵이 만들어집니다.

잘못된 통념과 '카더라'에 흔들리지 않는 지혜: 꿀팁 방출!

많은 학부모님과 학생들이 잘못된 정보로 인해 귀중한 시간을 허비합니다.

"수능 1등급이면 내신은 저절로?" 천만의 말씀입니다. 수능 1등급을 받는 고3 학생도 대치권 내신에서 90점을 넘지 못하는 경우가 종종 있습니다. 이처럼 내신 공부는 다른 종류의 노력과 정성이 필요합니다.

"텝스 526점 넘으면 무조건 수능 1등급?" 아닙니다. 텝스 450점은 정말 어렵고, 요즘 수능과 방향성이 달라 수능을 먼저 잡고 텝스를 하는 것을 추천합니다. 텝스 어휘의 범위가 훨씬 넓기 때문에, 텝스부터 하다 수능까지 놓치는 최악의 경우가 많습니다. 텝스를 무조건 빨리 한다고 좋은 게 아닙니다(뉴텝스 만점 기준 600점).

"토플 만점 받으면 수능도 만점?" 절대 그렇지 않습니다. 토플과 수능은 어휘, 문제 구성 자체가 너무 달라 토플 고득점자가 수능 점수를 잘 받는다는 보장은 없습니다. 토플 만점자도 수능 1등급을 못 받는 경우가 있습니다.

이러한 오해는 영어를 가르치는 분들 중 고입, 대입 시스템이나 타 과목 학습에 대한 이해가 부족한 분들 사이에 발생하기 쉽습니다. 특히 초중등 영어만 가르치는 경우 바뀐 입시 제도나 고등 수능, 텝스 경향을 몰라 위험한 조언을 하기도 합니다. 부모님이 영어를 잘하셨던 분이라도 현재의 데이터는 명확하니 속으면 안 됩니다.

"수능 잡고 텝스로 유지한다?" 이것은 맞습니다. 수능 1등급(고3 기준) 실력을 만든 후, 텝스 고득점을 유지하면 수능 실력도 유지됩니다. 순서가 중요합니다.

텝스 vs. 토플, 본질적 차이

텝스TEPS는 서울대학교에서 한국 학생들의 영어 능력을 평가하기 위해 개발한 시험으로, 어휘Voca, 문법Grammar, 듣기Listening, 독해 Reading 영역으로 구성되어 문법과 어휘의 난이도가 높고 독해 문장의 길이는 다소 짧아 수능과 유사성이 높습니다. 말하기와 쓰기TEPS Speaking&Writing는 별도 시험입니다.

토플TOEFL은 외국인 학생들이 미국 대학에서 학업을 수행할 수 있는지를 평가하는 시험으로, 읽기Reading, 듣기Listening, 말하기 Speaking, 쓰기Writing 네 영역을 포함합니다. 말하기와 쓰기의 준비 난이도가 높아 수능형 공부와 차이는 토플이 더 큽니다. 이러한 특성 때문에 텝스가 한국형 시험인 수능과 유사성이 더 높다고 평가받습니다.

그러나 주의할 점!

"텝스를 잡으면 수능과 내신을 다 잡는다"라는 일부 초등 영어 학원의 마케팅은 위험합니다. 기초적인 단계 없이 한 번에 텝스 수준으로 올라갈 수는 없습니다. 이는 마치 중등 수학 1학기 대수 파트를 제대로 공부하지 않고 고등 공통수학1을 학습하려는 것과 같습니다. 고등 공통수학1에 중등 대수 내용(인수분해, 방정식, 함수 등)이 포함되어 있지만, 중등 과정을 건너뛰고 바로 고등 과정을 소화할 수 없는 것과 같은 이치입니다. 이 로직을 영어에서는 많은 사람들이 착각하고 있습니다.

중등 영어,
영역별 자기 주도 솔루션

중등 영어의 목표는 명확합니다. **점수**입니다. 놀기 위해 공부하는 것이 아닙니다. 점수를 잡기 위해 중등 내신을 잡고, 선행 공부를 한다면 수능을 기준으로 해야 합니다.

가끔 영어를 잘하시는 학부모님 중에서 "영어책을 많이 읽고 재미있게 하다 보면 영어 점수가 나온다"고 착각하시는 분들이 있습니다. 그러다 중학교 2학년 1학기 중간고사를 보고 나서 찾아오시는 학부모님이 매우 많습니다. 목적성을 명확히 해야 합니다. **재미있는 영어와 점수 나오는 영어는 다릅니다.**

아이가 결과에 충격받지 않게 하려면 특히 리터니retrunee들이 하기 쉬운 실수를 주의해야 합니다. 같은 영어 능력 시험이어도 토플과 텝스를 준비하는 것이 다른데, 어떻게 내신과 수능을 준비하는 것과 평소 영어를 재미있게 읽었던 것이 똑같이 점수화될 수 있겠습니까?

영어 내공과 시험 대비는 다릅니다. 아이가 영어로 말하고 쓰기를 잘하고 외국인과 대화하기를 좋아하며 영어 원서를 잘 읽는다고 해서 영어 내신 시험을 잘 보는 것은 아닙니다. 그 능력이 있으면 내신 시험을 준비하는 데 더 편하겠지만, 내신 시험 준비는 철저히 별도로 해야 합니다.

문법 용어를 외워야 하고, 본문에 대한 이해가 정확해야 합니다. 느낌적 느낌으로 작문을 했다가는 조건이 맞지 않아서 틀릴 수 있고, 서술형에서 크게 감점당하는 경우가 많습니다.

영어 학원은 문법적 기초가 너무 허술하거나, 내신 시험을 봐야 하는데 아이가 공부를 하지 않아서 보내야 하거나, 다른 공부를 너무 많이 해서 영어 공부할 시간이 확보되지 않아 강제성이 필요한 경우에만 활용하시길 바랍니다. 대부분의 경우에는 집에서 방향성을 설정해 자기 주도 학습으로 할 수 있는 것이 영어입니다.

라이팅Writing은 미리 대비해주세요. 수행평가와 서술형 시험이 늘고 있습니다. 전 범위를 서술형 시험으로 내는 경우가 증가하고 있기 때문에 라이팅은 미리 대비해야 합니다. 예비 중등이나 중1 학생들 같은 경우 영작을 해본 적이 없다면 연습을 시작해야 합니다. 초등어학원에서 하는 에세이 라이팅이 아닌 높은 어휘와 문법적 정확성을 갖춘 서술형 대비를 해야 합니다.

내신형 영어와 즐거운 영어의 구분을 명확히 해야 초등 영어와 중등 영어의 경계선을 분명히 그을 수 있습니다. 제 말에 반발심이 생기실 수도 있겠지만, 중등 시험을 보고 나면 이해가 될 것입니다. 저도 어렸을 때 영어를 편하고 재미있게 많이 공부했지만, 시험을 준비하는 영어는 명확히 다르게 공부했기 때문에 좋은 학교에 갈 수 있었습니다.

현재는 그 디커플링decoupling이 더욱 심해졌습니다. 예전에는 영어를 잘했던 학생이 점수도 어느 정도 나왔지만, 지금은 그런 트렌드가 약합니다. 영어를 정말 잘하신다면 수능 문제를 풀어보시면 느낌이 올 것입니다. 왜 영어 시험 점수를 올리는 일과 영어 내공을 쌓는 일이 다른지 구분해주셔야 아이도 덜 혼동됩니다.

2개의 트랙을 나누세요. 영어를 즐겁게 배우고 싶다면 즐거운 영어 트랙과 점수를 만드는 트랙을 구분해서 진행하세요. 그래야 후회하지 않습니다.

중등 영어 선행 학습은 다음 네 가지 핵심 영역을 중심으로 균형 있게 이루어져야 합니다. 이는 학년별 영단어 잡기(매일), 기초 문법 잡기(N회독), 영어 리딩(라이트하게), 그리고 듣기(꾸준히)입니다. 학년별 영단어 잡기는 매일 해야 하고, 기초 문법 잡기는 여러 번 반복해서 완벽히 만들어야 합니다. 영어 리딩은 나머지 공부를 해야 할 것이 많기 때문에 가볍게 가기를 권하며, 듣기는 듣기 평가가 많기 때문에 꾸준히 트레이닝해야 합니다(듣기 평가는 수준이 상대적으로 낮아 어렵지는 않습니다).

학년별 영단어 잡기
(매일 꾸준히, 체계적으로)

원칙

단어장을 정해 매일 꾸준히 암기하는 것이 핵심입니다. 체계적인 단어 학습은 어휘력을 폭발적으로 증가시켜 독해 수준을 빠르게 끌어올립니다. 독해 중 모르는 단어를 익히는 것과는 별개로 어휘량도 따로 관리해야 합니다. 저는 훈련시킬 때 이 두 가지를 분리하라고 말씀드리는데, 그러면 시너지가 생겨 더 빨리 실력이 향상됩니다. 교육부 지침에 따른 단계별 어휘집을 순서대로 정복해야 하며, 중등 기초도 안 된 학생이 수능 심화 단어부터 암기하는 일은 절대 금물입니다. 특히 일부 학원에서는 아이들의 기초 영어 능력이 좋다는 이유로 무조건 어려운 단어 세트부터 시키는 경우가 많은데, 이는 단계별 어휘력 완성을 저해하므로 추천하지 않습니다.

올바른 암기법

1. **정확한 발음**: 단어를 정확히 읽지 못하면 암기 효율이 떨어지고 듣기 평가에서도 문제를 일으킵니다. 요즘은 사전 앱에서 발음을 재생해주니 이를 활용하는 것이 좋습니다. 발음을 모르고 문자나 그림처럼 외우면 금방 잊어버립니다. Apple을 '아플레'라고 읽는 학생이 매년 목격됩니다.
2. **품사 구분**: 특히 중등 내신이나 수능 선행을 준비한다면 단어의 품사를 명

확히 구분하는 것이 매우 중요합니다. 이 단어가 동사인지 명사인지 모르면 문법 전체가 흔들립니다.

3. **한글 뜻 명확화:** 단어의 뜻을 어렴풋이 아는 것은 내신에서 치명적입니다. 해당 한글 단어의 의미 자체를 정확히 이해해야 합니다. 예를 들어 'awe(경외심)'이라는 단어를 외우는데 '경외'의 뜻을 모르면 의미 없는 암기가 됩니다. 이럴 경우 한글 사전 정의부터 찾아봐야 합니다.

4. **암기 과정:** 한글 뜻 먼저 점검→영어 단어 발음 확인→암기 시작 by 무지개 암기법(Part I을 참고하세요.)

5. **추천 교재:** 최근에는 '워드마스터 중등' BASIC편·실력편·고난도편(각각 중1·중2·중3 수준에 해당)를 주로 사용하며, 예전에는 '능률 VOCA'를 많이 썼습니다. 단어 암기를 힘들어하는 중하위권 학생은 그림이나 만화가 포함된 '뜯어먹는 중학 영단어'(기본편, 완성편)가 좋습니다. 정리 방식을 선호한다면 '어휘끝 중학'(필수편, 고난도편)도 괜찮습니다. 영숙어 단어집은 일단 기본 단어집을 먼저 마스터한 후 고려하는 것이 좋습니다.

My Voca 스터디PT

Name: Date:

No.	영단어	한글 뜻 Test	스펠링 Test	No.	영단어	한글 뜻 Test	스펠링 Test
1	cancel			26	trap		
2	return			27	demonstrate		
3	invitation			28	companion		
4	precise			29	democracy		
5	formal			30	mature		
6	apparent			31	brilliant		
7	departure			32	faith		
8	visual			33	aim		
9	current			34	spare		
10	agriculture			35	transfer		
11	leak			36	oppose		
12	portion			37	desperate		
13	trend			38	remote		
14	particle			39	offend		
15	rite			40	awake		
16	distinct			41			
17	component			42			
18	poverty			43			
19	sculpture			44			
20	descend			45			
21	universal			46			
22	surface			47			
23	eager			48			
24	legal			49			
25	annual			50			

영단어 암기 by 무지개 암기법

기초 문법 잡기

(N회독으로 완벽 마스터, 적용 중심)

원칙

문법서 한 권을 정해 완벽히 자기 것으로 만들 때까지 N회독(여러 번 반복 학습, 최소 3회독)하는 것이 기본입니다. 단순히 챕터를 순서대로 공부해 나가는 것은 기억에 거의 남지 않으므로, 핵심 내용을 누적하며 암기하는 것이 중요합니다.

적용 중심 학습

배운 문법은 반드시 구문독해와 영작을 통해 문장 속에서 활용하는 연습을 해야 합니다. 문법서의 예문을 그냥 읽는 것은 의미가 없습니다. 예문을 정확히 문법 요소에 맞춰 직독직해하고, 그 한글 뜻을 보고 다시 영작해보는 과정을 거쳐야 체득됩니다. 또는 '천일문' 같은 구문독해집을 병행해 문법 적용 연습을 하는 것도 매우 좋습니다. 문법 문제 풀이는 학습 직후에 바로 풀면 대부분 맞히기 때문에 일정 시간이 지난 후 복습 확인용으로 활용하거나, 문제를 먼저 풀고 틀린 부분을 중심으로 다시 문법 개념을 복습하는 방식이 효과적일 수 있습니다.

학습 시기

초등학교 5학년 이하는 문법 학습을 추천하지 않으며, 초등학교 6학년~중학교 1학년에 문법의 스위치를 켠다고 생각하고 전략을 짜는 것이 좋습니다. 물론 아이가 특출나서 문법 공부를 재밌어 한다면 초5부터 시작해도 됩니다.

추천 교재

기본 문법서로는 유튜브 무료 강좌가 있는 『대체불가 중학 영문법』(EBS 중학영어 대표 강사 이정우 지음)을 추천합니다. 다소 두껍지만 여러 권으로 분할되지 않고 한 권으로 깔끔하게 정리되어 있어서 N회독에 가장 적합한 중학 문법서입니다.

구문독해용으로는 '천일문' 입문편과 기본편을 추천합니다. 이 교재들은 원래 예비 고1, 고1 수준이지만 중등 문법 적용 연습에도 좋습니다. 문법에 구문 문장 수준을 맞추면 너무 쉬워져서 몰입도가 떨어지기 때문에 어휘 수준이 더 높고 문장이 긴 구문독해집을 추천드립니다.

'중학영문법 3800제'는 많은 학생이 사용하지만, 기본서는 문법 내용이 너무 토막 나 있고 문제 바로 위에 개념이 있어 아이들이 잘 푼다고 착각하기 쉽습니다. 따라서 기본서는 문법 개념을 다른 책으로 완성한 후 확인용으로 사용하세요. 내신 대비 시에는 '중학영문법 3800제' 시리즈 중 문제 수준이 높은 워크북(서술형, 디테일한 문제 포함)을 활용하는 쪽을 추천합니다.

영어 리딩

(가볍게, 그러나 효율적으로, 독해는 정교하게)

원칙

중등 시기에는 어휘와 문법(구문독해 포함)에 더 많은 시간을 투자해야 합니다. 독해 실력을 높이는 데는 아이 수준에 맞는, 어휘 풀이가 너무 어렵지 않은 얇은 영어 원서(소설 등)를 여러 권 반복해서 읽는 것이 효과적입니다.

학습법

한 권을 최소 두세 번 읽되, 처음에는 내용을 파악하고 두 번째 읽을 때 모르는 단어나 해석이 안 되는 문장을 찾아보는 형태로 진

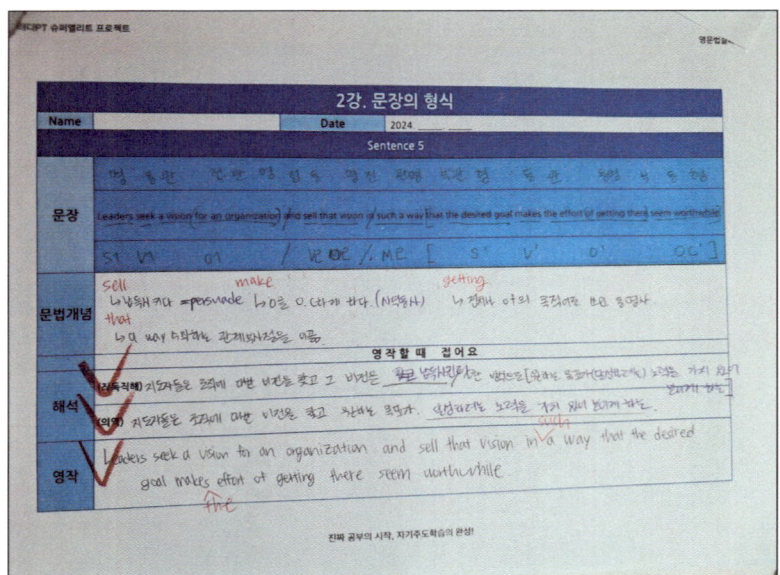

구문독해와 영작 1

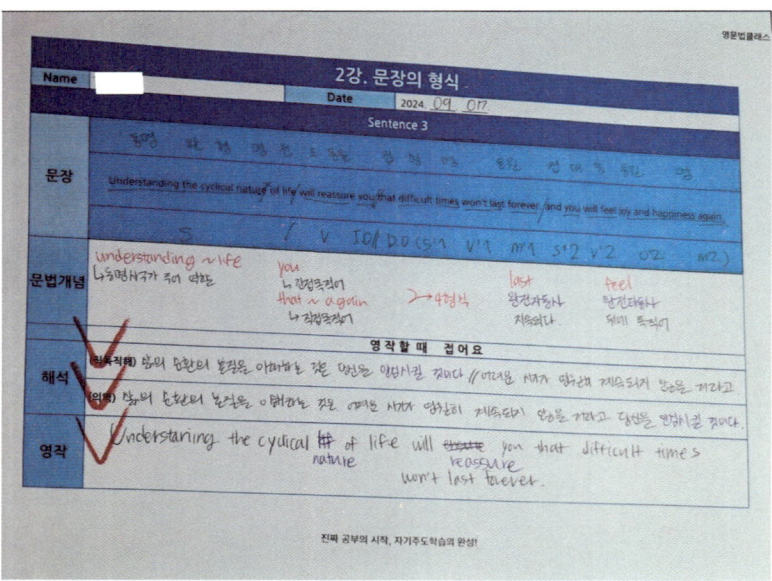

구문독해와 영작 2

행합니다. 한 페이지씩 해석을 손으로 쓰는 것은 아이에게 부담이
될 수 있으므로, 읽은 내용을 포스트잇에 간단히 요약 정리하거나
부모님께 말로 설명하도록 하고, 이해도가 준수하다면 다음으로 넘
어가는 것이 좋습니다.

독해집 활용법

일반적인 독해 문제집은 사실 거의 안 봐도 된다고 생각합니다.
그 시간에 어휘나 구문독해, 문법을 더 정확히 다듬는 것이 낫습니
다. 시간이 더 있으면 얇은 원서를 반복해서 읽으면서 즐겁게 영어
를 공부하는 것으로 구분하는 것이 좋습니다.

단 중2, 중3 학생들은 내신 대비 시 교과서 지문을 매우 깊이 있
게 분석하고, 씹어 먹고, 문장을 외우는 강도 높은 독해를 해야 합
니다. 만약 독해집을 굳이 활용한다면 자기 수준보다 한두 단계 높
은 책을 선택해 적은 양이라도(한두 지문) 내신 지문 분석하듯 정교하
게 직독직해하고 문법 요소를 분석하는 방식으로 학습해야 합니다.
많은 독해집을 풀면 정답률이 높아 아이가 잘한다고 착각하기 쉽지
만, 실제 영어 실력 향상과는 무관한 경우가 많습니다.

추천 교재

독해집을 쓴다면, 지문 분석과 구문독해 연습을 동시에 하기 좋은 '구문이 독해다' 시리즈나, 해설이 풍부하고 구조 분석이 잘되어 있는 '중등 수능 독해' 시리즈를 추천합니다. 이러한 교재들은 내신 대비하듯 정교하게 분석하며 공부하기에 적합합니다.

듣기
(꾸준함이 실력, 효율적인 훈련)

원칙

듣기는 꾸준히 하는 것이 중요합니다. 주 1회 정도 문제를 풀고 받아쓰기Dictation를 하는 것이 좋은데, 받아쓰기는 듣기 훈련과 동시에 중등 수준의 라이팅 훈련 효과도 얻을 수 있습니다.

학습법

기초가 부족해 듣기 문제를 많이 틀리는 학생은 스트레스를 받기 쉽습니다. 이럴 경우 영어 스크립트를 먼저 보면서 모르는 단어를 찾고 해석을 완벽히 한 후 듣기 문제를 풀면 정답률도 높아지고 자신이 어떤 부분을 못 듣는지 명확히 알 수 있습니다. 스크립트를 보고도 해석이 안 되면 당연히 들리지 않습니다.

수준 설정

목표하는 고등학교 수준에 맞춰 듣기 수준을 높이는 일도 좋지만 필수는 아닙니다. 어휘, 문법, 직독직해 능력이 향상되면 듣기 실력도 어느 정도 따라오기 때문입니다. 요즘 학생들은 영어를 일상에서 많이 접하기 때문에 예전만큼 듣기 공부를 철저하게 하지 않아도 되는 경우가 많습니다.

추천 교재

『마더텅 100% 실전 대비 중학 영어 듣기 24회 모의고사』(학년별)를 추천하며, 자기 학년보다 한 학년 높은 수준의 교재로 시작하는 것이 좋습니다. 중학생의 경우, 고등학교 교재로는 『마더텅 전국연합 학력평가 기출문제집 고1 영어 듣기』까지가 최대치라고 생각하면 됩니다. '마더텅' 교재는 표지가 비슷해서 혼동하기 쉬우니 정확한 교재명을 확인해야 합니다.

영어 학습 완성도 점검과 학습 시간 추천

단어집 완성도 기준

영단어집에서 다음 단계로 넘어가는 완성도 기준을 명확히 제시하겠습니다. **단어를 본 후 3초 이내에 품사와 뜻이 즉시 떠올라야** 다음 단계로 진행할 수 있습니다.

'워드마스터' 기준으로 중등 기초→실력→고난도 순서로 진행하되, 각 단계에서 **90% 이상의 정확도**를 보여야 합니다. 단순히 책을 한 번 훑어보는 것이 아니라, 랜덤으로 단어를 제시했을 때도 즉답할 수 있어야 진정한 완성입니다.

'뜯어먹는 영단어'의 경우, 중학 기본 영단어를 완전히 마스터한 후 중학 영단어로 넘어가야 합니다. **'어휘끝' 시리즈는 중학 필수→ 중학 고난도 순서로**, 단계별 완성도를 철저히 점검해야 합니다.

문법 마스터 확인법

문법의 완성도는 **예문을 활용한 응용 능력**으로 판단합니다. 단순히 문법 규칙을 암기하는 것이 아니라, 실제 문장에서 해당 문법 요소를 찾아내고 정확히 해석할 수 있어야 합니다.

문법서를 3회독 이상 반복한 후, **'천일문' 입문편의 예문을 90% 이상 정확히 구문분석**할 수 있다면 문법 기초가 완성되었다고 볼 수

영문법 테이블

있습니다.

이때 중요한 점은 **시간차를 두고 복습하는 것**입니다. 문법을 공부한 직후가 아니라 일주일 후, 한 달 후에도 동일한 수준의 정확도를 보여야 진정한 내재화가 이루어진 것입니다.

학습량과 학습 시간의 최적화

많은 학부모님이 "하루에 몇 시간씩 공부해야 하나요?"라고 질문하십니다. 시간보다 중요한 것은 **질과 일관성**입니다.

영단어: 하루 30~50개 신규 단어+기존 단어 복습(약 20~30분)
문법: 주 3회, 회당 40~60분 집중 학습
리딩: 주 2~3회, 회당 30분 원서 읽기
듣기: 주 1회 정도, 회당 20~30분 집중 훈련

이렇게 주당 총 6~8시간 정도가 적정선입니다. 무리해서 장시간 공부하기보다는 꾸준히 지속할 수 있는 수준으로 공부 시간을 배분하는 쪽이 훨씬 더 효과적입니다.

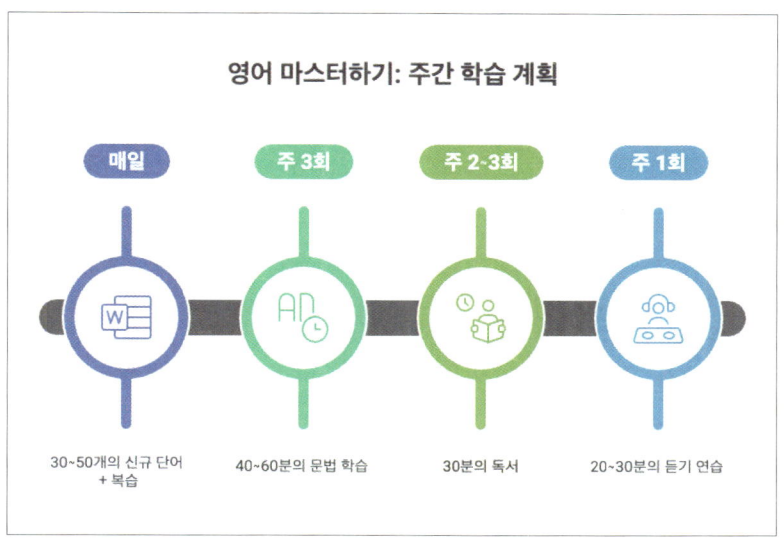

발음과 연상법에 대한
명확한 가이드라인

초등 단어 수준에서는 발음을 변형한 연상법이나 그림으로 외우는 방법이 도움이 될 수 있습니다. 하지만 **중등 실력편부터는 절대 권하지 않습니다.**

이유는 간단합니다. 추상적 단어가 많아지면서 연상법과 실제 단어가 섞여서 헷갈리기 시작합니다. '그 말장난은 기억나는데 단어가 기억나지 않는' 상황이 발생하고, 단어 외우는 속도가 현저히 느려집니다.

정공법만이 답입니다. 정확한 발음으로 읽고, 품사를 확인하고,

한글 뜻을 정확히 매칭하는 방식이 결국 가장 빠르고 확실한 방법입니다.

어원 학습 역시 **수능 기출 단어까지 완성한 후**에 하시길 권합니다. 어휘 풀이가 충분하지 않은 상태에서 어원을 공부해 봤자 어원 기준으로 단어의 카테고리를 묶고 적용할 기준이 없어 거의 무의미합니다. 100명 중 1명 이하만 성공하는 방법을 굳이 권할 이유는 없습니다.

대치동 장원장의 영어 학습 철학: 시스템이 의지를 이긴다

성공하는 영어 학습의 네 가지 핵심 원리

첫째, 명확한 목적 설정이 모든 것의 시작입니다. 목적 없는 영어 학습은 방향 없는 항해와 같습니다. 내신을 위한 공부인지, 수능을 위한 공부인지, 유학을 위한 공부인지 명확히 해야 합니다.

둘째, 단계별 완성도가 실력 향상의 열쇠입니다. 90% 완성도 없이 다음 단계로 넘어가는 일은 모래 위에 집을 짓는 일과 같습니다. 기초가 흔들리면 언젠가는 무너집니다.

셋째, 일관성이 재능을 압도합니다. 하루 10시간씩 가끔 하는 것보다 하루 1시간씩 꾸준히 하는 것이 훨씬 강력합니다. 영어는 마라톤이지 단거리 달리기가 아닙니다.

넷째, 체계적 반복이 완전한 내재화를 만듭니다. 한 번 보고 넘어가는 것이 아니라, RSA 암기법처럼 과학적 주기로 반복해야 장기 기억으로 전환됩니다.

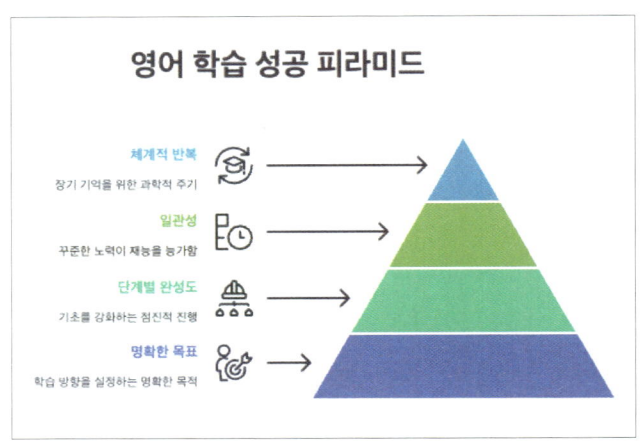

부모님의 역할은 **방향을 제시하고 시스템을 만들어주는 것**입니다. 대신 공부해줄 수는 없지만, 올바른 길을 걸을 수 있도록 안내할 수는 있습니다. **절대 조급해하지 마세요.** 영어는 하루아침에 느는 것이 아닙니다. 하지만 올바른 방향으로 꾸준히 가다 보면 어느 순간 놀라운 변화를 경험하게 될 것입니다. **아이를 믿으세요.** 올바른 시스템만 있다면 모든 아이는 자신만의 속도로 성장할 수 있습니다. 다른 아이와 비교하지 말고, 어제의 우리 아이와 비교하세요.

중등 영어 선행 학습의 성공은 아이의 노력만으로 이루어지지 않습니다. 오늘 제시해드린 영역별 로드맵과 추천 교재, 학습 방법론을 바탕으로 자녀의 현재 상태를 정확히 진단하고, 다음 단계의 학습 계획을 구체적으로 설계하는 것이 바로 부모의 역할입니다. 어떤 길을 선택하고, 어떤 교재로, 어떻게 공부할지 함께 고민하고 방향을 잡아줄 때 아이는 흔들림 없이 나아갈 수 있습니다.

기억하십시오. **영어 학습에서 문제는 아이의 의지 부족이 아니라 명확한 목표와 시스템의 부재입니다.** 올바른 학습 설계는 단순한 점수 향상을 넘어 아이에게 자기 주도 학습의 즐거움과 성취감을 안겨줄 것입니다. 더 이상 '카더라' 통신에 휘둘리지 말고, 지금 바로 우리 아이만을 위한 최적의 영어 로드맵을 설계하고 실천에 옮기시길 바랍니다. 본질은 목표에 맞는 올바른 시스템 구축과 실천입니다.

성공적 영어 학습의 육각형 체크 리스트

□ 아이의 진로에 맞는 영어 학습 목표를 설정했는가?
□ 즐거운 영어와 점수를 위한 영어 공부를 구분하고 있는가?
□ 단계별 교재 순서를 지키고 있는가?
□ 영단어를 매일, 문법을 주 3회 이상 학습하고 있는가?
□ 완성도 기준(90% 이상)을 만족한 후 다음 단계로 진행하는가?
□ 아이가 스트레스 받지 않을 정도의 적정 학습량을 유지하는가?

이 체크 리스트를 모두 만족한다면, 여러분의 아이는 이미 상위 10% 안에 들어 있습니다.

5장

영어: 내신과 수능 모두 잡는 영어의 모든 길 - 고등편

고등 영어 '레벨별' 완전 정복 로드맵

육각형 레이더 차트 2-5. 고등 영어 마스터
(스마트폰 가로 모드에 최적화되어 있습니다.)

실패를 딛고 일어선 거인의 영어: 왜 영어는 단순한 학습 그 이상인가?

초등학교 시험 2번 낙제, 중학교 시험 3번 낙제, 대학 입시 3수, 취업 30번 탈락. 더 놀라운 사실은 KFC 아르바이트 지원자 24명 중 단 1명만 탈락했는데 이분이 바로 그 1명이었다는 것입니다. 이분은 또한 경찰관 시험 지원자 5명 중에서도 유일하게 탈락한 사람이었습니다.

이 좌절의 기록은 누구의 것일까요? 거절과 실패의 아이콘은 대체 누구일까요? 바로 알리바바의 창업주 마윈Jack Ma입니다. 제가 존경하는 사업가 중 한 분으로, 정말 훌륭한 인물입니다. 여러 이유로 은퇴를 선언하셨지만, 전자상거래 업체가 전혀 없던 시절 IT 회사인 알리바바를 창업하고 성장시켜 미국 나스닥에 상장하기까지

한 중국 최고의 부자였습니다.

　과거가 특별히 뛰어나지 않은 이분이 이토록 큰 성공을 거둘 수 있었던 이유가 있습니다. 제가 앞서 말씀드린 정도의 실패라면 웬만한 사람들은 멘탈이 나가서 다시 도전하지 못할 것입니다. "내 인생은 이미 끝났어, 망했어, 나는 더 이상 못 해, 나는 뭘 해도 안 될 거야"라고 포기했을 겁니다.

　그러나 마윈은 달랐습니다. 세상의 모든 거절을 거절하면서 자신은 반드시 성공하리라고 믿고 끝까지 노력한 분입니다. 흙수저 정도가 아니라 그보다 더 밑바닥에서 시작해 세계 최고의 회사 중 하나를 만들어낸 엄청난 분입니다.

　이분이 이렇게 성공할 수 있었던 첫 번째 열쇠는 영어입니다. 마윈은 모든 실패 후에 영어 강사로서 대학교에서 5~6년 정도 강의를 하고, 그다음에 창업을 했습니다. 뛰어난 영어 실력이 그의 성공에 굉장히 중요한 역할을 했던 것입니다.

　유튜브에서 마윈을 검색하시면 TED나 다보스 포럼 등 여기저기서 강연한 영상을 찾을 수 있습니다. 그 내용을 보면 특히 대학교에서 미래의 엘리트들, 훌륭한 인재가 되고 싶은 젊은이들에게 주는 조언이 많습니다. 아주 유창하고 멋있는 영어를 구사하시는데, 그 실력을 밑천으로 글로벌 IT 기업을 만든 것입니다.

　이렇게 영어가 중요하다는 사실을 알았으니, 영어로 저 밑바닥에서 정상까지 오르는 데 성공한 사람의 스토리를 알았으니, 우리는 어떻게 해야 할까요? 영어를 진짜 열심히 해야 합니다. 영어는 단순한 지식 그 이상의 도구입니다.

영어는 세상을 이해하고, 새로운 기회를 창출하며, 궁극적으로는 개인의 삶을 송두리째 바꿀 수 있는 강력한 '도구tool'입니다. 마원의 사례에서 보듯이, 영어를 지렛대로 삼아 바닥부터 도약해 성공을 쟁취한 사람들의 이야기는 우리에게 중요한 시사점을 줍니다.

그렇다면 우리는 이 중요한 도구를 어떻게 활용해야 할까요? 오늘 우리는 영어 선행 학습 실패의 원인을 파악하고, 중등 영어와 고등 영어의 차이점을 명확히 이해하며, 고등 영어 선행 로드맵과 추천 교재를 통해 실질적인 전략을 수립할 것입니다.

영어 학습의 미로를 벗어나라: 중등 영어와 고등 영어의 본질적 차이

　"아이가 영어를 열심히 하는데 성적이 오르지 않아요." "문법은 외웠는데 독해에서 자꾸 틀려요." 대치동 상담 현장에서 자주 듣는 하소연입니다. 영어는 시간과 노력을 투입해도 성과가 애매하게 남는 과목으로 악명 높습니다. 수학은 학년별로 1, 2, 3학년 단계가 명확히 나뉘지만, 영어는 중학교 1학년부터 고등학교까지 체계적 로드맵 없이 접근하면 '미로'에 갇히기 쉽습니다. 특히 고등학교 영어는 내신, 수능, 그리고 글로벌 역량까지 고려해야 하는 복합적 목표를 요구합니다. 잘못된 학습법은 시간 낭비를 넘어 아이의 자신감을 갉아먹습니다. 예를 들어 수준에 맞지 않는 영단어 암기, 불필요한 시험 준비, 단순 반복 문법 학습은 노력을 헛되게 만듭니다.

상위 0.1% 학생들은 어떻게 이 미로를 벗어났을까요? 그들은 영어 학습의 방향성을 명확히 설정하고, 목표에 맞는 전략으로 실행했습니다. 이번 장에서는 영어 선행 학습의 실패 원인을 분석하고, 이를 피하는 구체적 방안을 제시합니다.

중등 영어와 고등 영어의 목적 차이

중등 영어의 목적	고등 영어의 목적
중등 내신 잡기	고등 내신과 수능 대비 투 트랙
• 수능 1등급을 목표로 고등 공부 준비 • 외고, 자사고, 국제고 지망생은 텝스나 토플 • 유학 준비생은 토플(그 외 학생들은 텝스와 토플 공부하지 않기)	• 수시 지망생: 고등 내신에 집중 • 정시 지망생: 수능 1등급 목표로 집중 • 유학 준비는 별도 트랙

체크 포인트

중등 영어에서는 초등 영어와 중등 영어의 차이점을 명확히 알고, 즐거움을 위한 영어와 성적이 나오는 영어를 구분하라고 했습니다.

고등 영어는 성적을 만드는 영어 공부와 대입 그 이후를 대비한 영어 공부로 나뉩니다. 즉 수능 1등급을 만들었어도 그 후에 영어를 더 도구로 쓰고 싶다면 더 뛰어난 영어 공부 틀을 만들어가야 합니다.

이제부터는 재미가 아닌 전문성이 중요해집니다. 점수 만드는 일도 중요하지만 그다음의 전문성이 핵심입니다. 예를 들어 다보스

포럼 같은 곳에서 프레젠테이션하고 디베이팅하고 싶다면 더 수준 높은 영어 공부가 필요합니다.

외고, 국제고 출신이나 민사고, 외대부고 학생 중에는 영국식 영어 발음을 연습하는 친구들도 있습니다. 글로벌 무대에서 자신의 능력을 빛낼 더 먼 미래까지 생각하는 것입니다.

고등 수준 영어 선행의 체크 포인트: 성적을 만드는 영어 공부와 그 이후까지 생각하는 영어 공부를 나누어서 해 나가야 합니다.

고등 영어 공부의 패러다임 전환

고등 영어 공부의 기준은 영어 능력이 아닌 영어 학습 능력 테스트입니다.

중학생이 영어를 공부할 때는 영어 능력 자체를 키우는 데 초점을 맞춰도 됩니다. 부모님 중에는 영어의 근원적인 활용 능력을 더 중요시하는 분들이 있습니다. 영어를 현재 사용하고 계시거나 영어 교육 업계에 오래 계셨던 분들은 이런 철학과 가치관을 가지고 계십니다.

하지만 고등학교에서는 목적성이 명확해야 합니다. 수능 수준 또는 고등 내신 수준까지 공부할 때는 **영어 학습 능력 테스트에서 좋은 성적을 받기 위한 공부**를 해야 합니다. 그러지 않으면 영어를 많이 했는데도 점수가 안 나오는 영어가 되고, 결국 다 사라집니다.

고등 영어의 다섯 가지 특징
(중등 영어와 차이점)

첫째, 어휘력 확장과 단어의 2, 3번 뜻까지 잡아야 합니다

다양한 단어와 단어의 2, 3번 뜻까지 알아야 합니다. 단어의 여러 의미가 훨씬 풍부해지기 때문에 더 많은 단어를 충분히 습득해야 합니다. 독해를 통한 자연스러운 암기로는 단어의 2, 3번 뜻과 더 많은 어휘를 한 번에 습득하기 힘듭니다. 단순히 독해를 많이 해서 단어를 찾아 정리하는 방식은 예전에는 됐을지 몰라도 지금은 매우 어렵습니다.

둘째, 제시문 수준이 높아집니다

제시문 수준 자체가 예전보다 계속 높아지고 있습니다. 아이들이 더 똑똑해져서 그런지 계속 상승하고 있죠. 특히 고2에서 고3 넘어갈 때 수능 모의고사 점수가 갑자기 안 나오는 경우가 많습니다. 제시문을 한국어로 번역해도 정확히 이해를 못 하고 답을 못 찾는 경우가 많습니다. 국어 문해력이 부족하면 해석도 자주 틀리기 때문에 문해력을 잘 챙기는 것이 매우 중요합니다.

셋째, 문제 난이도가 점프합니다

중등에서는 독해 문제집을 풀면 거의 다 맞습니다. 그런데 왜 고등 수능형 문제는 그렇게 많이 틀릴까요? 빈칸, 순서, 추론과 같은 어렵고 복잡한 테크닉이 들어가기 때문입니다. 단순히 해석이 되어도 문제 푸는 연습, 그 테크닉들에 대한 연습이 되지 않으면 무너지는 경우가 많습니다.

넷째, 목표에 따른 공부 경로가 달라집니다

토플 고득점자도 텝스를 따로 준비해야 합니다. 텝스 만점을 받았다고 해서 토플 만점을 받지 못하고, 토플 만점을 받았다고 해서 텝스 만점을 받지 못합니다. 어휘와 문제에서 원하는 포인트가 매우 다르기 때문입니다. 텝스 공부할 때는 라이팅이 없지만 토플은 라이팅이 필요합니다. 텝스는 그래머와 보카가 따로 파트로 나뉘어 있고 난이도도 높은데, 토플에서는 해당 파트가 따로 있지는 않습니다. 시험 타입에 따라 점수가 나오도록 준비해야 합니다.

다섯째, 해석해주는 수업은 도움이 안 됩니다

고등 수준의 영어에서는 단순히 '해석해주는' 수업은 큰 도움이 되지 않습니다. 오히려 문제 풀이 시 구조적으로 접근하는 방법을 알려주는 수업이 더 필요하며, 수업의 효용 가치가 상대적으로 떨어지는 경우가 많습니다. 단순한 국어 비문학 제시문 해석 수업과 마찬가지로, 영어 제시문 해석 수업도 아이들의 내공을 직접적으로 늘려주기 어렵습니다. 내 손으로 제한 시간 내에 해석할 수 있어야 진짜 실력입니다. 누가 떠먹여 주는 것을 계속 구경한다고 해서 그 능력이 생기지 않습니다. 영어 문장 해석해주는 수업을 백날 들어

봤자 단어 암기도 안 되어 있고 문법에 대한 이해도 부족하면 스스로 정확한 해석이 안 됩니다.

이것이 중등과 고등 영어의 크나큰 차이입니다. 이 다섯 가지 포인트를 정확히 기억해야 고등 수준의 영어를 정복할 때 도움이 됩니다.

대치동 상위 0.1%의 비법: 고등 영어 선행 로드맵과 맞춤형 교재 전략

고등 영어 학습은 하나의 정교한 '학습 설계서'를 바탕으로 이루어져야 합니다. 상위 0.1% 육각형 학생들이 실천하는 자기 주도 학습의 정수는 바로 이 체계적인 설계에 있습니다. 이제 구체적인 단계별 전략과 추천 교재를 통해 여러분의 자녀에게 최적화된 고등 영어 선행 로드맵을 제시하겠습니다.

영단어: 최대치까지 확장하고
꾸준히 유지하라

영단어집은 중등 영어 학습을 할 때는 매일 공부하라고 했습니다. 기본적인 어휘 풀을 맨 처음 만들어야 하기 때문입니다. 그런데 고등 수준의 선행 학습을 하는 학생들은 영단어를 매일 공부할 정도의 시간이 남지 않을 것입니다. 해야 할 공부가 더 많아졌기 때문입니다.

영단어 학습 전략

- 주 3회 이상 꾸준히(어휘는 꾸준히 하지 않으면 빨리 사라짐)
- 영단어 공부는 영어 공부의 70%라는 생각으로
- 입학하려는 고교 내신 영어 1등급을 목표로 준비
- 최대치 완성 후에는 수능 기출로 감 유지
- 더 고난도 영어 단어 정복은 선택 사항

목표별 영단어 최대치

- 일반고: 수능 기출까지 어휘 풀 완성
- 의치한약수: 수능 심화까지(완전 안정적인 영어 어휘 풀)
- 외고·자사고·국제고: 텝스까지 도전(수능 기출+수능 심화+텝스)
  (목적에 따라 텝스 대신 토플 선택 가능)

외고나 자사고를 목표로 한다면 들어가기 전에 텝스 단어까지는 못 끝낼 수도 있지만, 적어도 수능 심화 단어까지는 공부해야 합니다. 그래야 들어간 후에 내신 상위 등급을 받아 SKY 원서를 써볼 수 있는 수준이 됩니다.

일반고에 진학하는 학생이 텝스까지 학습한다면 매우 좋겠지만, 그렇게 하다가 시간을 까먹으면 수학을 못 할 가능성이 있습니다. 다른 과목도 밸런스 있게 학습해야 하는데 그렇게 못 하기 때문에 이런 기준점을 정해드리는 것입니다.

더 높은 수준을 원한다면

내가 진짜 초글로벌 인재가 될 것이라고 확신한다면, CNN, 『타임 *Time*』, 『이코노미스트*Economist*』, 『월스트리트 저널*Wall Street Journal*』같은 영어 자료를 보면서 모르는 단어를 찾아 어휘 풀을 계속 확장해도 괜찮습니다. 글로벌 인재가 되고 싶으면 좀 더 하셔도 됩니다.

제가 중학교 때 『타임』을 들고 다녔습니다. 사실 잘 해석도 안 됐고 단어도 다 몰랐습니다. 아무리 영어를 잘했어도 중학교 때 『타임』은 쉽게 못 읽습니다. 한 달에 한 권씩 사서 읽었지만 모든 기사를 다 보지는 못했습니다. 지적인 허세를 통해 영어 학습에 대한 열망을 불태웠던 것 같습니다. 그래서 높은 수준의 영어에 도달하고 싶은 육각형 인재에게는 종종 위와 같은 영어 정기 간행물을 추천합니다.

추천 교재

'워드마스터' 시리즈: 『워드마스터 고등 베이직』, 『워드마스터 고등 어원』, 『워드마스터 수능 2000-반드시 알아야 할 수능 빈출 어휘』 중 필요한 책을 선택합니다. 특히 『고등 베이직』, 『수능 2000』, 『하이퍼 2000』 세 권을 추천합니다.

'능률 VOCA' 시리즈: 『능률 VOCA 수능완성 2200』과 고급편인 『능률 VOCA 고난도』를 추천합니다.

텝스 어휘: 『해커스 텝스 기출 보카』 또는 『보카바이블 4.0』을 추천합니다.

문법: 숙달을 넘어선
'실전 적용'에 집중하라

중등 문법서 숙달이 먼저입니다

중등 문법서를 이미 공부했고 그 토대가 정말 잘 잡혀 있으면 고등 문법서는 살짝 얹으면 됩니다. 중3 학생이 중등 문법을 완성 못 했다면 중등 문법을 먼저 완성하는 것을 우선으로 하세요. 무조건 고등 문법서를 봐야 하는 것은 아닙니다. 특히 요즘은 문법 시대라기보다는 어법 시대이기 때문에, 너무 고난이도 문법을 무조건 모두 다 공부해야 하는 것은 아닙니다.

목적별 문법 학습 단계

- **일반고·의치한약수 목표 학생**(이과 트랙): 중등 문법서 숙달(핵심 내용 서브노트 제작) 후 고등 어법성 문제집으로 적용하는 연습을 하면서 부족한 부분만 고등 문법서에서 찾아서 공부하는 것으로 충분. 영어에 너무 많은 시간을 쓸 수 없음(과목별 밸런

스 중요).

- **외고·국제고·전사고 목표 학생(문과 트랙):** 고등 문법서를 공부하지 않고 중등 문법서만 공부한 수준으로 문제 먼저 풀기(틀리면서 문법의 약점이 명확히 보임). 이제 고등 문법서 이론을 보고 필요한 학습을 하면서 중등 문법서 서브노트에 해당 내용 추가.

문법 숙달의 진정한 목표

문법 숙달을 위해서는 단순한 문법 문제집이 아닌 수능 독해 중심의 어법성 독해 문제로 보완 훈련을 지속해야 합니다. 수능 기출문제집이나 고1, 고2 모의고사 기출문제집 중 어휘와 어법 문제만 묶어놓은 책으로 훈련하는 것이 좋습니다. 단순히 문법을 공부하기보다는 이렇게 어법성 문법 문제를 많이 푸는 것이 훨씬 더 도움이 됩니다. **문법 숙달의 목적은 내신과 수능 어법성 문제 해결과 고난도 독해를 위한 완전한 토대 구축입니다.** 따라서 문법 내용 정리나 독해와 상관없는 문법 중심 문제에 매달리지 않아도 됩니다.

추천 교재

고등 문법서
- 『천일문 고등 GRAMMAR』
- 『진짜 잘 이해되는 고교 영문법』1, 2권
- 『그래머존 종합편』

- 『EBSi 강의노트 영문법 Rose Lee의 Grammar Holic』(EBSi 무료 인강과 함께)

4개 중 하나만 골라서 공부하세요. 한 권으로 끝내고 싶으면 『천일문』과 『그래머존』 중 하나를 선택하세요. 풍부한 설명과 문제가 좋으면 『진짜 잘 이해되는 고교 영문법』을 선택하세요. 전설의 로즈 리 강사 인강과 함께 고등 영문법의 핵심을 쉽게 잡고 싶으면 『Grammar Holic』을 추천합니다.

심화 문법서(외고·국제고·전사고)

- '해커스 그래머'
- 『그래머 헌터』

모두 매우 좋은 책이니 어떤 책이든 하나만 잡고 완성하세요. 두 책 다 보면 망합니다. 영어만 공부할 수 없고, 문법 시대가 아니기 때문입니다. 두 책 모두 토플, 토익, 텝스, 편입, 공무원, 수능까지 다 잡고 있어 범위가 광범위합니다. 둘 다 평생 더 이상의 영문법을 공부할 필요가 없을 정도로 풍부한 내용을 담고 있기 때문에 목표가 높다면 한 권만 골라서 도전하세요.

구문독해: 영문법 학습할 때 구문독해를 같이 훈련하면 좋지만 필수는 아닙니다. 중등 영문법 공부할 때 구문독해를 많이 했다면 굳이 고등 수준에서까지 계속하지 않아도 됩니다.

부족함이 있어 채워야 한다면

- 『천일문 완성』(끝판왕)
- 『해커스 구문독해 100』(최근 편집이 좋음)

영문법을 공부했는데 어떻게 적용하는지 잘 모르겠다면, 이 두 책 중 하나를 골라 같이 공부하면 좋습니다.

고난도 독해: 수능형 문제와 오답 분석으로 실력을 다져라

요즘은 영어에 공부 시간을 많이 할애할 수 있는 시대가 아닙니다. 왜 그렇게 됐을까요? 영어가 수능에서 절대평가가 된 다음부터입니다. 물론 절대평가여도 지금은 영어 난이도가 높아져서 1등급 받는 것이 힘듭니다. 물 수능일 때는 10%에만 들어도 영어 1등급이 나왔는데, 불 수능이면 그렇게 안 나옵니다. 불 수능일 때는 5~6%에 들어야 해서 상대평가와 거의 비슷해지는 경우도 종종 발생합니다. 게다가 내신은 여전히 상대평가이기에 내신이 어려운 학교에 가면 영어 수준이 매우 높습니다.

중등 영어 공부에서는 독해를 추천하지 않았지만 고등 영어에서는 고난도 독해 공부에 돌입해야 합니다. 열심히 쌓아온 단어와 문법 능력을 독해로 완성해야 하는 시점이 왔습니다.

독해 연습 전략

- **수능형 문제집으로 훈련:** 중등 영어 체계가 완성되었으면 고등 수준으로 고1 문제집부터 시작, 잘하면 고3으로 점프하세요(고2 문제집이 필수는 아닙니다). 이때 수능 제시문 문제 풀이를 통해 독해를 연습합니다.
- **질적 학습 방법:** 오답 제시문만 직독직해 후 해설지와 비교하면서 틀린 부분을 교정합니다. 해당 부분에 표시해두고(추후

에 다시 해석해보기 위해) 해설지에 있는 어법 공부까지 완료합니다. 이때 문제 풀이 스피드 훈련도 중요합니다. 다양한 형태의 제시문을 더 많이 풀어보는 연습이 시험장에서 큰 도움이 됩니다. 즉 모의고사처럼 일정량의 제시문(10~20개)을 풀고 틀린 것만 모아서 앞의 방법으로 오답을 공부합니다.

- **외고·자사고 준비생:** 수능 1등급 잡고 텝스 수준의 독해 훈련으로 들어가야 합니다. 텝스나 토플 리딩 문제집을 활용하세요. 이때 단순히 정답을 맞히는 데 중점을 두지 말고 정확한 독해 분석을 해야 합니다. 즉 해석 자체를 더 정교하게 하는 데 집중해야 실력이 향상됩니다.

추천 교재

기본-중급
- 『마더텅 전국연합 학력평가 기출문제집 고1 영어 독해』
- 『자이스토리 영어 독해 기본-수능 기출문제집』

고급(자사고·외고·국제고)
- 『능률 고급 영문 독해』(오래된 책이지만 제시문 수준이 매우 높음)
- 『해커스 텝스 READING』(그래머와 보카도 포함, 리딩 파트만 훈련)

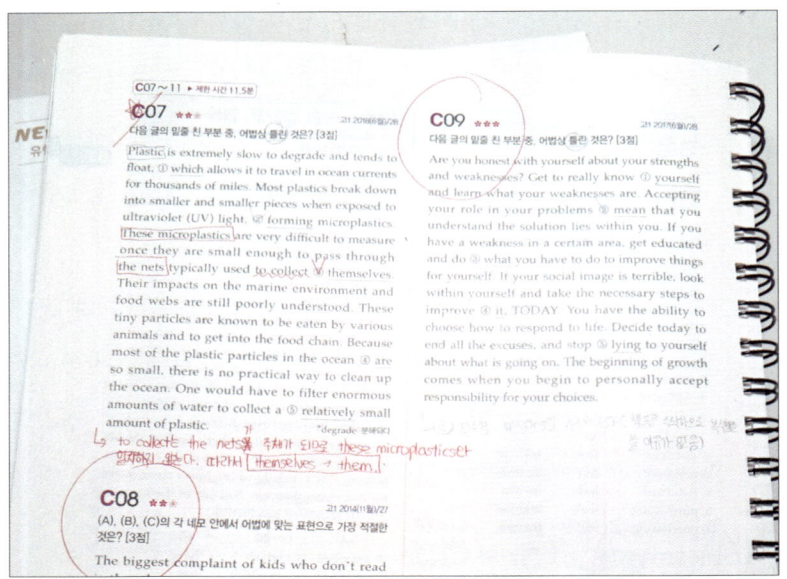

모의고사 오답 분석 1

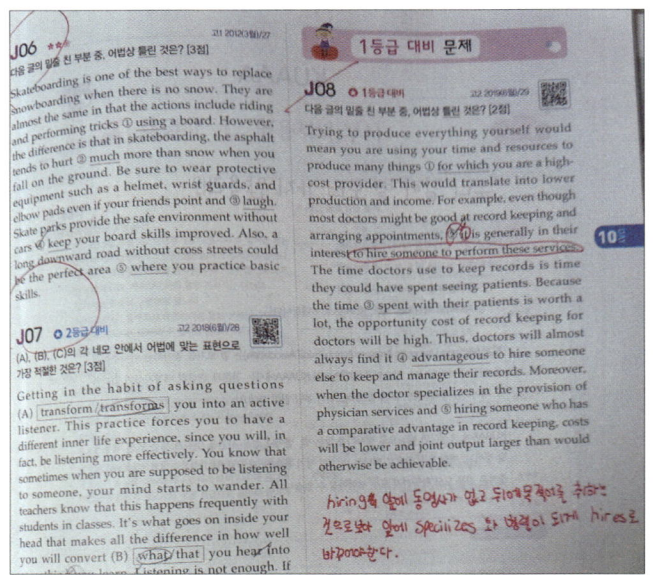

모의고사 오답 분석 2

라이팅: 목표에 따른 선택적 훈련

외고, 국제고, 전사고 준비생이나 재학생들은 지속적인 라이팅 훈련이 필요합니다. 수행평가, 각종 발표, 경시대회, 동아리 활동 등 라이팅이 필요한 활동이 매우 많기 때문입니다.

일반고 학생이나 의치한약수 목표 학생의 경우 고등 내신 대비 목표 라이팅은 추천하지 않습니다. 그 시간에 차라리 제시문 암기 훈련하는 것이 내신에 더 효율적입니다. 학군지 학교들은 내신시험에 제시문이 60~80개 정도 출제됩니다. 영어 내신 1등급 받는 학생들은 해당 제시문을 다 외우거나 적어도 핵심 문장은 암기를 합니다. 따라서 라이팅 연습보다는 하루에 제시문 1개씩 꾸준히 외우기 연습을 하는 쪽이 내신 대비 능력 키우기와 문장 구사력에도 더 큰 도움이 됩니다(많이 외우면 해당 문장 구사 능력 향상됨).

라이팅 학습 방법

- **AI 활용**
  - Grammarly, HyperWrite, DeepL Write 추천
  - 초안 생성, 실시간 오류와 개선점 확인, 패러프레이징 등 다양한 기능을 쉽게 이용 가능
- **온라인 플랫폼 활용**
  - Ediket, EssayReview 추천

· 유료지만 온라인으로 쉽게 첨삭받기 좋음

- **연설문 훈련**(기초가 부족한 경우)

  · 유명한 연설문 모음집 활용.『TOP10 연설문』추천(구성이 좋아 적극 추천)

  · 연설문은 대중 대상이라 수준이 적절하면서도 논리적

  · 해석→영작→첨삭→암기의 순환 학습

  · 영어 좋아하는 학생은 중1부터 가능

결론: 영어는 가능성을 100배로 확장시키는 마법의 도구

영어는 단순한 교과목이 아니라, 마윈의 사례에서 봤듯이 인생을 바꿀 수 있는 강력한 도구입니다. 올바른 방향성을 가지고 꾸준히 노력한다면, 여러분의 자녀도 상위 0.1%의 영어 실력을 갖춘 글로벌 인재로 성장할 수 있습니다. **성공의 핵심은 명확한 목표 설정과 그에 맞는 전략적 접근입니다.** 영어의 미로에서 헤매지 말고, 제가 제시한 로드맵을 따라 체계적으로 준비하시기 바랍니다.

6장

과학: 과학 정복의 최적화 테크트리와 영역별 완전 학습법

4대 영역의 체계적인 단계별 완성과 완전 학습

육각형 레이더 차트 2-6. 과학 마스터
(스마트폰 가로 모드에 최적화되어 있습니다.)

시간, 돈, 에너지 낭비를 막는
과학 선행의 첫걸음

대치동에서 20여 년간 학부모 상담 및 학생 지도를 하면서 안타까운 상황을 자주 목격하게 됩니다. 많은 학부모님과 학생들이 '과학 선행'이라는 과제 앞에서 마치 출구 없는 미로에 갇힌 듯한 막막함을 느낍니다. 국영수 전략 잡기도 힘든데 과학까지 미리 해두어야 한다고 하니, 이 막막함에 수준에도 맞지 않고 방법도 틀린 과학 학원의 1~2년 과정을 무지성으로 선택하는 경우가 늘고 있습니다. 초중등 학생을 대상으로 '중등 과학이 안 되어 있어도 고등 과학 전 과정을 2년 동안 반복해서 완성한다'는 이상한 마케팅에 잘못된 선택을 하기도 합니다(그렇게 단계를 뛰어넘어 정말 고등 과정을 성취해낼 수 있는 곳이 있다면 꼭 저한테 연락주세요).

과학은 물리학, 화학, 생명과학, 지구과학으로 나뉘어 있어 국영수처럼 일관된 로드맵을 그리기 어렵고, 이 때문에 과학을 가르치는 선생님들조차 과목 간, 그리고 국영수와의 학습 밸런스를 잡는 데 큰 어려움을 겪는 것이 현실입니다.

이러한 혼란 속에서 우리는 귀중한 자원을 낭비하고 있습니다. 제가 오늘 이 장을 통해 드리는 말씀을 제대로 경청하고 실천하신다면, 세 가지 낭비를 극소화할 수 있다고 확신합니다. 첫째, 잘못된 학습으로 인한 **'시간 낭비'를 막을 수 있습니다.** 둘째, 불필요한 사교육으로 인한 **'돈 낭비'를 막을 수 있습니다.** 셋째, 공부란 본디 에너지를 소모하는 행위인데, 시간이 지나 모두 사라져버리는 허무한 공부로 인한 **'에너지 낭비'를 막을 수 있습니다.**

저는 여러분에게 두 가지 큰 그림의 로드맵을 제시할 것입니다. 하나는 의치약한수를 목표로 하는 이과 지망생을 위한 로드맵이고, 다른 하나는 SKY를 목표로 하는 문과 지망생을 위한 로드맵입니다. 이 로드맵에 더해 구체적인 공부법, 그리고 인강과 문제집을 선택하는 방법까지 하나의 완전한 패키지로 준비했습니다. 지금 우리 아이의 상황에 맞는 큰 그림을 선택하신다면, 나머지 세부적인 문제는 자연스럽게 해결될 것입니다.

'진도'가 아닌
'균형'과 '생존'의 관점으로

"우리 아이가 수학을 미적분까지 끝내면 그때 과학을 시작하려고요."

이런 말씀을 하시는 부모님을 자주 만납니다. 하지만 이는 가장 위험한 접근법입니다. 제가 20여 년간 관찰한 결과, 수학만 극단적으로 선행한 후 과학을 시작한 아이들 중 의대나 공대 최상위권에 진학한 경우는 극히 드물었습니다. 본격적인 로드맵을 그려 나가기 전에, 우리는 과학 선행에 대한 근본적인 관점을 교정해야 합니다. 수학과 과학은 별개의 과목이 아니라 함께 밸런스를 맞춰 나아가야 하는 2개의 엔진과도 같습니다. 수학 진도를 무리하게 빨리 뺀다고 해서 이과 최상위권이 되는 것이 아닙니다. 의치약한수와 같은 최상위권 대학을 목표한다면 수학과 과학 선행을 동시에 고려하는 전략적 사고가 반드시 필요합니다.

이러한 '균형'의 관점과 더불어, 우리는 '생존'의 관점을 가져야 합니다. 즉 '학습한 내용이 사라지지 않게 만드는 것'이 과학 선행의 대전제입니다. 물리나 화학은 한번 제대로 이해하면 그 원리가 머릿속에 오래 남지만, 생명과학이나 지구과학처럼 암기 비중이 큰 과목은 잘못된 방법으로 선행하면 순식간에 증발해버립니다. 따라서 우리는 사라질 공부가 아닌 아이의 머릿속에 단단히 남을 공부에 집중해야 합니다.

마지막으로, 과학은 수학처럼 하나의 길로 정해진 과목이 아닙니다. 물리, 화학, 생명과학, 지구과학은 각기 다른 매력과 난도를 지니고 있기에, 우리 아이에게 더 적합한 과목을 '전략적으로 탐색하고 선택하는 과정'이 필수적입니다. 이 세 가지 포인트―**균형, 생존, 그리고 전략적 선택**―를 마음에 새기고 다음의 실천 전략을 따라주시길 바랍니다.

최상위 이과생 로드맵:
의치약한수 목표

이과 최상위권을 향한 과학 선행은 중등 과정과 고등 과정으로 나누어 단계적으로 접근해야 합니다.

중등 과학 선행(초5~중1 대상)

시작은 아이의 성향과 관심사에 맞는 과목으로

학생의 성향에 따라 시작 과목을 선택합니다. 수학적 센스가 좋다면 '중등 물리'로, 암기에 더 자신 있다면 '중등 화학'으로 시작하는 것을 추천합니다. 또한 앞으로 의약이나 생명공학을 목표로 한다면 '중등 생명과학'으로 시작하는 것도 좋습니다. 아이의 성향과 관심사에 따라 선택해야 하기 때문에 중등 과학의 영역별 내용을 간단히 표로 정리해드리겠습니다. 이를 참고해 아이의 성향과 관심사 위주로 시작하세요. 남들 다 하는 방식인 물리·화학으로 시작하는 것은 과학에 대한 흥미도를 낮춰 실패한 선행이 될 가능성이 높습니다.

분야	1학년 단원 예시	2학년 단원 예시	3학년 단원 예시
물리학	힘의 작용	빛과 파동	운동과 에너지
화학	물질의 상태 변화	물질의 구성 물질의 특성	화학 반응의 규칙성
생명과학	생물의 구성과 다양성	식물과 에너지 동물과 에너지	생식과 유전
지구과학	태양계	별과 우주	수권과 해수의 순환

물리, 화학 모두 필수

어떤 과목으로 시작했든 결국 중등 물리와 화학은 둘 다 마스터해야 합니다. 이 두 과목은 고등 통합과학의 근간을 이루며, 중등 내신에서도 고득점을 위해 반드시 잡아야 하는 핵심 파트입니다.

생명과학과 지구과학으로 마무리

선호 과목에 더해 물리학, 화학까지 완료되면 나머지 과목도 순차적으로 학습해서 중등 전 과정에 해당하는 과학은 모두 숙지해야 합니다. 이러한 과정 없이 고등 과학 공부에 들어가면 중간 단계 없이 점프하는 내용 때문에 쉽게 중도 포기하게 됩니다. 특히 고1에 배우는 통합과학은 중등 과학 전 영역을 기준으로 내용의 70%가 구성되어 있습니다. 통합과학이 고1 내신뿐만 아니라 수능 과목이 되었기 때문에, 그 중요성을 고려할 때 통합과학 정복을 위해 중등 전 과정 과학의 탄탄한 기반을 반드시 만들어두어야 합니다.

고등 과학 선행(중학생 대상)

통합과학은 먼저 확실히

통합과학의 중요성은 위에서 말씀드렸습니다. 중등 과학을 완료한 아이가 통합과학 공부에 들어간다면 새로운 내용이 많다거나 이론의 난이도가 엄청 높아졌다고 느끼지는 않을 겁니다. 따라서 이론은 빠르게 끝내고 문제 풀이로 다지는 것이 필요합니다. 이때 통합과학 문제의 특성이 단순 내신형보다는 모의고사 형태로 나오기 때문에(내신에서조차 모의고사 형태로 나오는 학교가 많습니다) 모의고사형 문제집으로 다지는 것을 추천합니다(과학을 좋아하고 잘해야 하는 이과 지망생 기준).

다음의 표를 통해 고등 과학 학습 전략에 앞서 2022 개정 교육 과정에 따른 과학 과목을 정확히 숙지해야 합니다.

	2015 개정 교육 과정	2022 개정 교육 과정
공통과목	통합과학, 과학탐구실험	통합과학1, 통합과학2, 과학탐구실험1, 과학탐구실험2

일반 선택과목	물리학Ⅰ, 화학Ⅰ, 생명과학Ⅰ, 지구과학Ⅰ 등	물리학, 화학, 생명과학, 지구과학 (Ⅰ 표기 삭제)
진로 선택과목	물리학Ⅱ, 화학Ⅱ, 생명과학Ⅱ, 지구과학Ⅱ, 과학사 등	역학과 에너지, 전자기와 양자 등 진로 선택과목 8개 신설
융합 선택과목		과학의 역사와 문화 등 3개 융합 선택과목 신설

고등 과학 교육 과정 비교

학교에 따라 약간의 차이가 있겠지만 고1에는 공통 과목인 통합과학1, 통합과학2를 공부합니다. 이때 과학탐구실험은 분량과 비중이 높지 않으니 미리 준비할 필요가 없습니다. 2028 고교학점제가 적용되기 시작했기 때문에 2, 3학년에는 일반 선택과목, 진로 선택과목, 융합 선택과목 중에서 고를 수 있습니다. 진로에 따라 선택과목을 고르는 것이 제도의 취지에는 맞지만, 대부분의 학생이 높은 등급을 받을 수 있는 과목을 고를 가능성이 높습니다. 특히 일반고에서는 이런 경향이 두드러지리라고 예상됩니다. 따라서 예전의 과탐Ⅱ인 진로 선택과목까지 먼저 공부해두는 것보다, 통합과학의 완성도를 높이고 일반 선택과목인 물리학, 화학, 생명과학, 지구과학에 전략적으로 접근하는 것이 현명합니다.

핵심 전략은 '절반씩 맛보기'

중학생이 고등 과학을 선행 학습할 때 한 과목을 완벽하게 끝내려 하는 것은 매우 어렵고 비효율적입니다. 제가 제안하는 최고의 전략은 각 과목을 '절반씩' 공부해보는 것입니다. 예를 들어 화학을 공부하다가 적성에 잘 맞으면 끝까지 가고, 물리의 역학 파트가 너무 힘들면 대단원2까지만 마무리한 뒤 과감히 다음 과목으로 넘어가는 방식입니다. 이과 지망생은 이렇게 4개 과목을 모두 경험하는 것이 필요합니다. 조금 더 구체적으로 보면 다음과 같습니다.

단, 아직 2022 개정 교육과정에 따른 교재가 다 나오지 않았기 때문에 일단 2015 개정 교육과정 기준으로 교재와 인강을 선택하시고 추후에 개정 과정이 나오면 바꿔주세요. 그래서 아래 맛보기 추천은 2015 개정 교육과정으로 정리했습니다.

맛보기 추천

화학I의 선행 전략
- 1단원: 화학의 첫걸음
- 2단원: 원자의 세계
- 3단원: 화학 결합과 분자의 세계(선택)
- 4단원: 역동적인 화학 반응(최고난도)

처음 선행할 때는 1~2단원까지만 학습하고, 적성에 맞으면 나머지를 진행합니다. 특히 2단원의 주기율표와 주기적 성질까지는 반드시 마스터해야 화학의 기초가 완성됩니다.

물리I의 선행 전략
- 1단원: 역학과 에너지(핵심)
- 2단원: 물질과 전자기장
- 3단원: 파동과 정보통신

물리는 1단원이 가장 중요하며, 특히 '힘과 운동', '에너지와 열' 파트는 필수입니다. 시간과 공간(특수상대성이론) 파트는 첫 사이클에서는 제외해도 무방합니다.

생명과학I의 선행 전략
- 비유전 파트: 1~3단원(생명과학의 이해, 사람의 물질대사, 항상성과 몸의 조절)
- 유전 파트: 4단원(최고난도)

첫 사이클에서는 비유전 파트 위주로 학습하되, 특히 신경계까지는 필수적으로 다룹니다. 유전 파트는 난이도가 매우 높아 충분한 기초가 쌓인 후 도전하는 것이 좋습니다.

지구과학I의 선행 전략
- 1단원: 고체지구(지권의 변동, 지구의 역사)
- 2단원: 대기와 해양(대기와 해양의 변화, 대기와 해양의 상호작용)
- 3단원: 우주(예전보다 난이도 하락)

1단원과 2단원 대기와 해양 파트까지가 필수이며, 이 부분이 중등 과학 및 통합과학과의 연계성이 가장 높습니다.

추천 순서와 목표: 생명과학→화학→물리학→지구과학
선호도와 수학의 완성도에 따라 선택해도 괜찮지만 명확한 기준이 없는 경우에는 이 순서로 맛보기를 진행하는 것을 추천합니다. 이 과정을 통해 모든 과목을 경험해보고, 어떤 과목이 자신에게 맞는지 탐색하는 것이 선행의 1차 목표입니다. 또한 각 과목의 앞부분은 통합과학과 중등 과학 심화에 직접적으로 도움이 되므로, 이 전략은 결코 시간 낭비가 아닙니다.

과목 선택과 심화

맛보기 사이클이 끝나면 자신에게 가장 잘 맞는 최소 2개의 과목을 확정하고, 그 과목들은 전 범위 학습을 통해 숙달도를 계속 높여야 합니다. 전국 단위 자사고나 과학중점고를 목표로 한다면 3개 과목까지 심화 학습을 준비해야 합니다. 물론 학생이 특정 과목에 강한 선호를 보인다면 그 과목부터 시작해도 괜찮습니다. 하지만 좋아 보이는 것과 직접 해보는 것은 다르므로, 반드시 '시도'를 통해 적성을 확인해야 합니다.

수능 트렌드 참고

2025학년도 수능 과학탐구 선택 비율을 보면 생명과학(30.4%)과 지구과학(33.4%)이 압도적으로 높습니다. 지구과학은 암기량이 많지만 그만큼 안정적인 1등급 확보가 용이하기 때문입니다. 반면 화학(산화환원)과 생명과학(유전)은 난도가 매우 높은 '킬러 파트'가 존재해 노력만으로 넘기 힘든 벽을 느끼는 학생들이 많습니다. 이러한 트렌드는 참고하되, 가장 중요한 것은 통계가 아니라 '나'에게 맞는 과목이라는 점을 잊지 말아야 합니다.

최상위권을 위한 추가 과정: 진로 선택과목 도전

전국 단위 자사고나 과학중점고 진학 예정자, 혹은 과학에 특별한 재능이 있는 학생이라면 진로 선택과목에 도전하는 것을 추천합니다. 특히 특정 일반 선택과목(물리학, 화학, 생명과학, 지구과학)을 깊이 있게 파고들고 싶을 때, 해당 과목의 진로 선택과목을 공부하는 것은 매우 효과적입니다. 진로 선택과목이 8개로 쪼개지면서 선호하는 영역만 골라서 공부하기도 좋아진 생태입니다. 단 이는 선택과목의 개념이 내신 수준 문제를 풀 수 있을 정도로 탄탄하게 자리 잡혔을 때만 유효합니다. 준비되지 않은 상태에서의 도전은 시간 낭비일 뿐입니다. 또한 물리 심화 학습을 위해서는 수학에서 미적분 이상 학습이 완료되어 있어야 합니다.

일반 선택과목 공부할 때와 마찬가지로 진로 선택과목도 교재와 인강이 충분히 나오지 않았기 때문에 기존 과정 참고해서 해당 범위를 공부하는 것이 현명합니다. 아래의 표를 참고하세요.

2015 개정(4과목)	2022 개정(8과목)
물리학II	역학과 에너지, 전자기와 양자
화학II	물질과 에너지, 화학 반응의 세계
생명과학II	세포와 물질대사, 생물의 유전
지구과학II	지구시스템과학, 행성우주과학

고등 과학의 선택 과목 변화

최상위 문과생 로드맵:
SKY 목표

"문과 갈 거니까 과학은 대충해도 되지 않을까요?"

이는 가장 위험한 생각입니다. 현재 입시에서 문과 최상위권도 과학적 사고력을 요구하는 문제가 증가하고 있으며, 통합과학 성적이 내신에 큰 영향을 미칩니다. 하지만 이과 지망생처럼 준비할 필요는 없습니다. 따라서 문과 지망생에게 과학 선행은 '가성비'와 '효율'이 핵심입니다.

대원칙: 진도는 방학에만, 학기 중엔 복습만

문과 학생이 학기 중 과학 진도를 나가는 것은 시간 낭비입니다.

그 시간에 국어, 영어, 수학의 완성도를 높이는 데 집중해야 합니다. 특히 공통수학1, 2에서 이과생에게 밀리지 않을 실력을 쌓는 것이 최상위권 문과생의 핵심 전략입니다. 과학 선행 진도는 방학을 활용하고, 학기 중에는 가볍게 복습만 진행하세요.

중등 과학 선행: 비문학과 병행

이과와 마찬가지로 관심사와 성향에 따라 시작 과목을 정하고 그 이후에 차분히 중등 물리학, 화학, 생명과학, 지구과학을 선행하는 것을 추천합니다. 동시에 국어 비문학의 과학·기술 지문을 피하지 말고 분석 및 문제 풀이를 통해 지속적으로 도전하는 것이 현명합니다. 특히 과학 선행에 시간을 많이 쓸 수 없는 학기 중에는 비문학 훈련에 반드시 과학·기술 제시문을 포함시키는 것이 필요합니다. 추후 통합과학은 문제를 언어적으로 이해하고 푸는 난이도가 높기 때문에 이렇게 하는 것이 가장 큰 도움이 되는 공부법입니다.

고등 과학 선행: 신중한 접근

문과 상위권이 아니라면 고등 과학 선행은 무리해서 할 필요가 없습니다.

상위권을 목표하는 학생이나 아직 진로가 불확실한 중1 이하 학생들은 물리학→화학→생명과학→지구과학 순서로 '맛보기' 선행을 해보는 것을 추천합니다. 이과와 마찬가지로 각 과목의 대단원 1~2개 정도만 학습하며 자신의 적성을 탐색해보세요. 과학을 공부해보지 않고서는 자신의 재능을 알 수 없기에 시도 자체는 절대 시간 낭비가 아닙니다.

문과 학생의 고등 과학 목표는 수능이 아닌 '내신'입니다. 특히 통합과학에서 변별력을 가르거나, 일반고에서 과학 과목을 선택해야 할 때를 대비해 **화학 1, 2단원과 물리학 1단원 정도는 학습해두는 것을 추천합니다.**

통합과학 선행은 절대 금물입니다. 통합과학은 내용의 70% 이상이 중등 과학의 연장선입니다. 중학교 내신 기간에 과학 공부를 충실히 했다면 통합과학은 **중3 2학기에 시작해도 충분합니다.** 그 전에 미리 하는 것은 시간 낭비입니다. 지금 통합과학을 공부하고 있다면 당장 중단하고, 그 시간을 국영수에 투자하세요.

과목별 공부법과
추천 교재 및 인강

과목별 공부법

물리·화학(개념 및 문제 풀이 중심)

이 과목들은 개념 암기와 문제 풀이 유형 학습을 반드시 동시에 진행해야 합니다. 개념 강의만 듣고 문제를 풀지 않으면 아무 소용이 없습니다. 하나의 개념을 공부했으면, 최소한 '오투02'나 '완자' 같은 문제집의 내신형 문제까지는 반드시 풀어봐야 진짜 '내 것'이 됩니다.

생명과학·지구과학(개념 누적 암기 중심)

이 과목들은 암기량이 방대해, 진도를 나가면서 앞 내용을 잊어버리는 경우가 많습니다. 따라서 새로운 문제를 많이 푸는 것보다, 앞서 배운 개념을 계속해서 누적하며 복습하고 암기하는 것이 훨씬 더 중요합니다. 선행 단계에서는 기본 개념 문제만 풀어도 충분하니, 암기의 완성도를 높이는 데 집중하세요.

3사이클 학습법

고등 과학 선행은 검증된 일타강사들의 인강을 활용하는 것이 효율적입니다. 인강을 통해 학습 스케줄을 주도적으로 관리할 수 있기 때문입니다.

1사이클: 첫 1회독(예습→인강→기본 문제 풀이)

고등 과학 인강은 예습 없이 들으면 이해하기 어렵습니다. 반드시 강의 전 10~15분이라도 교재를 읽고 모르는 단어를 찾아보는 예습을 하세요. 강의를 들은 후에는 즉시 문제집을 풀되, 고난도나 수능형 문제는 제외하고 기본 유형 문제에만 집중합니다.

- **예습 필수:** 강의 전 10~15분 예습으로 주요 개념과 용어를 익히세요.
- **인강 활용:** EBS 중학, 강남구청 인강, 또는 메가스터디·대성마이맥·이투스의 일타강사 강의를 추천합니다(예: 물리학은 배

기범, 화학은 정은구, 생명과학은 윤동영, 지구과학은 오지훈). 수강 시 1.2~1.5배속 보기를 활용해 시간을 단축하세요.

- **문제 풀이:** 기본 문제만 푸세요. 고난도·수능형 문제는 이 단계에서 제외합니다. 중등은 '완자'나 '백신과학'을, 고등은 '완자'나 '오투'를 추천합니다. 이때 고난도 문제는 제외하고 기본-응용 수준만 문제 푸세요.

2사이클: 2차 복습(개념 정리/암기→오답→고난도 도전)

1회독이 끝나면 학습 시간의 약 4분의 1 정도를 투자해 전체 개념을 다시 정리하고 암기하는 시간을 반드시 가져야 합니다. 그 후 풀었던 문제집의 오답을 완벽히 정리하고, 이때 비로소 고난도 문제에 도전해봅니다.

- **개념 재정리:** 1차 사이클에서 배운 내용을 A4 3~5페이지 분량으로 정리하세요. 공식, 그림, 도표 중심으로 시각화하세요. 특히 화학은 주기율표, 물리는 공식 정리가 필수입니다.

- **오답 노트:** 1차 사이클에서 틀린 문제를 재풀이 및 분석하고, 필요하면 고난도 문제에 도전해보세요. 오답 분석 시 개념 부족인지 문제 이해 실패인지, 단순 실수인지를 구분해야 합니다. 그래야 부족한 부분을 채울 수 있습니다. 오답에 따라 유사 문제 추가 연습도 이 과정에서 해볼 수 있습니다(꼭 해야 하는 것은 아님).

3사이클: 3차 복습(개념 축소→종합 문제)

2차 복습에서 정리한 내용을 A4용지 1~2페이지 분량의 핵심 내용으로 다시 한번 압축합니다. 그리고 대단원 종합 문제처럼 큰 단위의 문제를 풀면서 적용 연습을 합니다(단, 생명과학과 지구과학은 이 단계에서 문제 풀이를 생략해도 괜찮습니다).

- **핵심 정리:** 핵심 개념만 간추려 정리하세요. A4 1~2장으로 초압축 요약하고 시험 직전 볼 수 있는 형태로 제작하세요. 자주 틀리는 부분은 별도로 표시하면 좋습니다.
- **종합 문제:** 대단원 단위로 종합 문제를 풀며 적용력을 높이세요. 특히 물리·화학은 필수, 생명과학·지구과학은 선택적으로 진행합니다.

추천 인강 및 교재

중등 과학

교재와 인강: EBS 중학 프리미엄 강좌와 함께 볼 수 있는 '뉴런' 시리즈를 추천합니다. 시각적 이해를 돕는 실험 클립 영상이 추가로 포함되어 있어 꼼꼼하게 공부하기 좋습니다. 단, 학년별로 되어 있어 공부하고자 하는 영역을 뽑아서 1, 2, 3학년 교재를 봐야 하는 번거로움이 있습니다.

'백신' 시리즈는 물리학, 화학, 생명과학, 지구과학으로 나뉘어 있어 보기 편합니다. 인강은 엠베스트를 활용할 수 있습니다.

'ESC'도 영역별로 나뉘어 있어 추천합니다. EBS 중학 프리미엄 인강도 있어서 참고하기에 좋습니다.

세 가지 중 하나를 메인으로 진행하고 다른 문제집으로 확인 공부하는 정도가 좋습니다.

상위권 독학: 텍스트 이해력이 좋은 이과 상위권 학생은 강의 없이 문제집으로 공부를 시작하는 것이 효율적입니다. '하이탑'이나 '싸플' 문제집을 주교재로 삼고, 막히는 부분만 인강을 찾아보는 방식을 추천합니다.

고등 과학
인강: 메가스터디, 대성마이맥, 이투스의 검증된 일타강사진 중에서 선택하는 것이 실패 확률을 줄이는 길입니다(물리학은 배기범, 김성재 등, 화학은 박주원, 양진석 등, 생명과학은 백호, 한정철 등, 지구과학은 오지훈, 이윤식 등). OT 강의를 들어보고 자신과 코드가 맞는 강사를 선택하면 됩니다.

강좌 선택: 수능 개념 강좌보다는 더 상세하고 친절한 '고2 대상 내신 강좌'를 듣는 것을 강력히 추천합니다. 강의 수가 많아 보여도 문제 풀이 강의를 필요한 부분만 골라 들으면 시간을 단축할 수 있습니다.

문제집: 개념서로는 설명과 그림이 풍부한 '완자'를 가장 추천하며, '오투'도 좋은 선택지입니다. 유형 연습용으로는 '1등급 만들기'나, 특히 내신 기출 기반으로 구성이 잘된 '기출픽'을 추천합니다. 극상위권을 제외하고는 선행 단계에서 수능 기출문제집까지 손대는 일은 오히려 비효율적이니 피하는 것이 좋습니다.

우리 아이를 위한
마지막 조언

지금까지 이야기해온 긴 내용을 바탕으로, 우리 아이의 상황에 맞춰 마지막으로 점검해야 할 세 가지 최종 꿀팁을 드립니다.

꿀팁 1: 중하위권 학생이라면

중학생이든, 고1이든 현재 성적이 중하위권이라면 과학 선행에 손을 대는 일은 시간 낭비입니다. **국어, 영어, 수학을 먼저 잡는 것이 무조건 최우선입니다.** 과학은 다음 학기 내용을 방학 때 가볍게 예습하는 정도면 충분합니다. 그 시간을 아껴 국영수에 투자하지 않으면 나중에 반드시 후회하게 됩니다.

꿀팁 2: 예비중~중1 학생이라면

이 시기의 학생들은 시험에 연연하지 말고, 제가 제시한 로드맵에 따라 **선행 진도를 꾸준히 밟아 나가는 것이** 중요합니다. 방학 때만 반짝 공부하는 방식으로는 지식이 머릿속에 남지 않습니다. 3사이클 반복을 통해 다지고 또 다져야 사라지지 않는 진짜 실력이 됩니다.

꿀팁 3: 과학을 '인강 적응'의 도구로 활용하라

고등학생이 되면 시간을 효율적으로 쓰기 위해 인강 활용이 필수적입니다. 과학 과목은 국영수와 달리 지방에서 훌륭한 오프라인 강사를 찾기가 매우 어렵습니다. 따라서 검증된 일타강사의 인강으로 과학을 공부하는 것은 양질의 콘텐츠를 접하는 동시에 **인강이라는 학습 도구에 미리 적응할 최고의 기회**입니다. 지금 인강에 적응해두는 일이 미래의 엄청난 시간과 비용을 아끼는 현명한 투자임을 기억하십시오.

과학 선행의 목적은 단순히 진도를 빨리 나가는 데 있지 않습니다. 아이가 자신의 적성을 발견하고, 효율적으로 학습하는 방법을 체득하며, 궁극적으로는 대학 입시에서 경쟁력을 갖추는 것입니다.

제가 과학 선행이라는 복잡한 지도의 거의 모든 것을 펼쳐 보여드렸습니다. 내용이 많고 길었지만, 이 안에서 우리 아이에게 맞는 길을 설정하고 일단 그 길을 따라 꾸준히 나아가는 것이 중요합니다.
흔들리지 마십시오. 전략을 세우고, 시작하십시오.

PART Ⅲ

사교육, 어떻게 선택할까

1장

내 아이에게 맞는
학원 고르는 안목

육각형 레이더 차트 3-1. 학원 선택 안목
(스마트폰 가로 모드에 최적화되어 있습니다.)

자녀 교육의 첫걸음,
현명한 학원 선택법

공자, 소크라테스, 예수, 석가모니. 이 네 분의 공통점은 무엇일까요? 그들은 모두 위대한 교육자였고, 훌륭한 제자들을 길러냈습니다. 소크라테스Socrates가 위대한 철학자로 기억되는 이유는 플라톤Platon이라는 뛰어난 제자가 있었기 때문입니다. 석가모니와 예수의 가르침이 오늘날까지 이어지는 이유도 그들의 가르침을 계승한 제자들이 있었기 때문이지요.

성인이 훌륭한 스승을 만나는 것이 중요하듯, 아이들에게도 좋은 교육자와 교육기관과의 만남은 미래를 결정짓는 중요한 분기점이 됩니다. 따라서 자녀에게 좋은 교육기관을 찾아주는 일은 그 어떤 투자보다 중요합니다. 하지만 부모님들이 놓치는 중요한 사실이 있습니다. 바로 '어떤 학원은 처음부터 가지 않는 것이 더 좋다'는 사실입니다.

저는 조금 민감하지만 꼭 필요한 이야기를 꺼내려 합니다. 학원 관계자분 중 일부는 불편하실 수도 있겠습니다. 하지만 20년 넘게 교육 현장의 중심에서 아이들을 직접 지도하고 수천 명의 학생과 학부모님과 상담하며 얻은 경험과 데이터를 바탕으로, 저는 우리 아이의 성장을 가로막는, 혹은 잘못된 방향으로 이끄는 학원의 특징들에 대해 단호하게 말씀드릴 책임감을 느낍니다.

제 목표는 특정 학원을 비난하는 것이 아닙니다. 오직 '우리 아이'의 관점에서, 진정으로 도움이 되는 교육 환경을 구별하는 날카로운 기준을 제시하고, 잘못된 선택으로 아이의 소중한 시간과 가능성을 낭비하지 않도록 돕는 것입니다. 부디 감정적인 반응보다는 냉철한 이성으로, 우리 아이에게 무엇이 최선인지 함께 고민해주시길 바랍니다.

왜 학원 선택이 중요한가?

"열심히 학원에 보내는데 왜 성적은 제자리걸음일까요?" "아이가 학원 숙제 때문에 너무 힘들어해요. 이러다 공부에 질리는 건 아닐까요?" "상담할 땐 다 해줄 것처럼 이야기했는데, 막상 보내보니 아이에게 별 관심이 없는 것 같아요."

수많은 학부모님이 비슷한 고민을 토로합니다. 우리는 아이의 부족한 부분을 채우고 잠재력을 키우기 위해 학원을 선택하지만, 때로는 그 선택이 오히려 아이를 더 힘들게 하거나 잘못된 학습 습관을 만들기도 합니다. 대치동에만 수천 개의 학원이 있고 저마다 최고의 교육을 약속하지만, 그중에는 우리 아이에게 해가 될 수 있는 곳도 분명 존재합니다.

아이가 일주일에 세 번, 한 달에 열두 번 학원에 가는 모든 순간이 인생의 소중한 시간입니다. 이 시간이 단순히 '다녀왔다'는 기록으로만 남을지, 아니면 실질적인 성장의 발판이 될지는 전적으로 학원 선택에 달려 있습니다.

문제는 이러한 학원들을 부모님의 눈으로 구별해내기가 쉽지 않다는 것입니다. 화려한 마케팅, 그럴듯한 상담, 주변 엄마들의 추천에 흔들리기 쉽습니다. 하지만 아이의 미래가 달린 문제입니다. 어떤 학원을 경계하고 피해야 할까요? 지금부터 그 기준을 명확히 제시해드리겠습니다. 절대 보내면 안 되는 학원의 특징, 지금 다니고 있다면 즉시 그만두어야 할 학원의 유형을 솔직하게 말씀드리겠습니다.

교육의 본질은 성장, 교육기관의 본질은 신뢰

교육심리학에서는 '신뢰 기반 학습 환경Trust-Based Learning Environment'이 아이의 성장에 결정적인 영향을 미친다고 말합니다. 하버드 교육대학원의 연구에 따르면, 교육자와 학생 사이에 형성된 신뢰와 존중의 관계는 학업 성취도에 직접적인 영향을 미칩니다.

특히 교육자가 도덕적 일관성을 갖고 있을 때, 학생은 더 높은 수준의 학습 동기를 보입니다. 반대로 교육자가 불안과 두려움을 조장하는 방식으로 가르칠 때, 학생의 학습 능력은 저하되고 스트레스 호르몬인 코르티솔 수치가 증가해 장기 기억력 형성에 부정적인 영향을 미칩니다.

따라서 학원을 선택할 때는 단순히 홍보 문구나 시설의 화려함이 아닌, 그 기관이 어떤 교육 철학과 방법으로 아이들을 대하는지를 살펴봐야 합니다. 이는 단기적인 성적 향상보다 자녀의 평생 학습 능력을 결정짓는 중요한 기준입니다.

이런 학원에는
절대 등록하지 마세요

레벨 테스트로 겁주는 학원

"어머님, 따님이 상위권이라고 하셨는데…… 지금 테스트 결과는 거의 하위 20%네요. 이대로 가면 원하는 고등학교 진학은 힘들 것 같습니다."

이런 말을 하는 학원은 처음부터 경계해야 합니다. 레벨 테스트는 아이의 현재 수준을 파악하기 위한 도구이지, 부모의 불안감을 자극하는 마케팅 수단이 아닙니다. 실제로 레벨 테스트의 난이도는 학원마다 천차만별이며, 최소 50% 이상은 마케팅 목적으로 설계됩니다.

진정으로 아이를 생각하는 학원이라면, 레벨 테스트 결과를 가지고 아이의 부족한 부분을 진단하고 어떻게 발전시킬지 건설적이면서 희망적인 관점에서 이야기합니다. 아이의 약점을 지적하는 동시에 강점도 함께 언급하며 성장 가능성에 초점을 맞추는 학원을 찾으세요.

등록금보다 거창한 약속을 하는 학원

"우리 학원은 일주일에 수업 세 번, 수업 외에도 자습 관리, 1:1 학습 코칭, 일일 테스트, 주간 테스트, 월간 테스트, 특강까지 모두 포함입니다."

이렇게 말하는 학원은 대부분 과장된 약속을 하고 있습니다. 부모님, 냉정하게 생각해보세요. 제한된 등록금 내에서 공간 임대료와 인건비를 고려했을 때 그 많은 서비스를 제공할 수 있을까요? 교육에도 '비용 대비 효율'이라는 경제적 원리가 적용됩니다.

거창한 약속으로 시작한 학원들은 대부분 1~2년 내에 문을 닫거나 약속했던 서비스를 축소합니다. 이러한 학원은 아이에게 일관된 교육 환경을 제공할 수 없습니다. 현실적이고 구체적인 교육 계획을 제시하는 학원을 선택하세요.

상담실장 중심으로 운영하는 학원

교육의 본질은 교사와 학생 간의 관계에 있습니다. 그러나 일부 학원은 교육 콘텐츠와 시스템보다 상담실장의 영향력이 더 큰 경우가 있습니다. 이런 학원에서는 학부모 상담이 교육 내용보다 우선시되고, 실제 교육은 부차적인 문제가 됩니다.

상담실장 중심의 학원은 시간이 지나면서 내부 갈등이 생기고 파벌이 형성되어 결국 붕괴되는 경우가 많습니다. 원장이 교육 철학과 콘텐츠를 주도하고, 상담실장은 이를 부모님께 효과적으로 전달하는 역할로 균형을 이루는 학원을 찾으세요.

소위 '돼지 엄마' 마케팅으로 팀 수업을 운영하는 학원

"우리 아이와 친구들끼리 팀을 이뤄 수업하면 시너지가 생길 것 같아요."

이렇게 어머니들끼리 팀을 구성해 학원에 등록하는 경우, 초기에는 좋아 보일 수 있습니다. 그러나 이런 방식은 몇 가지 심각한 문제점을 가지고 있습니다.

첫째, 팀이 아이의 수준에 맞게 구성된 것이 아니라 부모의 사회적 관계에 따라 구성되기 때문에 학습 효율이 떨어집니다. 둘째, 이런 팀은 오래 지속되지 않습니다. 한 명씩 빠지기 시작하면 팀이 무너지고, 결국 교육의 연속성이 깨집니다.

자체적인 교육 시스템이 없이 그때그때 요구에 맞춰 운영되는 경우가 많아 장기적인 교육 계획을 세우기 어렵습니다. 아이의 객관적인 수준과 필요에 맞는 시스템이 갖추어진 학원을 선택하세요.

'자물쇠 반'처럼 강압적인 관리 시스템을
전면에 내세우는 학원

일부 학원에서는 '자물쇠 반'이라는 이름으로 아이들을 교실에 가두고 공부시키는 방식을 택합니다. 이런 강압적인 학습 방식은 아이의 인권을 침해할 뿐 아니라 학습에 대한 내적 동기를 파괴합니다.

교육은 지식 전달 못지않게 가치와 태도를 형성하는 데도 중요한 과정입니다. 아이에게 공부는 감옥과 같은 것이라는 메시지를 주는 교육기관은 장기적으로 학습 의욕을 저하시킵니다. 자율성과 책임감을 바탕으로 한 교육 환경을 제공하는 학원을 찾으세요.

불법을 당연하다는 듯이 말하는 학원

"학교 시험 문제를 미리 받을 수 있어요." 또는 "11시 이후에도 학습 관리를 해드립니다."

이런 말을 하는 학원은 교육의 근본 가치인 정직함과 공정함을 훼손하는 곳입니다. 교육은 순수한 가치를 전달하는 과정인데, 불법적인 방식으로 운영된다면 이미 그 교육적 가치는 훼손된 것입니다.

단기적으로는 성적이 오를지 모르지만, 이런 환경에서 배우는 아이는 정직과 성실함보다 편법과 탈법을 내면화할 위험이 있습니다. 또한 언젠가 다른 학원들의 신고로 문제가 생길 가능성이 큽니다. 합법적이고 정직한 방식으로 운영되는 학원을 선택하세요.

다른 과목보다 한 과목을 먼저 완성해야 한다고 강요하는 학원

"다른 과목은 잠시 미뤄두고, 수학 미적분까지 먼저 끝내야 합니다."

이런 접근법은 교육의 균형을 깨뜨리고 아이의 전체적인 학습 능력 발달을 저해합니다. 특히 수학 학원에서 이런 주장을 많이 하는데, 과목 간 균형은 매우 중요합니다.

한 과목에만 집중하면 초기에는 진도가 빠르게 나갈 수 있지만, 장기적으로는 다른 과목에서 필요한 기초 능력이 부족해 전체적인 성적 하락으로 이어질 수 있습니다. 예를 들어 국어에서 길러지는 언어적 사고력이 부족하면 수학의 고난도 문제 해결 능력도 제한됩니다.

교과 간 시너지를 고려한 균형 잡힌 학습 계획을 제시하는 학원을 선택하세요.

이런 학원은 당장 그만두고 바꾸세요

현재 다니는 학원에서 다음과 같은 문제점이 발견된다면, 과감하게 변화를 줄 때입니다.

지나친 과제로 아이를 질리게 하는 학원

과제의 양이 아이의 수준과 시간을 고려하지 않고 과도하게 부과되는 경우, 해당 과목에 대한 흥미를 잃고 심지어 공포증이 생길 수 있습니다. 특히 요즘은 '수포자(수학 포기자)'뿐 아니라 '영포자(영어 포기자)'도 늘고 있습니다.

적절한 과제는 학습을 강화하지만, 과도한 과제는 학습 의욕을

꺾습니다. 아이가 과제로 인해 항상 피곤해하고 스트레스를 받는다면 학원 변경을 고려하세요.

아이 수준에 맞지 않는 교재를 선택하는 학원

교재의 난이도가 아이의 현재 수준보다 지나치게 높으면 학습 효과가 떨어지고 자신감이 하락합니다. 비고츠키의 '근접 발달 영역 Zone of Proximal Development' 이론에 따르면, 적절한 난이도의 도전이 가장 효과적인 학습을 이끌어냅니다.

부모님이 보기에도 교재가 너무 어렵다고 느껴진다면 이는 분명한 경고 신호입니다. 아이의 수준에 맞는 교재를 사용하면서 점진적으로 난이도를 높여가는 학원을 찾으세요.

무조건 경시대회에 나가라고 강요하는 학원

경시대회는 특정 분야에 뛰어난 재능과 관심이 있는 아이에게는 좋은 기회가 될 수 있습니다. 그러나 모든 아이에게 경시대회가 필요한 것은 아닙니다.

경시대회를 준비하는 10명 중 9명은 실제로 큰 효과를 보지 못하는 경우가 많습니다. 아이의 수준과 관심사를 고려하지 않고 무조건 경시대회 준비를 강요하는 학원은 아이의 개별성을 무시하고 획일적인 교육을 제공하는 곳입니다(특히 중2 이상은 내신 대비가 더 현실적일 수 있습니다).

아이의 특성과 목표에 맞는 교육 방향을 함께 고민해주는 학원을 선택하세요.

무조건 과학고·영재학교 준비를 강요하는 학원

과학영재고는 과학과 수학에 특별한 재능과 열정이 있는 아이들에게 적합한 진로입니다. 그러나 의대나 치대, 약대 진학을 원한다면 꼭 과학영재고를 거칠 필요는 없습니다.

아이의 진로와 적성을 고려하지 않고 획일적으로 과학영재고 준비를 강요하는 학원은 아이의 교육 여정에 불필요한 스트레스를 더할 수 있습니다. 아이의 진로 목표와 특성에 맞는 맞춤형 교육 계획을 제시하는 학원을 찾으세요.

강사끼리 서로 욕하는 학원

강사들 사이에 불화가 있고 서로를 비하하는 말을 하는 학원은 교육 환경이 심각하게 훼손된 상태입니다. 아이들은 어른의 행동을 관찰하고 모방하면서 배웁니다. 존중과 협력이 아닌 비난과 경쟁이 일상화된 환경에서는 건강한 학습 태도를 형성하기 어렵습니다.

강사들 간의 협력과 존중이 느껴지는 학원을 선택하세요. 이는 단순히 표면적인 문제가 아니라 학원의 문화와 가치관을 반영합니다.

아이에게 폭언·폭설하는 학원

학습 과정에서 적절한 피드백은 중요하지만, 이것이 폭언이나 인격 모독으로 이어져서는 안 됩니다. 폭언을 듣는 아이는 학습 내용보다 그 부정적인 감정을 더 오래 기억하게 됩니다.

특히 '남들 욕하는 강사'와 '아이에게 폭언하는 강사'는 대개 중첩됩니다. 이런 환경에서 자란 아이는 그 부정적인 의사소통 방식을 내면화할 위험이 있습니다. 실력이 있다는 이유로 폭언을 정당화해서는 안 됩니다. 존중과 격려의 분위기 속에서 가르치는 학원을 찾으세요.

과외하자고 학생을 꼬드기는 강사가 있는 학원

학원 수업에 집중하지 않고 개인 과외를 유치하는 데 관심이 있는 강사는 수업의 질을 보장할 수 없습니다. 이는 학원과 강사 사이의 신뢰 문제이기도 하며, 궁극적으로는 학생에게 피해가 갑니다.

학원 수업에 최선을 다하고, 필요한 경우에만 학원장과의 협의 하에 추가 지도를 제안하는 전문적인 강사들이 있는 학원을 선택하세요.

규모가 작은데 원장 특별반이라고
두세 배 비싼 가격을 부르는 학원

소규모 학원에서 정규 수업을 충실히 운영하지 않고, '원장 특별반'이라는 이름으로 고가의 수업을 운영하는 경우가 있습니다. 이런 학원은 대개 정규 수업의 질은 낮추고 특별반에만 집중하는 경향이 있습니다.

높은 비용에도 불구하고 실제로는 일반 과외와 크게 다르지 않은 서비스를 제공하는 경우가 많습니다. 모든 수업에 균등한 노력과 관심을 기울이는 학원을 선택하세요.

학부모에게 팩트를 전달하는 게 아니라
지나치게 가르치려고 하는 학원

교육기관은 부모님과 협력적인 관계를 구축해야 합니다. 그러나 일부 학원은 부모님의 의견이나 우려를 무시하고 일방적으로 지시하는 경향이 있습니다.

"어머님이 모르셔서 그래요"라는 식의 태도는 건강한 교육 파트너십을 저해합니다. 합리적인 설명과 근거 제시 없이 특정 프로그램이나 시험(예: 텝스, 경시대회) 참가를 무조건 강요한다면 피해야 합니다. 부모님께 정확한 정보와 이유를 설명하고 의견을 존중하는 학원을 찾으세요. 진정한 전문가는 자신의 지식을 과시하기보다 이해하기 쉽게 설명할 수 있어야 합니다.

평소엔 적당히 하다 내신 직전에만
'직보'로 성적 만드는 학원

중등 과정에서 일부 학원은 평소에는 체계적인 교육 없이 운영하다가, 내신 기간에만 집중적으로 문제 풀이를 하는 방식을 택합니다. 이런 방식으로는 일시적인 성적 향상은 이룰 수 있지만 진정한 학습 능력 향상은 이룰 수 없습니다. 잘못된 학습 루틴을 만들고 장기적으로 학습 기반을 약화시킵니다.

내신 기간 1주 전에 갑자기 집중하기보다는, 평소부터 탄탄한 내공을 쌓는 교육 시스템을 갖춘 학원을 선택하세요. 진정한 학습은 시험 직전의 암기가 아닌 꾸준한 이해와 적용의 과정입니다.

과목별로 피해야 할 학원 특징

이런 국어 학원은 피하세요

예습 없이 제시문 분석만 하는 학원

학생이 스스로 문제에 접근해보지 않고 바로 분석을 해주는 방식은 분석 능력 향상에 도움이 되지 않습니다. 적어도 학생이 먼저 문제를 풀어본 후 분석하는 과정이 필요합니다.

개인별 오답 분석 없이 일반적인 오답 설명만 하는 학원

국어는 학생마다 오답의 이유가 다른 경우가 많습니다. 학생이 스스로 오답의 원인을 찾아서 분석하게 해주는 방식이 효과적입니다.

문법이나 문학을 방학특강 중심으로 운영하는 학원

초중학생들에게는 어휘력과 비문학 제시문 접근 능력을 키우는 것이 중요합니다. 단순히 작품 해석만 해주는 방식보다는 분석 방법론을 가르치는 학원을 선택하세요. 특히 방학특강으로 문법을 강요하는 경우에는 피해야 합니다. 문법 공부는 학기 중에 내신 대비로 집중해도 충분합니다.

단순 암기로 내신을 해결하는 학원

국어도 원리와 체계가 있는 과목입니다. 단순 암기만으로는 진정한 국어 능력이 향상되지 않으며, 장기적인 성적 향상을 기대하기 어렵습니다.

이런 영어 학원은 피하세요

분절된 ESL 수업과 과제 폭탄 학원

말하기, 쓰기, 듣기, 읽기를 완전히 분리해 가르치면서 과제량이 과도한 학원은 균형 잡힌 영어 실력 향상에 도움이 되지 않습니다.

수준 낮은 디베이팅 수업을 하는 학원

영어 토론 수업이 형식적으로만 이루어지는 경우, 오히려 부모님과의 영어 대화가 더 효과적일 수 있습니다.

수준에 맞지 않는 영단어 암기를 요구하는 학원

초등생이나 중학생에게 수능 단어집을 외우게 하는 접근법은 효과적이지 않습니다. 아이의 현재 수준에 맞는 단계적 어휘 학습이 필요합니다.

교재를 혼합(수능, 토플, 텝스)해서 사용하는 학원

다양한 시험 유형의 교재를 혼합해서 사용하면 체계적인 학습이 어렵습니다. 명확한 목표와 일관된 교육 방식이 중요합니다.

아이 수준보다 어려운 교재로 수업하는 학원

현재 중등 수준 영어도 어려워하는 아이에게 토플이나 텝스 준비를 강요하는 것은 비효율적입니다. 아이의 수준에 맞는 단계적 접근이 필요합니다.

이런 수학 학원은 피하세요

설명 중심 수업을 하는 학원

설명만 과도하게 많이 하고 학생들의 이해도를 확인하지 않는 수업은 효과적이지 않습니다. 학생들은 수동적 청취자가 아닌 적극적 학습자가 되어야 합니다.

테크닉 중심 수업을 하는 학원

특히 초중등 시기에는 원리 이해보다 풀이 기법만 강조하는 교육은 장기적으로 해롭습니다. 근의 공식을 그냥 외우라고 하는 식의 접근은 진정한 수학적 사고력을 키울 수 없습니다.

과제 폭탄 학원

과도한 과제는 수학에 대한 거부감을 키울 수 있으며, 다른 과목과의 균형이 깨질 위험도 있습니다.

오답 재분석이나 재풀이 없이 문제만 많이 푸는 학원

단순히 많은 문제를 풀기보다는 풀었던 문제를 다시 분석하고 실수를 교정하는 과정이 중요합니다.

화를 내는 선생님이 있는 학원

카리스마와 화냄은 다릅니다. 화를 내며 아이를 다그치는 선생님이 열정적이라는 것은 편견입니다. 존중하는 태도로 가르치는 선생님을 찾으세요.

무조건 심화·고난도만 강조하는 학원

특히 중하위권 학생에게 고난도 문제만 풀게 하는 것은 효과적이지 않습니다. 100명 중 1명만 성공하는 방식을 자녀에게 적용하는 것은 위험합니다.

학원과 좋은 관계를 맺는
학부모 꿀팁

같은 학원이라도 학부모님이 어떻게 관계를 맺느냐에 따라 아이가 받는 관심과 교육의 질이 달라질 수 있습니다. 다음 일곱 가지 특징을 참고해 학원과 건강하고 생산적인 관계를 만들어가시길 바랍니다.

아이의 현 상태를 부풀려 말하지 않는다

자녀의 실력을 있는 그대로, 혹은 약간 낮춰서 말하는 것이 오히려 효과적입니다. 이는 학원 측의 기대치를 현실적으로 관리하고 더 세심한 관심을 받을 수 있게 합니다. 과장된 정보는 결국 수업

과정에서 드러나게 됩니다.

학원에 보내는 핵심 목적을 명확히 말한다

"모든 걸 다 잘하게 해주세요"보다는 이번에 학원을 통해 개선하고 싶은 구체적인 목표(예: 이전 학원에서 부족했던 점, 특정 단원 집중 학습 등)를 명확히 전달하면 학원에서 아이를 지도하는 데 방향성을 잡기 좋습니다.

등록 후 1개월 내 아이의 '상태 변화'를 전달한다
(결과 요구 X)

수업 시작 후 4주 차 정도에 아이가 어떤 부분을 좋아하고 어떤 부분을 어려워하는지 전달하세요. 성과에 대한 요구보다는 과정에 대한 소통이 중요합니다. 이러한 피드백은 수업의 질을 향상시키는 데 도움이 됩니다.

성과를 요구하기보다는 성장을 이야기한다

단기적인 시험 점수 변화에 일희일비하기보다 아이가 어떤 부분에서 성장하고 있는지, 과정을 통해 무엇을 배우고 있는지에 초점을 맞춰 소통하면 장기적으로 긍정적인 관계를 형성하고 아이의 꾸준한 발전을 이끌 수 있습니다.

결과를 두고 비판하기보다는 문제에 대한 정확한 진단과 솔루션을 요구한다

성적이 기대에 미치지 못할 때, 학원을 즉시 바꾸기보다는 왜 그런 결과가 나왔는지 분석하고 해결책을 논의하세요. 학원을 그냥 바꿔버리면 아이의 문제점을 파악하지 못한 채 다음 학원에서도 동일한 시행착오를 겪을 가능성이 높습니다. 아이의 학습 패턴을 정확히 파악하고 장기적인 개선책을 제시하는 학원이라면, 지속적인 관계를 유지하는 것이 더 효과적일 수 있습니다.

좋은 성과가 나왔을 때 감사를 표한다

아이가 학원의 도움으로 좋은 결과를 얻었을 때는 문자나 짧은 메시지로나마 감사를 표현하는 것이 좋습니다. 인간적인 관계 속에서 긍정적인 피드백은 강사에게 더 큰 동기 부여가 되고, 이는 결국 아이에게 더 좋은 교육으로 돌아갈 수 있습니다. 비용을 지불했으니 당연하다는 생각보다 노력에 대한 인정과 감사가 관계를 더욱 돈독하게 만듭니다.

상담에서 현재와 미래에 대한 이야기를 함께 한다

학원과의 상담에서 현재 성과뿐 아니라 장기적인 계획과 비전에 대해서도 이야기하세요. 이는 학원 측에 "이 가정은 우리를 신뢰하고 장기적인 관계를 원한다"는 메시지를 전달합니다. 이러한 신뢰는 보다 더 심도 있고 체계적인 교육 계획으로 이어질 수 있습니다.

좋은 학원을 선택하는 일은 단순히 브랜드나 규모를 따지는 일이 아닙니다. 진정한 교육은 내실과 가치, 그리고 아이에 대한 진정한 관심에서 시작됩니다. 정당하지 못한 방법으로 가르치거나 도덕적으로 문제가 있는 교육자는 단기적으로는 성과를 보일지 모르나, 장기적으로는 결코 아이의 진정한 성장을 이끌어낼 수 없습니다. 버럭대고 짜증 내며 학생에게 강요를 하는 교사보다 존중과 배려 속에서 체계적으로 가르치는 교사를 찾으세요. 현란한 마케팅 문구를 내세우기보다 교육의 본질에 충실한 기관을 선택하세요.

제가 제시해드린 기준을 바탕으로 지금 우리 아이가 다니는 학원, 앞으로 만나게 될 학원을 냉철하게 판단하고 현명하게 활용하시길 바랍니다. 부디 우리 아이들이 잘못된 학원에서 시간과 에너지를 낭비하지 않고, 자신의 잠재력을 마음껏 펼칠 수 있는 건강한 교육 환경 속에서 성장할 수 있기를 진심으로 응원합니다.

2장

소형 학원 vs. 대형 학원, 현명한 선택 기준

육각형 레이더 차트 3-2. 소형 vs. 대형 학원
(스마트폰 가로 모드에 최적화되어 있습니다.)

신중한 학원 선택,
평범함과 탁월함의 갈림길

대치동에서만 14년간 원장으로 학원을 운영하면서 수많은 부모님이 학원 선택 앞에서 얼마나 많은 고민과 시행착오를 겪는지 지켜봐왔습니다. "어떤 학원이 좋다더라", "옆집 아이는 저 학원 다니고 성적이 올랐다더라"는 말에 귀가 솔깃해지고, 불안한 마음에 휩쓸려 섣불리 결정하는 경우를 너무나 많이 목격했습니다. 혹시 지금, 우리 아이에게 정말 필요한 도움이 무엇인지 깊이 고민하기보다 주변의 평판이나 막연한 기대감으로 학원을 선택하고 계시진 않습니까?

많은 부모님이 '학원은 무조건 보내야 한다' 혹은 '절대 보내지 않겠다'는 양극단의 결정을 미리 내리곤 합니다. 하지만 이는 아이의 성장 가능성을 제한하는 위험한 접근입니다. 학원은 만능 해결책도, 절대 악도 아닙니다. 아이의 발달 단계와 학습 상황에 따라 필요한 도움을 주는 수많은 '학습 도구' 중 하나일 뿐입니다. 지금 당장 진도를 따라가는 것이 급해 보인다면, 혹은 아이의 적극성이 부족해 걱정이라면, 그 문제를 해결해줄 최적의 도구를 신중하게 선택해야 합니다. 무작정 남들을 따라 대형 학원의 문을 두드리는 것, 특히 아이가 소극적이라면 이는 시간과 비용을 낭비하는 가장 확실한 길임을 명심해야 합니다. '가서 뭐라도 배우겠지'라는 막연한 기대는 현실과 다를 때가 많습니다.

내 아이 맞춤형 학원을 찾는 일은 맞춤 양복을 제작하는 일과 같습니다. 많은 부모님이 저에게 묻습니다. "장원장님, 우리 아이 대형 단과학원에 보내야 할까요, 소규모 소수정예 학원에 보내야 할까요?" 이 질문은 본질을 놓치고 있습니다. 학원의 크기가 아닌, 아이의 특성과 목표에 맞는 환경이 학원 선택 시 고려해야 할 핵심 변수입니다. '무조건 학원'이나 '절대 학원 금지'라는 결정은 과학적이지 않습니다. 아이의 발달 단계와 학습 요구에 따라 다양한 학습 도구 중 하나로서 학원을 전략적으로 고려해야 합니다.

하버드 교육대학원의 하워드 가드너Howard Gardner 교수는 '다중 지능 이론'을 통해 "모든 아이는 각기 다른 인지적 강점을 가지고 있으며, 교육 환경은 이에 맞게 조정되어야 한다"고 강조합니다. 학원 선택 역시 이 원칙에서 벗어나지 않습니다. 표준화된 '정답'이 아닌 아이의 특성과 목표를 중심으로 한 '맞춤형 선택'이 필요합니다.

무분별한 따라 하기 문화에서 벗어나, 내 아이를 육각형 인재로 키우기 위한 맞춤 학원 선택의 명확한 기준점을 제가 제시해드리겠습니다.

학원의 본질과 유형:
규모별 특성과 숨겨진 실체

**학원 선택, 규모가 아닌
'시스템'과 '철학'을 보라**

우리는 흔히 학원을 '대형', '중형', '소형'이라는 규모로 나누어 생각하는 경향이 있습니다. 하지만 이는 피상적인 분류일 뿐, 학원 선택의 본질적인 기준이 되기는 어렵습니다. 중요한 것은 규모 자체가 아니라 그 규모를 가능하게 한 '설립 배경'과 '운영 시스템', 그리고 '교육 철학'입니다.

자세한 분석 전에 일차적으로 학원의 규모를 통해 우리가 생각할 수 있는 점은 단순한 물리적 크기가 아닌 교육 시스템의 차이입니다. 여기서 핵심은 전국적 프랜차이즈 여부가 아닌 **지역 내 운영 규모입니다.** 전국에 수백 개가 있는 학원이더라도 지역에서는 1개의 관으로 적은 면적과 선생님들로 구성되어 있다면 소형 학원으로 분류합니다.

분류	관(교실) 수	강사 수	핵심 특징
소형 학원	1개	1~3명	학원장 중심, 소자본 창업 모델
중형 학원	2~4개	4~9명	소형에서 성장 중, 확장 과도기
대형 학원	5개 이상	10명 이상	자본력 중심, 백화점식 운영

대중소 학원 분류 기준과 특징

소형 학원은 대개 원장 개인의 교육 철학과 경험을 바탕으로 한 '소자본 창업'의 형태를 띱니다. 강의실 한두 개, 강사 1~3명 규모로, 원장의 역량과 가치관이 학원 전체의 색깔을 결정하는 경우가 많습니다. 반면 **대형 학원**은 상당한 '자본력'을 기반으로 시작됩니다. 여러 개의 강의실(지역 내 5개 이상 기준)과 다수의 강사(10명 이상 기준)를 확보하고, 백화점처럼 다양한 강좌를 제공하며 시스템으로 운영되는 경향이 있습니다. **중형 학원**(강의실 2~4개, 강사 4~9명 기준)은 소형에서 시작해 실력과 운영 능력을 인정받아 성장 가도에 있는 경우가 많으며, 대형과 소형의 특징을 동시에 지니고 있어 더욱 면밀한 분석이 필요합니다.

이러한 설립 배경의 차이는 학원의 운영 방식, 강사 관리, 학생

케어 시스템, 심지어는 홍보 전략에까지 영향을 미칩니다. 단순히 '크니까 체계적이겠지', '작으니까 꼼꼼하겠지'라는 막연한 기대를 버리고, 각 시스템의 본질적인 장단점을 파악하는 것이 '내 아이 맞춤' 학원 선택의 첫걸음입니다.

그렇다면 규모별 학원의 실체는 무엇이며, 우리는 어떤 기준으로 장점과 단점을 판단해야 할까요? 대치동 현장에서 제가 직접 경험하고 분석한 내용을 바탕으로, 학원 선택 시 반드시 점검해야 할 핵심 기준들을 제시합니다.

소형 학원의 실체와 점검 포인트

소형 학원은 원장 직강, 밀착 관리 등을 내세우지만, 때로는 과장된 홍보나 시스템 부재의 함정이 있을 수 있습니다. 소형 학원의 진정한 가치는 '맞춤형 케어'와 '특화된 전문성'에 있습니다. 이를 제대로 구현하는 시스템과 원장의 리더십이 있는지 확인해야 합니다.

홍보의 실체 확인

"금액 대비 과도한 서비스 제공"을 약속한다면, 실제 운영 시스템과 자원을 확인해야 합니다. 빈약한 시스템을 감추기 위한 과장일 수 있습니다.

강사 구성 점검

학원 규모에 비해 강사가 비정상적으로 많다면, 실제로는 강의실을 쪼개 운영하는 '과외방' 형태이거나 파트타임 강사 위주의 불안정한 시스템일 수 있습니다. 대치동 출강 경력 등을 내세우지만 실제로는 이름만 걸어둔 경우도 있으니 주의해야 합니다.

원장 직강의 의미 해석

강사 없이 원장 혼자 운영하는 1인 학원이라면, '원장 직강'이라는 홍보가 특별한 강점이 아닐 수 있습니다. 학생 수가 일정 수준(예: 20명)을 넘어서면 시스템 없이는 효과적인 관리가 어려워집니다.

장점 극대화 조건 확인

원장의 강력한 리더십 아래 특정 분야에 전문화되어 있거나(단, 원장의 철학이 명확하고 이를 시스템화했을 때), 학생 및 학부모와의 적극적인 소통을 통해 맞춤형 케어가 실제로 이루어지는지 확인해야 합니다. '작으니까 당연히 잘 봐주겠지'라는 기대는 금물입니다. 규모가 아닌 시스템과 강사의 의지가 핵심입니다. 문제점 발견 및 관리가 용이하다는 장점은 있지만, 이를 케어하느라 진도가 느려지는 단점도 고려해야 합니다.

대형 학원의 실체와 점검 포인트

대형 학원은 체계적인 시스템과 유명 강사를 내세우지만, 때로는 학생 개개인에 대한 관심 부족, 과도한 진도 및 과제 부담 등의 문제를 안고 있습니다. 대형 학원의 강점은 '표준화된 커리큘럼'과 '다양한 선택지', 그리고 '경쟁 환경'에 있습니다. 그러나 이것이 모든 학생에게 긍정적으로 작용하는 것은 아닙니다.

상담의 이면 파악

상담실장은 대부분 강의 경험 없이 주어진 자료로 설명하는 경우가 많습니다. 화려한 설명보다는 학원의 실제 운영 시스템(특히 원장의 교육 철학이 시스템에 반영되는지, 대표 원장 프로필이 공개되는지 등)을 확인해야 합니다.

성적표의 함정 경계

화려하게 디자인된 성적표가 반드시 질적인 피드백을 의미하지는 않습니다. 다수의 학생 데이터를 활용한 통계적 분석일 뿐, 개별 학생의 성장 과정에 대한 깊이 있는 관심이 부족할 수 있습니다. 진도 완수에만 집중하는 경향도 있습니다. 물론 대형 학원 소속이라도 개별 강사가 자신만의 시스템을 잘 구축한 경우도 드물지만 존재합니다.

과제의 적절성 판단

소화 불가능할 정도의 과제를 내주는 것은, 특히 대치동 같은 경쟁 치열 지역에서는 클레임을 피하기 위해 최상위권 학생에게 기준을 맞추기 때문일 수 있습니다. 복습이 불가능한 방대한 자료나 해설 없는 문제은행은 오히려 학습 효율을 떨어뜨립니다. '적중률' 홍보 역시 많은 양의 문제를 제공하면 어떤 문제든 유사 유형이 나올 수밖에 없는 통계적 착시일 수 있으니 현혹되지 말아야 합니다.

장점의 조건부 해석

선택권이 넓다는 것은 대규모 학원 단지의 경우에 해당하며, 체계성은 초중등 레벨별 어학원 등에서는 강점이지만, 강사 개인 역량에 의존하는 중고등 학원에서는 아닐 수 있습니다. '일타강사'는 상위권 학생이나 스스로 학습을 조절할 수 있는 학생에게는 효과적이나, 모든 학생에게 옳은 선택은 아닙니다. 다수가 선택한다고 실패 확률이 낮은 것도 아닙니다. 오히려 맞춤 교육 부재로 학습 정체나 실패 확률이 더 높을 수 있습니다.

내 아이 맞춤 학원 선택의 과학: 성향과 목적에 따른 전략적 접근

학원 선택은 단순히 주변 평판이나 규모가 아니라 아이의 특성과 학습 목표를 중심으로 이루어져야 합니다. 교육심리학 연구에 따르면, 학습 환경과 학습자 특성 간의 적합성fit이 학습 성과의 핵심 변수입니다.

목적에 따른 맞춤 선택 전략

교육 목적	권장 학원 유형	근거
진도 중심	대형 학원	체계적 커리큘럼, 진도 중심 운영
실력 향상	소형 학원 (클리닉 중심)	개별화된 피드백, 약점 보완 집중

기본기/학습 태도 교정	소형 학원(케어 중심)	학습 행동 패턴 조정을 위한 밀착 관리
자기 주도 학습 역량 개발	전문화된 자기 주도 학습 코칭	메타인지 전략 훈련, 자기 조절 학습법 지도

교육 목적에 따른 학원 맞춤 선택

미국 스탠퍼드 대학의 캐롤 드웩 교수는 '성장 마인드셋' 연구를 통해 "학습 환경은 학생의 근본적 학습 태도와 동기에 영향을 미친다"고 밝혔습니다. 따라서 학원 선택 시 단순한 학업 성취도가 아닌 아이의 학습 태도와 동기 발달을 고려해야 합니다.

아이 성향에 따른 맞춤 선택 전략

아이의 심리적 특성은 학습 환경에 대한 반응을 결정짓는 핵심 요소입니다.

- **경쟁심 수준**

  경쟁심이 낮은 아이는 대형 학원보다 소형 학원에서 더 효과적으로 동기 부여를 받을 수 있습니다. 심리학자 앨버트 밴듀라의 자기 효능감 이론에 따르면, 적절한 난이도의 환경에서 성공 경험을 쌓는 것이 중요합니다.

- **적극성 정도**

  적극성이 부족한 아이는 대형 학원에서 '구경꾼'이 될 가능성이 높으므로, 소형 학원의 참여 유도 환경이 더 효과적입니다.

학원 평가를 위한 체계적&논리적 접근

맘카페와 같은 비공식 정보원은 다음과 같은 이유로 신뢰성이 떨어집니다.

- **의견 편중 현상**: 온라인 커뮤니티 참여자의 약 1%가 전체 콘텐츠의 60~70%를 생산하는 '메가유저 현상'으로 인해, 소수의 편향된 의견이 과대 대표됩니다.
- **상업적 정보 왜곡**: 학원 관계자나 마케팅 업체에 의한 의도적 정보 조작 가능성이 높습니다.
- **서비스의 경합성**: 교육 서비스는 '경합재'의 특성을 가지므로, 좋은 학원일수록 추천을 꺼리는 경향이 있습니다. 경제학의 '공유지의 비극' 원리와 유사한 메커니즘이 작동합니다.

대신, 다음과 같은 직접적 정보 수집과 평가 방법을 권장합니다.

- **직접 상담 및 설명회 참석:** 학원의 교육 철학과 접근 방식을 직접 확인합니다.
- **콘텐츠 분석:** 블로그, 유튜브 등 축적된 자료를 통해 학원의 교육 방향성과 전문성을 평가합니다.

- **재원생 학부모 의견:** 개별 사례로 일반화하지 않되, 참고 자료로 활용합니다.
- **직접 체험:** 궁극적으로는 실제 등록 후 경험을 통해 판단해야 합니다. 베이즈 통계학에서 말하는 '사전 확률'을 '사후 확률'로 업데이트하는 과정으로 볼 수 있습니다.

학원 선택의 혁신:
프레임 전환과 실천 전략

학원 선택의 본질은 '좋은 학원 찾기'가 아닌 '내 아이에게 맞는 학원 찾기'입니다. 이는 교육심리학에서 말하는 '적성–처치 상호작용 Aptitude-Treatment Interaction' 원리에 부합합니다.

좋은 학원의 보편적 기준

아이 특성과 무관하게 좋은 학원이 반드시 갖추어야 할 보편적 공통점은 다음과 같습니다.

- **리더십과 시스템**: 원장의 명확한 교육 철학과 강력한 리더십, 또는 체계적인 교육 시스템이 반드시 필요합니다(규모 무관).
- **강사의 인성과 실력:** 특히 초중등 단계에서는 실력 못지않게, 어쩌면 그 이상으로 강사의 긍정적인 인성이 중요합니다. 실력 없는 강사는 학원 시스템 내에서 자연스럽게 걸러지는 경우가 많습니다.
- **진단과 처방:** 학생의 현재 상태를 정확히 진단하고 그에 맞는 처방(학습 전략, 피드백 등)을 제공할 수 있어야 합니다. 정기적인 리포트 형식보다 필요 시 질문했을 때 아이를 제대로 파악하고 구체적인 답변을 줄 수 있는지가 더 중요합니다.
- **적절한 소통:** 학부모와의 소통은 필요하지만, 이것이 과도하면 오히려 학생에게 집중할 시간을 빼앗는 결과가 됩니다. 소통의 양보다 질, 그리고 학생 성장을 위한 실질적인 노력에 집중하는지 봐야 합니다.

교육학자 데이비드 콜브David Kolb의 '경험 학습 사이클' 이론에 따르면, 효과적인 학습은 구체적 경험, 반성적 관찰, 추상적 개념화, 능동적 실험의 순환을 통해 이루어집니다. 좋은 학원은 이 사이클을 지원하는 환경을 제공합니다.

실천 전략: 내 아이 맞춤형 학원 선택을 위한
최종 체크 리스트

내 아이에게 맞는 학원을 찾기 위한 단계별 접근법은 다음과 같습니다.

1. **목적 설정:** 학원에 보내는 명확한 목표는 무엇인가? (예: 특정 단원 진도 완성, 심화 학습, 기본기 다지기, 학습 태도 교정 등)
2. **아이 성향 파악:** 현재 내 아이의 학습 특성은 어떠한가? (예: 이해 속도(빠름/보통/느림), 경쟁심(높음/보통/낮음), 적극성(높음/보통/낮음) – 과목별로 다를 수 있음)
3. **기준점 적용:**
   - **약점 보완:** 진도 따라잡기가 목표라면→대형 학원 고려. 실력 향상(심화)이 목표라면→소규모 클리닉 중심 학원 고려. 기본기/태도 교정이 목표라면→소규모 케어 중심 학원 고려. 자기 주도 학습 능력 자체가 목표라면→전문 기관(예: 대치동 스터디 PT) 고려.
   - **경쟁심:** 경쟁심이 부족하다면→소형 학원에서 동기 부여 기회 모색(대형은 위축될 수 있음).
   - **적극성:** 적극성이 부족하다면→소형 학원에서 세심한 관리 및 참여 유도 고려(대형은 방치될 수 있음).

이러한 기준을 바탕으로 자녀와 함께 현재 다니는 학원을 분석하고 앞으로의 선택에 대해 진솔한 대화를 나눠보십시오. 부모님의 생각과 아이의 실제 느낌이 다르기도 합니다. 소심해 보여도 경쟁심이 강할 수 있고, 특정 과목에만 유독 소극적일 수도 있습니다. 이 과정을 통해야만 진정한 '내 아이 맞춤' 선택에 가까워집니다.

부모-자녀 공동 분석의 중요성

학원 선택은 부모 단독이 아닌, 부모-자녀 공동의 분석과 결정이 이상적입니다. 교육심리학에서는 학습자의 자율성과 주체성이 학습 동기와 성과에 직접적 영향을 미친다고 보고합니다.

아이와 다음과 같은 주제로 대화를 나눠보세요.

- 현재 다니는 학원의 장단점을 솔직하게 분석
- 아이의 적극성, 경쟁심, 이해 속도를 과목별로 평가
- 선택 기준을 명문화해 객관적 판단 기준 마련

자녀와 나누는 이러한 메타인지적 대화는 그 자체로 교육적 가치가 있으며, 자녀의 학습 주체성 발달에 기여합니다. 미국 교육심리학자 배리 짐머만Barry Zimmerman의 연구에 따르면, 학습 환경 선택에 참여한 학생들은 더 높은 자기 조절 학습 능력을 발휘합니다.

학원 쇼핑을 멈추고,
스마트한 교육 설계를 시작하자

학원 선택은 단순히 '어디가 더 좋은가'를 찾는 과정이 아닙니다. 우리 아이의 현재 상태를 정확히 진단하고, 목표를 설정하며, 그 목표 달성에 가장 효과적인 도구를 전략적으로 선택하는 '교육 설계'의 과정입니다. 남들이 좋다는 학원, 유명하다는 학원을 따라가는 것은 가장 쉬운 선택처럼 보이지만, 가장 위험한 선택일 수 있습니다. 학원 선택의 핵심은 **내 아이에게 맞는 선택**입니다. 아이의 학습 문제는 대부분 아이의 의지나 능력이 아닌 아이에게 맞지 않는 학습 시스템에서 비롯됩니다.

심리학자 필립 짐바르도Philip Zimbardo는 "개인의 행동은 내적 성향보다 환경적 요인에 더 큰 영향을 받는다"고 주장했습니다. 교육 환경 역시 마찬가지입니다. 아이에게 맞는 학원을 선택하는 것은 단순한 서비스 구매가 아닌 아이의 발달 궤적을 설계하는 전략적 결정입니다.

 문제는 아이의 잠재력이 아니라 부모의 '전략 부재'일 때가 많습니다. 학원은 우리 아이 교육의 전부가 아닌 현명하게 활용해야 할 하나의 도구일 뿐입니다. 오늘 제시해드린 기준을 나침반 삼아 더 이상 '학원 쇼핑'에 시간을 허비하지 마십시오. 이제 우리 아이만을 위한 최적의 '교육 로드맵'을 설계하고 흔들림 없이 나아가야 할 때입니다. 현명한 선택의 기준을 세우는 것, 그것이 바로 상위 0.1% 육각형 인재로 가는 길의 시작입니다.

3장

사교육 효과를 2배로 높이는 완벽한 공부법

육각형 레이더 차트 3-3. 완벽한 공부법
(스마트폰 가로 모드에 최적화되어 있습니다.)

학원을 바라보는 올바른 관점:
도구로서의 사교육

많은 학부모님이 두 가지 극단 사이에서 혼란스러워합니다. 한쪽에선 "절대 사교육 없이 순수 홈스쿨링만으로" 성공하겠다는 강박을, 다른 한쪽에선 "명문 학원에 보내기만 하면 성적이 오를 것"이라는 환상을 가지고 있습니다.

그러나 현실은 그 사이에 있습니다. 최상위권 학생들은 학원을 '열린 사고'로 바라봅니다. 학원에 무조건 의존하지도, 맹목적으로 거부하지도 않습니다. 필요에 따라 선택적으로 활용하는 것이죠. 하버드 교육대학원의 연구에 따르면, 학업 성취도가 높은 학생들은 외부 자원을 적절히 활용하되 학습의 주도권은 자신이 쥐는 특징을 보입니다(Howard, 2019).

그런데 대부분의 학생들이 학원에서 저지르는 치명적 실수가 있습니다. 바로 '구경하는 공부'에 그치는 것입니다. 이들에게 수업 듣기는 TV 시청과 동일한 뇌 활동을 가져옵니다. 수동적으로 정보를 흘려보낼 뿐, 뇌를 적극적으로 활성화해 정보를 가공하고 내재화하는 과정이 없는 것이죠. 인지심리학자 크레이크Craik와 록하트Lockhart의 '처리 수준 이론'에 따르면, 단순히 정보를 접하는 얕은 수준의 처리로는 장기 기억으로 전환되기 어렵습니다.

따라서 학원 수업을 진정한 내 것으로 만들기 위해서는 수동 학습에서 능동 학습으로의 패러다임 전환이 필요합니다. 이것이 바로 이 장에서 알려드릴 사교육 200% 활용법의 핵심입니다.

스터디 사이클로 완성하는
완벽한 학습 시스템

그렇다면 어떻게 해야 학원이라는 도구를 활용해 아이의 진짜 실력을 키울 수 있을까요? 해답은 수동적인 학습 태도에서 벗어나, 학습 콘텐츠를 온전히 '내 것'으로 만드는 능동적인 학습으로 전환하는 데 있습니다. 이를 위한 효과적인 프레임워크가 바로 교육학과 심리학에서 널리 활용되는 '스터디 사이클Study Cycle'입니다. 이는 제가 대치동 현장에서 최상위권 학생들의 학습 과정을 분석하며 그 효과를 수없이 검증한 실전 모델입니다.

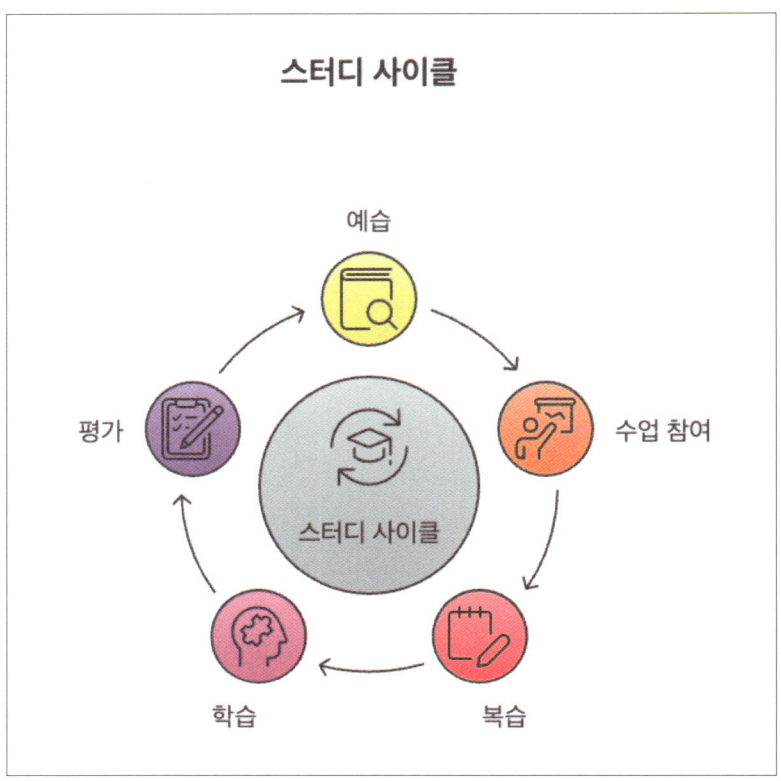

스터디 사이클

예습

수업 참여

복습

학습

평가

스터디 사이클

'스터디 사이클'은 완전한 순환을 이루는 5단계 학습 과정으로 구성됩니다. Preview(예습), Attend(수업 참여), Review(복습), Study(학습), Test(평가)입니다.

많은 학생들이 수업 참여 단계에만 머무르는 실수를 범합니다. 그러나 이 단계는 전체 학습 과정의 단 20%에 불과합니다. 뇌과학 연구에 따르면, 우리 뇌는 단순히 정보를 접하는 것만으로는 장기 기억으로 전환시키지 못합니다. 정보를 다양한 방식으로 가공하고,

재구조화하며, 반복적으로 인출해야만 진정한 학습이 이루어집니다(Brown, Roediger & McDaniel, 2014).

　이제 스터디 사이클 모델을 기반으로 학원 효과를 극대화하는 구체적인 실천 전략, '대치동 장원장 솔루션'을 단계별로 제시하겠습니다. 이 전략들은 제가 대치동 상위권 학생들을 지도하며 효과를 검증한 방법들입니다.

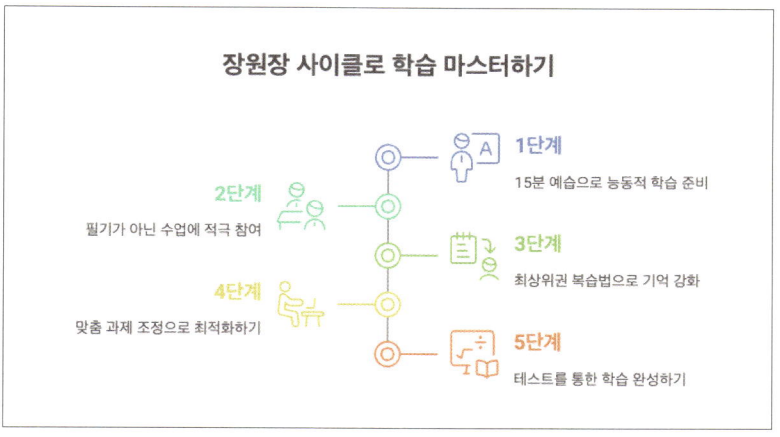

1단계: 예습으로 시작하는 능동적 학습 준비

　예습은 수업 몰입도를 결정짓는 핵심 요소입니다. 그러나 많은 학생들이 '시간이 없다'는 이유로 예습을 건너뜁니다. 최상위권 학생들의 예습 패턴을 분석한 결과, 예습에는 '황금 15분'이 존재합니다. 단 15분의 집중 예습만으로도 수업 이해도를 50% 이상 높일 수 있습니다.

구체적 실천법은 다음과 같습니다.

- **수업 전 15분 투자:** 딱 15분만 투자해 교재를 1회독합니다. 내용을 완벽히 이해하려 애쓰기보다 어떤 내용이 나올지 미리 훑어보는 것만으로도 충분합니다.
- **모르는 단어 찾기**(선택)**:** 여유가 된다면 모르는 단어의 뜻을 찾아보는 것이 가장 이상적입니다.
- **'예습의 날' 지정 또는 '복예습 시스템' 활용:** 매번 수업 직전 예습이 어렵다면, 주 1회 '예습의 날'을 정해 일주일 치 분량을 미리 보거나, 복습 시 다음 수업 내용을 미리 보는 '복예습 시스템'을 구축하는 것이 효과적입니다. 이는 복습과 예습을 하나의 덩어리로 만들어 실천력을 높이는 방법입니다.

최상위권 학생들은 여기서 한 단계 더 나아갑니다. 수학·과학 선행반이라면 개념 암기까지, 국어·영어 수업이라면 미리 문제를 풀어보는 단계까지 나아갑니다. 이것이 상위 1%와 0.1%를 가르는 차이점입니다.

2단계: 수업 참여의 신기술-
노트 필기를 넘어 이해 중심으로

대부분의 학생들은 학원 수업에서 노트 필기에 집중하느라 정작 내용 이해는 놓치곤 합니다. 인지심리학 연구에 따르면, 노트 필기와 이해는 두 가지 다른 인지 활동이기 때문에 동시에 진행하면 둘다 효율이 떨어집니다(Mueller & Oppenheimer, 2014).

최상위권 학생들의 수업 참여 방식은 다음과 같습니다.

- **이해 중심의 집중:** 노트 필기보다 내용 이해에 집중합니다. 이미 교재나 답지에 있는 내용을 베껴 적는 데 시간을 낭비하지 않습니다.
- **즉각적인 질문:** 이해가 안 되는 부분이 있으면 그 자리에서 바로 질문합니다. 재미있게도 반에서 1등하는 학생이 질문을 가장 많이 합니다. 하위권 학생일수록 '너무 많은 것을 모르기 때문에' 질문을 하지 못하는 악순환에 빠집니다.
- **복습 포인트 표시:** 수업 중 이해하기 어려운 부분은 특별히 표시해 복습할 때 집중적으로 다시 볼 수 있도록 합니다.
- **개념 외우기 시작:** 최상위권 학생들은 수업 중에 이미 중요 개념을 외우기 시작합니다. 뇌과학적으로 정보 습득 직후 기억 전환 작업을 시작하면 장기 기억으로의 전환 효율이 크게 높아집니다.

여기서 주목할 점은 질문 방식입니다. 실력이 낮을수록 질문이 필요한데 역설적으로 질문을 하지 못합니다. 따라서 질문을 적극적으로 할 수 있는 환경을 조성하는 것이 중요합니다. 학원의 질문 클리닉이나 카톡 문의 시스템 등을 최대한 활용하세요.

3단계: 복습을 통한 기억의 강화- 에빙하우스 망각 곡선 극복하기

에빙하우스의 망각 곡선에 따르면, 새로운 정보는 24시간 내에 약 70%가 소실됩니다. 그러나 적절한 복습을 통해 이 망각 속도를 크게 늦출 수 있습니다. 특히 뇌과학 연구에 따르면, 학습 직후 복습은 장기 기억 형성에 결정적인 영향을 미칩니다(Cowan, 2008).

최상위권 학생들의 복습 패턴은 다음과 같습니다.

1. **수업 직후 복습**: 이상적인 복습 시점은 수업 직후입니다. 망각 곡선이 급격히 하락하기 전에 다시 한번 내용을 상기시키는 것이 중요합니다.
2. **개념 우선, 문제 나중**: 비상위권 학생들이 범하는 가장 큰 실수는 복습 없이 바로 문제 풀이로 넘어가는 것입니다. 개념을 완전히 내 것으로 만든 후에 문제 풀이를 시작해야 합니다.
3. **다음 날 스타팅 미션으로 설정**: 수업 직후 복습이 어렵다면, 다음날 첫 번째 공부 미션으로 '전날 수업 복습하기'를 지정하세요. 이렇게 하면 복습이 미뤄지지 않고 자연스럽게 루틴이 됩니다.
4. **셀프 테스트**: 진정한 복습의 완성은 셀프 테스트입니다. 교재

를 덮고 핵심 개념과 원리를 스스로 설명해보세요. 남에게 설명할 수 있을 정도로 이해했다면 진짜 내 것이 된 것입니다.

특히 수학은 공식을 단순히 외우는 데서 그치지 말고 유도 과정까지 이해해야 합니다. 수학 공식의 유도 과정을 이해한 학생들은 암기만 하고 이해하지 못한 학생들보다 응용문제 해결 능력이 월등히 높습니다.

4단계: 과제 학습의 최적화-
양보다 질, 선택과 집중의 기술

과제는 배운 내용을 실전에 적용하는 단계입니다. 그러나 많은 학생들이 과제의 양에 압도되어 표면적인 학습에 그치고 맙니다. 특히 대치동 학원들은 부모님의 클레임을 방지하기 위해 과도한 양의 과제를 부여하는 경우가 많습니다.
최상위권 학생들의 과제 학습 패턴은 다음과 같습니다.

1. **복습 직후 과제 수행**(최고의 습관): 수업→복습→과제 수행을 바로 이어서 하는 것이 가장 이상적입니다. 이는 대치동에서도 100명 중 1명 정도만 실천하는 습관이지만, 부모님의 도움으로 충분히 형성 가능합니다. 미룰수록 학습 내용은 더 **빠르게** 휘발됩니다.

2. **과제 쪼개기 및 플래너 활용:** 한 번에 모든 과제를 하기 어렵다면 주 단위 또는 일 단위로 과제를 N등분해 플래너에 미리 배분합니다. 복습 후 과제 배치는 기본입니다.

3. **수준별 과제 선택과 집중(질적 학습):** 학원에서 제공하는 방대한 양의 과제(개념, 유형, 심화)를 모두 소화하려 하기보다 자신의 수준에 맞게 취사선택하는 것이 중요합니다. 100문제를 푸는 것보다 자신에게 필요한 25문제를 제대로 풀고 분석하는 것이 훨씬 더 효과적입니다. 오답 분석까지 고려해 소화 가능한 분량만 설정하는 것이 현명합니다.

   - 상위권: 개념/유형 문제보다 심화/고난도 문제에 집중해 문제 해결 능력을 끌어올립니다.
   - 비상위권: 심화 문제는 과감히 포기하고, 개념/유형 문제를 확실히 다지는 데 집중합니다.

4. **'문제 풀이'와 '오답 분석' 분리:** 플래너에 과제 미션을 배분할 때, '문제 풀이 시간'과 '오답 분석 시간'을 명확히 구분해 기록해야 합니다. 그렇지 않으면 오답 분석을 소홀히 하기 쉽습니다. 학생에게 진짜 필요한 것은 오답을 통해 약점을 보완하는 과정입니다.

5. **즉각적인 채점 및 오답 분석:** 문제 풀이와 채점, 오답 분석 사이의 간격이 벌어질수록 학습 효과는 급격히 떨어집니다. 문제를 몰아서 풀고 나중에 오답 풀이를 하는 방식은 최악입니다. 문제 풀이→스스로 채점→오답 분석→헷갈리는 부분 질문→질

문 내용 재풀이의 과정을 최대한 붙여서 진행하는 것이 완벽한 학습 흐름입니다. 자신에게 맞는 양을 선택한다면 충분히 실천 가능합니다. 학습 효과가 0에 수렴하는 공부는 이제 그만해야 합니다.

5단계: 평가를 통한 학습의 완성- 진정한 내재화의 기술

스터디 사이클의 마지막 단계는 평가입니다. 이 단계는 학습한 내용이 진정으로 내 것이 되었는지 확인하는 과정입니다. 인지심리학에서는 이를 '검증 효과Testing Effect'라고 부르며, 단순 복습보다 자신을 시험하는 방식이 장기 기억 형성에 더 효과적이라는 연구 결과가 있습니다(Roediger & Karpicke, 2006).

최상위권 학생들의 평가 패턴은 다음과 같습니다.

1. **주기적인 전체 내용 테스트:** 매번 과제 완료 후 전체 내용을 테스트하는 것이 이상적이지만, 현실적으로 어렵다면 주 1회 또는 월 1회라도 시간을 정해 그동안 학습한 전체 내용(개념 확인, 틀린 문제 다시 풀기 등)을 점검하는 시간을 갖습니다.
2. **'기억하는 것'과 '사라진 것' 구분:** 테스트를 통해 내가 확실히 아는 내용과 잊어버린 내용을 구분하고, 잊어버린 내용은 다시 학습 계획에 포함시켜야 실력이 꾸준히 향상됩니다.

3. 수준별 평가 전략:

- 상위권: 개념이 탄탄하므로 오답 문제 재풀이 중심으로 진행합니다.
- 비상위권: 고난도 문제 오답에 집착하기보다 개념을 정확히 이해하고 있는지 테스트하는 데 집중합니다. 개념 확인 후 괜찮다면 풀었던 문제의 오답으로 넘어갑니다.

4. 다음 사이클 연계: 이번 평가에서 발견된 부족한 부분은 다음 스터디 사이클(예: 2회독, 3회독)에서 보완하며 학습의 완성도를 높여갑니다.

이 평가 단계에서 가장 중요한 것은 '남에게 설명할 수 있는가?'입니다. 파인먼 학습법에서 강조하듯, 어떤 개념을 타인에게 명확히 설명할 수 있다면 그것이 진정한 이해의 증거입니다.

학원 활용법의 실천 전략:
즉시 적용 가능한 미션

지금까지 스터디 사이클을 기반으로 한 학원 활용법을 알아보았습니다. 이 모든 것을 한 번에 완벽하게 실천하기는 어렵겠지만, 점진적으로 적용해 나간다면 분명한 변화를 경험할 수 있습니다.

오늘 당장 실천 가능한 미션은 다음과 같습니다.

오늘의 미션

1. 현재 상태 진단: 스터디 사이클 5단계 중 어떤 부분을 잘하고 있고 어떤 부분이 부족한지 자가 진단을 하세요.
2. 주별 적용 계획 수립: 이번 주와 다음 주 플래너에 스터디 사이클 기반의

학습 계획을 구체적으로 작성하세요.

3. 현재 문제점 명확화: 지금 가장 개선이 필요한 부분이 무엇인지 정확히 파악하고, 그에 맞는 해결책을 적용하세요.

4. 부모-자녀 공동 평가: 가능하다면 부모님과 함께 현재 학습 방식을 평가하고, 개선 방향을 함께 설정하세요.

학습은 단순히 시간 투자의 문제가 아닙니다. 동일한 시간을 들이더라도 어떤 시스템과 방법으로 공부하느냐에 따라 결과는 천지 차이가 납니다. 스터디 사이클의 적용은 시간 대비 효율을 극대화하는 최고의 전략입니다.

학원은 자기 주도 학습의 도구이자 배움의 효율을 극대화하는 시스템의 일부가 되어야 합니다. 핵심은 학원에 가는 것이 아니라 학원에서 받은 것을 어떻게 내 것으로 만드느냐에 있습니다. 지금까지 사교육 200% 활용법이었습니다. 이제 사교육을 400% 수준으로 활용하는 방법을 알려드리겠습니다.

4장

사교육 효과를
4배로 높이는
가정 관리법

육각형 레이더 차트 3-4. 가정 관리법
(스마트폰 가로 모드에 최적화되어 있습니다.)

성과 요구가 아닌 성장 파트너십으로 학원과의 관계 재정립하기

학원비를 같은 금액으로 지불하는데 어떤 가정은 그 효과를 50%만 얻고 어떤 가정은 400%까지 끌어올립니다. 그 차이는 무엇일까요? 바로 '학원-학부모 간 소통의 질'과 '가정 내 복습 시스템'의 차이입니다.

"우리 아이는 학원에 보냈는데 성적이 안 오르네요." "선생님이 아이를 잘 이해하고 있는지 모르겠어요." "다른 엄마들은 학원 선생님과 어떻게 소통하나요?"

이런 고민을 안고 계신 학부모님들께서는 주목하십시오. 오늘 공개할 '학원 400% 활용법'은 대치동 상위 0.1% 가정에서 실제로 검증된 시스템입니다. 하버드 교육대학원 연구에 따르면, '선생님-학부모-학생 간의 효과적인 소통 구조'에서 긍정적 교육 효과가 비롯된다고 합니다(Harrison & McDougle, 2023). 우리는 이제 이 중요한 소통의 프레임을 완전히 새롭게 설계할 것입니다.

감정과 전략 사이의 균형점

많은 부모님이 자녀를 학원에 등록시킨 후에도 여전히 불안감을 느낍니다. "우리 아이, 잘하고 있는 걸까?" "수업은 제대로 따라가고 있을까?" 하는 의문이 꼬리에 꼬리를 뭅니다. 아이가 학원에서 돌아와 "재미있었어요"라고 말해도, 그것이 곧 학습 내용의 완전한 이해를 의미하지는 않습니다. 때로는 아이 스스로도 무엇을 알고 무엇을 모르는지 명확히 인지하지 못하는 경우가 많습니다.

더 큰 문제는 학원과 부모 사이의 소통 부재입니다. 학원은 아이의 긍정적인 모습 위주로 전달하려 하고, 부모는 혹시 아이에게 불이익이 갈까 봐 문제점을 솔직하게 이야기하기를 주저합니다. 혹은 성급하게 성과만을 요구하며 관계를 악화시키기도 합니다. 이러한 소통의 벽은 결국 아이의 잠재력을 제대로 발현시키는 데 걸림돌이 됩니다. '학원에 보냈으니 괜찮겠지'라는 안일한 생각, 혹은 '어떻게 말해야 할지 몰라서' 망설이는 시간 속에서 아이의 소중한 학습 기회는 흘러가고 있을지 모릅니다

학원을 단순히 '서비스 제공자'로 보고 성과에 대해 비판만 하는 순간, 우리는 가장 중요한 교육적 자원을 낭비하게 되는 것입니다.

심리학자 존 가트맨의 연구에 따르면, 모든 관계에서 '비판적 피드백'은 최소 5배의 '긍정적 상호작용'으로 상쇄되어야 건강한 관계가 유지됩니다. 진정한 변화는 우리의 관점 전환에서 시작됩니다. 학원은 '성적 향상 서비스'가 아닌 '우리 아이의 교육 파트너'입니다. 이제 그 관계를 어떻게 구축할지 단계별로 살펴보겠습니다.

피드백의 심리학과 교육적 성장 모델

학원과의 소통에서 가장 중요한 것은 '평가'가 아닌 '성장 지원'이라는 관점의 전환입니다. 많은 부모님이 학원에 아이의 '성과'를 묻습니다. "이번 시험 잘 봤나요?" "진도는 어디까지 나갔나요?"라고요. 하지만 이러한 성과 중심의 질문은 강사의 방어적인 태도를 불러올 수 있습니다. 마치 평가받는 듯한 느낌을 주기 때문입니다. 우리가 진정으로 알아야 하는 점은 당장의 점수나 진도 속도가 아니라 아이가 현재 **어떤 상태**에 있는지, **무엇을 어려워하고 무엇에 흥미를 느끼는지**에 대한 전문가적 분석입니다.

심리학의 '성장 마인드셋' 이론은 이를 뒷받침합니다. 캐롤 드웩 교수는 지능과 능력은 고정된 것이 아니라 노력을 통해 발전되는 것이라는 믿음이 중요하다고 강조합니다. 학원과의 소통 역시 마찬가지입니다. 아이의 현재 점수나 성취도에 집중하기보다, 아이가 가진 잠재력과 성장 가능성에 초점을 맞추고 학원이 그 성장을 어떻게 지원할 수 있을지 함께 고민하는 파트너십을 구축해야 합니다. 즉 학원을 '결과를 만들어내는 곳'으로만 볼 것이 아니라, '아이의 성장 과정을 함께 관찰하고 지원하는 전문가 집단'으로 인식하는 프레임 전환이 필요합니다. 이러한 관점의 변화는 학원과의 관계를 단순한 '갑을 관계'가 아닌 아이의 성장을 위한 '협력적 팀 관계'로 발전시키는 첫걸음이 될 것입니다.

이 관점의 전환은 실제로 아이의 학습 효과를 3배까지 증폭시키는 실용적 변화입니다. 스탠퍼드 대학의 연구에 따르면, 성장 중심 피드백 구조를 가진 교육 환경에서는 학생들의 도전 의식과 학습 지속성이 향상되었습니다(Yeager et al., 2019).

사교육 300% 활용하는
시기별 학원-학부모 간 소통 로드맵

　명확한 소통 구조 없이는 좋은 의도도 빛을 발하기 어렵습니다. 대치동 최상위권 학부모들이 검증한 '학원 소통 타임라인'을 체계적으로 구축해보겠습니다. 이는 아이의 학습 과정을 체계적으로 관리하고 학원과 건강한 파트너십을 구축하기 위한 '학습 설계'의 핵심입니다.

입학 2주 후: 아이의 수업 이해도 전달
(첫 피드백)

　아이가 학원에 입학한 첫 주에는 절대 피드백을 요청하지 마십시오. 이 시기는 아이가 새로운 환경에 적응하는 단계이며, 선생님도 아이를 파악하는 과정에 있습니다. 너무 이른 피드백 요청은 오히려 부정확한 진단으로 이어질 수 있습니다. 이 기간 동안은 아이의 적응을 돕고 정서적 안정을 최우선으로 하십시오.

학원 등록 후 만 2주가 지난 시점에 아이와의 대화, 학습 내용 확인 등을 통해 파악한 수업 이해도를 전달합니다. 이때 중요한 것은 단순히 "잘 이해했니?"라고 묻는 것이 아니라 구체적인 학습 경험을 물어보는 것입니다.

"개념 설명과 문제 풀이 중 어떤 부분이 더 도움이 되었니?" "선생님 설명 중 가장 기억에 남는 부분은 무엇이니?" "이해하기 어려웠던 부분이 있었다면 어떤 부분이었니?"

아이가 직접 강사에게 솔직하게 말하기는 어려울 수 있으므로, 부모가 객관적인 관찰자로서 전달자 역할을 해야 합니다. 시스템 내의 특정 활동(개념 테스트, 문제 풀이 등)에 대한 아이의 반응(좋아함, 힘들어함)을 명확히 전달하면 강사가 아이에게 맞는 서포트를 제공하는 데 큰 도움이 됩니다. 이는 단순한 불만이나 요구가 아닌, 아이의 학습 경험에 대한 귀중한 데이터를 제공하는 것입니다. 교육심리학자 존 해티John Hattie의 연구에 따르면, 학생의 메타인지적 피드백(자신의 학습에 대한 인식)은 교사가 수업을 최적화하는 데 매우 중요한 정보입니다.

입학 4주 후: 아이 상태에 대한 전문가 피드백 요청

만 4주 차, 다음 달 등록 결정 시점에는 최소 3주간 아이를 관찰하고 지도한 강사의 의견을 들을 적기입니다.

"우리 아이, 수업 잘 따라가나요?" 같은 성과 중심 질문 대신, "선생님께서 보시기에 우리 아이는 현재 어떤 학습 상태인가요?" "어떤 부분을 특히 어려워하고, 어떤 부분에서 가능성을 보이나요?"와 같이 아이의 상태에 대한 전문가적 분석과 진단을 요청해야 합니다. 개념 이해는 빠르지만 응용이 부족하다거나, 문제 풀이 과정의 특정 단계에서 어려움을 겪는다는 등 구체적인 피드백을 듣는 것이 목표입니다.

부모가 아이의 부족한 점을 열린 마음으로 듣고 개선 방안을 함께 고민하겠다는 자세를 보여주는 것이 중요합니다. '평가'가 아닌 '진단과 처방'을 구하는 태도가 필요합니다.

이러한 대화는 상대방을 평가하는 것이 아닌 함께 문제를 해결하는 협력적 태도를 보여줍니다. 인간관계 전문가 스티븐 커비Stephen Covey가 강조했듯이, "먼저 이해하고, 그다음에 이해받으려 하라"는 원칙은 학원과 학부모 관계에서도 핵심입니다.

시즌별(분기별) 점검: 성장 평가 및 합리적 선택

한 시즌(예: 3개월) 마무리 시점에는 초기 목표 달성 여부뿐만 아니라 아이의 성장 과정, 단점 진단의 정확성, 제시된 솔루션의 효과 등을 종합적으로 평가하고 논의합니다. 이전에 긍정적인 관계를 구축했다면 강사 역시 아이의 상태에 대해 솔직하게 공유하며 최적의 다음 단계를 함께 설계할 수 있습니다. 예를 들어 무리한 선행보다 현재 과정을 다지는 것이 아이에게 더 필요하다는 합의에 이를 수도 있습니다.

평가 요소를 다음과 같이 설정하면 더욱 생산적인 대화가 가능합니다.

1. 성장했는가?(초기 상태와 비교해)
2. 최초 목표를 달성했는가?(현실적 측면에서)
3. 아이의 강점과 약점을 정확히 진단했는가?
4. 명확한 솔루션을 적용하고 있는가?

여기서 핵심은 네 가지 요소 중 하나라도 충족된다면 학원과의 관계는 지속할 가치가 있다는 점입니다. 특히 3번과 4번 항목은 전문가가 제공할 수 있는 가치입니다. 학년이 높아질수록 아이의 문제점을 정확히 진단하고 구체적인 해결책을 제시하는 것은 쉽지 않은 전문적 역량입니다.

대치동에서 흔히 발견되는 오류 중 하나는 아이의 문제를 정확히 진단하고 해결책을 제시한 학원을 떠나 다시 처음부터 시작하는 것입니다. 이는 교육의 연속성을 깨뜨리는 결정입니다. 단지 아이의 약점을 이야기했다는 이유만으로, 혹은 주변의 말에 휩쓸려 섣불리 학원을 옮기는 것은 어리석은 선택입니다. 아이를 정확히 파악하고 명확한 솔루션을 제시하는 강사를 만났다면, 최소 한 분기 이상은 믿고 함께 해결책을 만들어가는 노력이 필요합니다. 학원을 옮기면 다시 아이 파악부터 시작해야 하는 비효율이 발생합니다.

사교육 400% 활용을 위한
가정 내 복습 시스템

학원에서의 효과적인 소통은 절반의 성공에 불과합니다. 진정한 학습 효과는 가정에서의 체계적인 복습 시스템에서 완성됩니다. 인지심리학의 에빙하우스의 '망각 곡선' 연구에 따르면, 학습 내용은 24시간 내에 약 70%가 망각됩니다. 이를 극복하기 위해 대치동 장원장이 특별히 만들고 긴 시간 검증한, 최상위 0.1% 육각형 인재 육성을 위한 스터디 PT 복습 테크닉을 살펴보겠습니다.

누적 이동식 개념 복습: 사라지지 않는 개념

최상위권 학생들은 '누적 이동식 개념 복습'이라는 특별한 방식을 사용합니다. 이는 단순히 최근 배운 내용만 복습하는 것이 아니라, 3~4개 강의를 묶어서 복습하는 시스템입니다.

- 5강을 학습했다면 3, 4, 5강을 함께 복습
- 6강을 학습했다면 4, 5, 6강을 함께 복습
- 10강을 학습했다면 8, 9, 10강을 함께 복습

이 방식은 인지심리학의 '간격 효과spacing effect'와 '인출 효과retrieval effect'를 동시에 활용하는 전략입니다. 하버드 대학의 연구에 따르면, 이러한 누적식 복습은 단일 내용 복습보다 학습 효과가 더 높은 것으로 나타났습니다(Karpicke & Roediger, 2018).

여기서 중요한 점은 학생의 수준에 따라 복습의 깊이를 조절해야 한다는 것입니다.

- 상위권: 세부 내용까지 철저히 복습
- 중하위권: 핵심 개념만 확실히 복습

많은 학부모님이 '더 많은 정보를 알면 좋을 것'이라는 오해를 하지만, 인지 부하 이론에 따르면 정보량이 너무 많으면 오히려 학습 효과가 떨어집니다. 중하위권 학생들에게는 핵심 개념을 분명히 이해하고 기억하는 것이 우선입니다.

오답 재풀이: 상위권 도약을 위한 필수 과정

대치동 최상위권으로 올라간 학생들의 공통점 중 하나는 철저한 오답 관리입니다. 단순히 오답을 확인하는 데서 그치지 않고 직접 다시 풀어보는 '오답 재풀이' 과정이 필요합니다.

효과적인 오답 재풀이 방법은 다음과 같습니다.

- 주간 오답: 일주일 내 틀린 문제 정리
- 월간 오답: 한 달간 틀린 문제 중 핵심 유형 정리
- 수업 후 즉시 오답: 당일 수업에서 틀린 문제 즉시 복습

이때 학생의 수준에 따라 복습 간격을 조절해야 합니다.

- 상위권: 1~2주 간격으로 오답 재도전(장기 기억 형성에 효과적)
- 중하위권: 3일 이내의 짧은 간격으로 오답 재도전(기억 강화에 집중)

오답을 단순히 확인만 하고 끝내기보다는 직접 다시 풀어보는 과정을 거치는 쪽이 학습에는 훨씬 더 효과적입니다. 이는 단순한 반복이 아닌 적극적 인출 과정을 통한 학습이기 때문입니다.

심화 복습: 최상위권으로 가는 지름길

최상위 0.1%의 학생들은 한 단계 더 나아간 '심화 복습' 시스템을 갖추고 있습니다. 이는 다음과 같은 요소로 구성됩니다.

- 지난 과제 전체 재검토: 맞힌 문제도 다시 검토
- 학원 테스트 전체 분석: 틀린 문제뿐 아니라 맞힌 문제의 풀이 과정도 점검

여기서 흥미로운 점은 상위권 학생들에게는 이 심화 복습이 물리적으로 가능하다는 것입니다. 틀리는 문제가 적기 때문에 전체 복습에 드는 시간이 상대적으로 적습니다. 반면 중하위권 학생들에게 동일한 심화 복습을 요구하면 너무 많은 시간이 소요됩니다.

따라서 중하위권 학생들에게는 심화 복습의 일부만 선택적으로 적용하는 것이 효과적입니다. 특히 지난 과제 중 핵심 유형이나 반복적으로 틀리는 패턴의 문제만 집중적으로 복습하는 전략이 유용합니다.

학원을 넘어,
지속 가능한 학습 시스템으로

학원 활용의 궁극적 목표는 단순한 성적 향상이 아닌 아이 스스로 성장할 수 있는 '지속 가능한 학습 시스템'을 구축하는 것입니다. 이를 위해 최초 상태 파악과 목표 설정이 명확해야 합니다.

현재 아이의 상태를 정확히 파악하고 2~3개월 후의 구체적 목표를 설정하십시오. 이때 핵심은 점수와 같은 결과물뿐 아니라 학습 습관과 태도의 변화까지 포함하는 것입니다.

"3개월 후에는 수학 문제를 풀 때 개념을 먼저 확인하는 습관을 형성하자.""2개월 후에는 영어 지문을 읽을 때 전체 맥락을 파악한 후 세부 내용으로 들어가는 접근법을 사용하자."

이러한 구체적 목표 설정은 학습의 방향성을 제시할 뿐 아니라 학원과의 효과적인 소통을 위한 기준점이 됩니다.

학원은 결코 마법의 공간이 아닙니다. 학원은 우리 아이의 잠재력을 끌어올리기 위한 중요한 도구이며, 그 도구의 효과는 우리가 어떻게 활용하느냐에 따라 100%에서 400%까지 달라질 수 있습니다. 상위 0.1% 육각형 인재는 이미 이 원리를 알고 있었거나 자연스럽게 체득해 실천했을 때 길러집니다.

결국 중요한 것은 성과가 아니라 성장입니다. 아이의 학습을 단순한 점수 게임이 아닌 지속적인 성장의 여정으로 바라볼 때, 우리는 진정한 사교육 400% 활용의 비밀을 발견하게 될 것입니다.

"문제는 학원이 아니라 학원을 활용하는 우리의 시스템입니다. 최고의 도구도 사용법을 모르면 무용지물이 되고, 평범한 도구도 제대로 활용하면 기적을 만들어냅니다."

5장

과외 활용의 전략과 주의사항

육각형 레이더 차트 3-5. 과외 선택과 관리
(스마트폰 가로 모드에 최적화되어 있습니다.)

'소개'라는 함정, 왜 우리는
과외 선택에 실패하는가?

"아이가 과외만 받으면 성적이 오를까요?" 많은 부모님이 막연한 기대로 과외를 시작합니다. 하지만 현실은 녹록지 않습니다. 영화 「기생충」의 한 장면을 떠올려보십시오. 자격 미달의 선생님에게 아이는 속수무책으로 시간을 허비합니다. 물론 영화적 설정이지만, 현실에서도 비전문적인 과외로 인해 아이의 소중한 시간과 부모님의 비용이 낭비되는 경우는 비일비재합니다.

"옆집 아이가 성적 올랐다던데⋯⋯" "누가 서울대 보냈다던데⋯⋯" 이런 '소개'에 의존한 과외 선택은 실패 확률을 높이는 지름길입니다. 교육 업계에서 오래 활동하다 보면, 우연히 뛰어난 학생 한두 명을 가르친 경험을 부풀려 홍보하는 경우는 흔합니다. 심지어 한 달 남짓 가르치고도 "내가 서울대 보냈다"고 말하는 경우도 있습니다. 그 학생은 실제로는 그 선생님께 별다른 도움을 받지 못했을 수도 있는데 말입니다.

개인 과외의 특성상 선생님의 실력이나 평판은 객관적으로 검증하기 어렵습니다. 아무리 친한 지인의 소개라 할지라도 내 아이에게 맞는 최고의 선택이라는 보장은 없습니다. 오히려 정말 실력 있는 선생님은 자신의 노하우가 희석될까 봐 가까운 사이에도 쉽게 소개해주지 않는 경우도 많습니다. 제가 운영하는 대치동 스터디 PT에서도 좋은 성장과 성과를 동시에 만들어낸 우수한 학생은 동생이나 친척을 데려오지만, 학교 친구에게는 절대로 추천하지 않고 심지어 숨기는 모습을 너무 자주 봅니다. 안타깝지만 이것이 현실입니다.

과외, 투자인가
낭비인가?

연락 두절, 책임 회피, 전문성 부족 등 다양한 문제가 발생할 수 있음에도 여전히 학부모가 과외를 선택하는 것은 1:1 맞춤형 교육이 필요하고 효과적인 상황이라고 판단하기 때문입니다. 멘토처럼 아이의 멘탈을 잡아주고 실력도 디테일하게 교정해줄 수 있다는 환상이 있기 때문이죠. 하지만 그 환상이 현실이 되는 확률은 학원보다 높지 않은 것 같습니다.

정보의 비대칭이 가장 심한 교육 상품이 과외입니다. 서로의 정보를 100% 믿기가 어려운 상황이죠. 예를 들어 우리 아이에게 적합한 선생님을 만날 확률을 높게 잡아 30%라고 하고 내 아이가 그 선생님과 실제로 잘 맞을 확률도 높게 잡아 30%라고 가정합시다. 이

1:1 만남에서 성공 사례가 나올 확률은 둘의 곱인 9%입니다. 그래서 과외로 성공하기는 확률적으로 어렵습니다.

이런 현상의 핵심에는 '과외 선택과 관리'의 문제가 있습니다. 과외는 단순한 교육 서비스가 아닌 높은 비용의 교육 투자입니다. 그런데 대부분의 부모님들은 주식이나 부동산에 투자할 때보다 과외 선생님을 고르는 데 훨씬 더 적은 노력을 기울이고, 투자 관리도 소홀히 하는 경향이 있습니다. 결국 낮은 성공 확률로 떨어질 수밖에 없게 됩니다.

과외는 학원보다 정보 비대칭이 심한 교육 서비스이고, 1:1이라는 특성상 시간당 가장 비싼 교육비를 지불하게 됩니다. 그런 교육비의 사용이 효과적일 수 있으려면 주식이나 부동산을 투자하는 것과 같은 전략으로 임해야 합니다. 상위 0.1% 학생들의 부모님들은 과외를 '전략적 교육 투자'로 접근하며 과학적인 방법으로 관리합니다. 9%의 확률을 90%로 높이기 위해 명확한 노력을 하는 것입니다.

이제 더 이상 '소개'나 '소문'에 의존하지 마세요. 과외는 단순한 '가르침'을 사는 행위가 아니라, 우리 아이의 성장을 위한 '투자'입니다. 투자는 명확한 목표 설정과 치밀한 검증 과정을 통해 이루어져야 합니다.

과외 효과성의
심리학

교육심리학 연구에 따르면, 1:1 학습 환경에서 학생은 자신의 학습 속도와 스타일에 맞춘 교육을 받을 때 최대 2배 이상의 학습 효과를 보입니다(Bloom, 1984). 이는 '2-시그마 문제'라 불리는 현상으로, 개인화된 교육이 가진 강력한 잠재력을 보여줍니다.

하지만 실제 과외 현장에서는 이런 효과가 제대로 발휘되지 못하는 경우가 많습니다. 그 원인은 세 가지로 요약됩니다.

1. **목표 불명확성:** 단순히 "성적을 올리자"는 모호한 목표로는 효과적인 과외가 이루어질 수 없습니다. 경영학의 'SMART 목표 설정' 원칙처럼, 교육 목표도 구체적Specific이고, 측정 가능

Measurable하고, 달성 가능Achievable하고, 관련성 있고Relevant, 기한이 있어야Time-bound 합니다.

2. **부적합한 선생님 선택:** 경제학에서 말하는 '정보 비대칭' 문제가 심각합니다. 과외 선생님에 대한 정보는 제한적이고, 때로는 왜곡되어 있어 합리적 선택이 어렵습니다.

3. **관리 시스템 부재:** 신경과학 연구에 따르면, 피드백이 즉각적이고 구체적일수록 학습 효과가 커집니다. 그러나 대부분의 과외는 체계적인 피드백 시스템 없이 폐쇄적으로 진행됩니다.

이러한 문제를 해결하기 위해 성공하는 상위 0.1% 육각형 부모님의 노하우와 대치동 장원장만의 노하우를 결합해 '3단계 과외 성공 시스템'을 만들었습니다.

과외 성공의 3단계 프레임워크: '시키는 것'에서 '설계하는 것'으로

많은 부모님이 과외를 '선생님께 아이를 맡기는 것' 정도로 생각합니다. 하지만 이런 수동적인 태도로는 결코 성공적인 과외를 기대할 수 없습니다. 과외의 성패는 전적으로 '학부모의 설계 능력'에 달려 있습니다. 과외 선생님은 조력자일 뿐, 학습 목표를 설정하고 과정을 관리하며 결과를 책임지는 주체는 바로 부모님이어야 합니다.

과외는 우리 아이에게 부족한 부분을 채우고 강점을 극대화하기 위한 '맞춤 전략'입니다. 따라서 부모님은 단순한 '고객'이 아니라, 아이의 학습 여정을 총괄하는 '프로젝트 매니저'가 되어야 합니다. 어떤 과목의 어떤 부분을, 어떤 교재로, 얼마의 기간 동안, 어떤 방식으로 지도받고 싶은지를 명확히 설정하고, 그 목표에 가장 적합한 선생님을 '선발'하며, 수업 과정을 체계적으로 '관리'하고, 최종적으로 목표 달성 여부를 '평가'하는 전 과정에 주도적으로 참여해야 합니다.

이것이 바로 '시키는 과외'에서 '설계하는 과외'로의 프레임 전환입니다. 이러한 관점의 변화 없이는 값비싼 과외 비용이 밑 빠진 독에 들이붓는 물이 될 수 있습니다.

이제 막연한 기대와 불안감을 떨쳐내고, 체계적인 시스템을 통해 과외 효과를 100% 끌어올리는 대치동 장원장식 '3단계 과외 성공 시스템'을 제시합니다. 이 3단계 시스템만 따라오시면 더 이상 과외 선택에 실패하지 않을 것입니다.

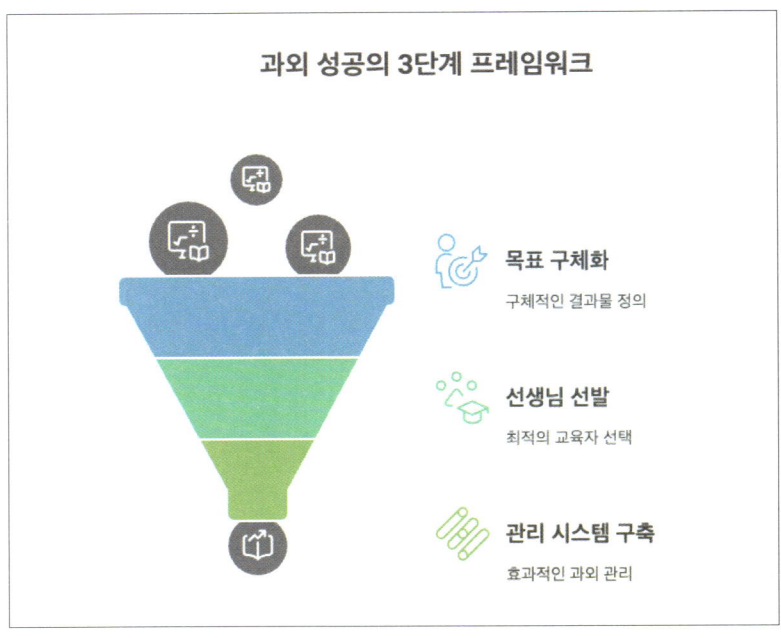

과외 성공의 3단계 프레임워크

목표 구체화
구체적인 결과물 정의

선생님 선발
최적의 교육자 선택

관리 시스템 구축
효과적인 과외 관리

1단계. 명확한 과외 목표 설정하기

성공적인 과외의 첫걸음은 명확한 목표 설정입니다. 마치 건축 설계도를 그리듯, 과외를 통해 얻고자 하는 구체적인 결과물을 상세하게 정의해야 합니다. 다음 네 가지 체크 포인트를 종이에 직접 써보며 목표를 구체화하세요.

1. **과목 및 범위:** 어떤 과목을 학습할 것인가?(예: 중학 수학, 고등 영어 등) 학습 범위는 어디까지인가? 특정 단원이나 영역에 집중할 것인가?(예: 영어 문법 중 관계사·가정법/수학 함수 파트 집중 공략)

2. **교재 및 자료:** 어떤 교재를 중심으로 학습할 것인가? 특정 문제집을 지정할 것인가, 아니면 선생님의 추천을 받을 것인가?(예: '쎈' B단계 오답 유형 완벽 마스터/'자이스토리 영어 독해' 기본편 1회독)

3. **기한 및 횟수:** 언제까지 목표를 달성할 것인가?(예: 여름방학 한 달 동안/2학기 중간고사 전까지) 총 과외 횟수와 1회당 시간은 어느 정도로 예상하는가?(예: 주 2회, 회당 90분/방학 특강 총 10회 완성) 교재나 범위 완독/마스터 횟수는?(예: 문법 개념서 2회독/문제집 오답 3회 반복 풀이) 기한 내 목표 달성 가능성은 현실적으로 판단하고, 필요하다면 선생님과 논의해 조율해야 합니다.

4. **아이별 지도 포인트:** 우리 아이의 학습 성향과 특성을 고려한 구체적인 지도 요청 사항은 무엇인가? 이는 부모님이 가장 잘

파악하고 있는 부분입니다. 평소 아이가 어려워하는 부분, 자주 실수하는 유형, 학습 태도 등을 상세히 전달해야 합니다.

- (예시 1) "우리 아이는 개념 이해는 빠르지만, 문제를 건성으로 읽어 실수가 잦습니다. 풀이 과정을 꼼꼼히 확인하고, 문제 독해 습관을 잡아주세요."
- (예시 2) "개념을 금방 잊어버리는 편입니다. 지난 시간에 배운 내용을 누적 복습하고, 주기적으로 백지 테스트를 통해 암기 여부를 확인해주세요."

이 네 가지 요소를 명확히 설정하는 것만으로도 과외의 방향성이 잡히고 선생님과의 소통 오류를 줄일 수 있습니다. 하버드 교육대학원 연구에 따르면, 학습 목표가 구체적일수록 학생의 성취도는 향상됩니다(Locke & Latham, 2002). 따라서 과외를 시작하기 전 이 네 가지 항목을 꼼꼼히 작성해 선생님과 공유하세요. 이것이 바로 '설계하는 부모'의 첫걸음입니다.

2단계. 전략적 선생님 선발 프로세스

목표가 명확해졌다면 이제 그 목표 달성을 도와줄 최적의 '조력자'를 찾아야 합니다. 과외 선생님을 찾는 것은 우리 아이의 미래를 위한 중요한 '인력 채용' 과정입니다. 따라서 반드시 다음과 같은 객관적인 검증 절차를 거쳐야 합니다.

- **서류 검증:** 소개를 받았든 플랫폼을 통해 지원을 받았든 반드시 관련 서류 제출을 요구하십시오. 프로필, 학력 증명서(졸업 증명서, 재학 증명서 등), 경력 증명서 등을 통해 기본적인 자격을 확인해야 합니다. 학력 위조나 경력 부풀리기는 생각보다 흔하게 발생합니다. 떳떳하다면 증빙을 거부할 이유가 전혀 없습니다.

- **지도 계획서 요청:** 1단계에서 설정한 '과외 목표'를 제시하고, 그 목표를 어떻게 달성해 나갈지에 대한 간략한 지도 계획서를 요청하십시오. 거창할 필요는 없습니다. 어떤 교재를 어떻게 활용하고, 어떤 방식으로 아이의 약점을 보완하며, 학습 진도를 어떻게 관리할지에 대한 선생님의 구체적인 구상을 확인하는 과정입니다. 이는 선생님에게도 명확한 가이드라인을 제시해 수업의 효율성을 높이는 효과가 있습니다. 지도 포인트가 명확하면 불필요한 내용으로 시간을 허비하는 일을 막을 수 있습니다.

- **면접(시범 과외):** 짧더라도 반드시 면접 과정을 거치십시오. 부모님이 직접 만나 대화하는 것도 좋지만, 가장 효과적인 방법은 '아이와의 시범 과외'입니다. 30분에서 1시간 정도, 아이가 평소 어려워하거나 지난 시험에서 틀렸던 부분을 선생님께 질문하고 설명을 들어보는 시간을 갖는 것입니다. 아이에게 미리 질문할 내용을 준비시키고 부모님이 함께 점검해주면 더욱 좋습니다. 시범 과외는 선생님의 설명 방식, 아이와의 소통

능력, 전문성 등을 직접 확인할 수 있는 가장 확실한 방법입니다.

- **복수 후보 비교 및 아이 의견 존중:** 적어도 3~4명의 후보 선생님을 같은 날 연달아 만나보고 비교하는 것이 좋습니다. 아무리 실력이 뛰어나도 아이와 정서적인 '코드'가 맞지 않으면 과외 효과는 반감될 수밖에 없습니다. 특히 예민한 시기의 학생에게는 선생님의 말투, 분위기, 심지어는 작은 습관 하나하나가 학습 집중도에 영향을 미칠 수 있습니다. 최종 결정 전, 반드시 아이의 의견을 물어보고 존중해주어야 합니다. 학습은 감성적인 부분이 기반이 되어야 이성적인 내용이 효과적으로 쌓일 수 있습니다.

조지아 대학의 교육심리학 연구에 따르면, 교사와 학생 간의 정서적 연결성은 학습 성과에 직접적인 영향을 미칩니다(Cornelius-White, 2007). 아무리 실력이 뛰어난 선생님이라도 아이와 정서적 코드가 맞지 않으면 학습 효과는 반감됩니다. 감성이 그릇이고 이성이 그 위에 얹는 내용물이라는 점을 명심하세요.

선생님은 어디서 찾아야 할까?

지인 소개 외에도 좋은 선생님을 만날 수 있는 경로는 다양합니다.
- 프리랜서 마켓 플랫폼 활용: 대면 과외는 '김과외' 앱과 '숨고', 비대면 과

외는 '설탭', '콴다' 플랫폼을 적극 활용하시길 바랍니다. 대부분 1단계에서 설정한 구체적인 과외 목표(과목, 범위, 교재, 지도 포인트 등)를 상세히 올려 견적을 요청하면, 여러 선생님이 자신의 커리큘럼과 프로필을 담아 전문적으로 제안서를 보내옵니다. 인맥이 없어도 검증된 선생님 풀에서 직접 비교하고 선택할 수 있다는 장점이 있습니다.

- 대학교 취업(경력 개발) 센터 활용: 각 대학교 홈페이지의 취업 관련 부서 게시판에는 과외 아르바이트 공고란이 있는 경우가 많습니다. 이곳을 통해 지원하는 학생들은 상대적으로 성실하고 검증된 학생입니다. 특히 교육대학교 학생들은 책임감이 강하고 지도 경험이 풍부한 편입니다. 특정 학교와 학과의 과외 선생님을 구한다면 직접 과사무실에 연락해 과외 구인 공고를 게시하거나 추천을 받을 수 있습니다(위의 방법이 모든 학교와 모든 과사에서 다 통용되는 것은 절대 아닙니다).

3단계. 체계적인 과외 관리 시스템 구축

최적의 선생님을 선발했다면, 이제 과외 효과를 극대화하기 위한 체계적인 관리 시스템을 구축해야 합니다. 비싼 돈을 지불하는 만큼 프로페셔널한 관리가 필요합니다.

1. **수업 직후 '카톡 보고' 시스템화:** 과외 선생님께 수업이 끝난 직후 그날의 수업 내용, 아이의 학습 태도, 진도 상황, 과제 등을 간략하게 카카오톡 등으로 보고해달라고 요청하십시오. 보고는 반드시 '수업 직후'에 이루어져야 합니다. 시간이 지나면 선생님도 아이도 내용을 잊어버리기 쉽습니다. 보고를 시스템화

하면 선생님은 수업 내용 정리를 위해 더 성실하게 수업에 임하게 되고(수업 성실도 향상), 부모님은 아이의 학습 상태를 실시간으로 파악해 필요한 피드백을 주거나 선생님과 목표를 조율하는 데 용이합니다(학습 상태 파악 용이).

2. **'회차 보고'를 통한 투명한 관리:** 보고 내용 상단에 과외 회차(예: 3회차/총 10회)를 반드시 기입하도록 요청하십시오. 이는 과외 횟수를 명확히 카운트해 과외비 정산 시 발생할 수 있는 오해나 분쟁을 방지하는 효과적인 방법입니다. "회차 보고 확인 후 지연 없이 급여를 지급하겠다"는 원칙을 세우면, 보고 누락 없이 깔끔하게 관리가 가능하고 수업 후 피드백도 더 적극적으로 하게 되는 효과가 있습니다.

3. **'인센티브 시스템' 도입으로 동기 부여:** 기본 과외비는 평균 수준으로 책정하되, 목표 달성이나 성과에 따른 '인센티브'를 약속하는 것은 매우 효과적인 동기 부여 전략입니다. 인센티브는 다양하게 설계할 수 있습니다.

   - (예시 1) 약속된 기간 내 목표 진도 달성 시 인센티브 지급
   - (예시 2) 시험 성적 향상 등 구체적인 목표 달성 시 파격적인 인센티브 지급

행동경제학의 '넛지Nudge' 이론을 응용한 인센티브 시스템을 구축해보세요. 기본급은 시장 평균 또는 약간 낮게 설정하고, 다음과 같은 성과 기반 인센티브를 추가하는 것이 효과적입니다.

예를 들어 시간당 5만 원 과외의 경우, 기본 4만 원+성실한 보고서 작성 시 5천 원+목표 달성 시 5천 원의 구조로 설계할 수 있습니다. 이러한 설계는 선생님에게 명확한 목표 의식과 성취동기를 부여해, 단순한 시간 때우기식 수업이 아닌 책임감 있는 지도를 유도하는 강력한 장치가 됩니다. 미리 선납하고 끝내는 방식보다 훨씬 효과적입니다.

다만 이 점은 주의하세요. 최초 설정한 목표가 100% 달성되지 않을 수도 있습니다. 중요한 것은 목표 달성률 자체가 아니라, 목표를 향해 선생님과 아이, 그리고 부모님이 함께 소통하고 노력해 나가는 과정입니다. 학습 상태 보고를 바탕으로 꾸준히 소통하며 목표를 조율하고 방향을 수정해 나가십시오. 대충 시간만 보내는 과외 학습은 최악입니다.

과외는 시스템의 문제다

많은 부모님이 과외의 실패 원인을 아이의 태도나 선생님의 역량에서만 찾습니다. 하지만 진실은 그 너머에 있습니다. **성공적인 과외의 핵심은 '누구를 만나느냐'가 아니라 '어떻게 설계하고 관리하느냐'에 달려 있습니다.** 아무리 뛰어난 선생님이라도 명확한 목표와 체계적인 관리 시스템 없이는 그 역량을 제대로 발휘하기 어렵습니다. 반대로 부모님이 명확한 교육 목표를 세우고 체계적인 시스템으로 과외 과정을 관리한다면, 평범한 선생님과 함께라도 기대 이상의 성과를 만들어낼 수 있습니다.

상위 0.1%의 아이들이 과외에서 남다른 성과를 얻는 이유는 부모님이 과외를 전략적 투자로 접근하기 때문입니다. 기억하세요. **과**

외는 '맡기는 것'이 아니라 '설계하는 것'입니다. 아이의 문제는 부모의 전략 부재에서 비롯되는 경우가 많습니다. 이제 '소개'와 '소문'의 함정에서 벗어나, 오늘 배운 '3단계 과외 성공 시스템'을 통해 우리 아이에게 최적화된 학습 환경을 직접 설계하세요. 부모의 치밀한 설계와 관리가 아이의 잠재력을 깨워 아이를 상위 0.1% 육각형 인재로 만드는 가장 강력한 도구가 될 것입니다.

6장

엄마표 자기 주도 학습의 황금 조율법

육각형 레이더 차트 3-6. 엄마 주도 학습
(스마트폰 가로 모드에 최적화되어 있습니다.)

누구도 말하지 않는
엄마 주도 학습의 진실

"아이가 공부를 하지 않아요." "시키면 하긴 하는데 스스로 하진 않아요." "언제까지 제가 붙어 있어야 하나요?"

상담실에서 매일 듣는 이 절박한 질문들은 사실 잘못된 전제에서 출발합니다. 아이가 스스로 성장하기를 기다리는 것과 과도하게 개입하는 것 사이에서 균형점을 찾지 못한 결과입니다. 우리는 오늘, 이 균형점을 정확히 찾아내고자 합니다.

실제로 '엄마 주도 학습'은 명확한 정의 없이 사용되면서 과도한 개입으로 인한 학습 능력 저하, 자기 주도성 상실, 심지어 가정불화의 원인으로 지목되기도 합니다. 그렇다고 해서 "아이가 스스로 할 때까지 마냥 기다려야 한다"며 손을 놓는 '방치' 또한 정답은 아닙니다. 스마트폰 하나를 쥐여주면서 "알아서 조절하라"고 하는 것이 얼마나 무책임한 일인지 우리는 이미 알고 있습니다. 대부분의 전문가들이 스마트폰 사용에는 명확한 규칙과 부모의 관리가 필요하다고 강조하는 것처럼, 인생의 방향을 결정할 수도 있는 '학습'이라는 중대한 여정을 아이에게 온전히 떠맡기는 것은 방치에 가깝습니다.

'엄마 주도 학습'이라는 말은 종종 '헬리콥터맘'과 혼동되어 부정적 이미지로 인식됩니다. 자녀의 학습에 어디까지, 어떻게 개입해야 할까요? 자칫 잘못하면 아이의 날개를 꺾는 '헬리콥터맘'이 되는 것은 아닐까요? 그러나 올바르게 실행된 엄마 주도 학습은 자기 주도 학습의 강력한 디딤돌이 됩니다. 대치동 최상위권 육각형 인재들의 공통점은 바로 이 '올바른 엄마 주도 학습'을 거쳐 자기 주도 학습 전환에 성공했다는 것입니다.

과도한 개입도, 무관심한 방치도 아닌 그 균형점을 찾는 '중용의 도中庸之道'가 필요합니다. 이 장에서는 아이의 잠재력을 최고로 끌어올리면서도 건강한 독립성을 키워주는 '스마트맘'의 엄마 주도 학습 전략을 명확하게 제시하고자 합니다. 헬리콥터맘이 아닌 육각형 인재를 키우는 스마트맘이 되는 길, 지금부터 그 여정을 함께 시작하겠습니다.

왜 '엄마 주도 학습'이 필요한가?: 혼란 속 등대가 되어주기

"우리 아이는 스스로 잘할 거예요." 물론 그럴 수 있습니다. 하지만 정보가 홍수처럼 넘쳐나고, 입시 환경이 급변하는 시대에 아이 혼자서 최적의 항로를 찾는 것은 결코 쉽지 않습니다. 저는 감히 단언합니다. 우리 아이를 대한민국 상위 0.1% 인재로 키우고 싶다면, 특히 의대나 SKY 진학을 목표로 한다면, 부모의 전략적인 개입, 즉 '스마트한 엄마 주도 학습'은 선택이 아닌 필수입니다.

대치동 장원장이 정의하는 엄마 주도 학습은 다음과 같습니다.

엄마 주도 학습이란, 아이의 지적 성장을 목표로 맞춤형 학습 전략을 설계하고, 성과와 과정을 분석해 궁극적으로 자기 주도 학습으로 나아갈 수 있게 지도하는 방식입니다.

이는 단순히 아이를 감시하고 통제하는 것이 아니라, 아이가 스스로의 가능성을 발견하고 실현하도록 돕는 '학습 설계자'이자 '조력자'가 되는 것을 의미합니다. 마치 자전거 타기를 가르치는 과정과 같이, 처음에는 보조 바퀴와 도움이 필요하지만 궁극적으로는 아이 스스로 페달을 밟아 앞으로 나아가게 하는 것이 목표입니다.

그렇다면 왜 엄마 주도 학습이 필요할까요?

대입 목표 달성을 위한 로드맵 설계

초등학교와 중학교 시기의 학습 설계는 고등학교와 대학 입시에 결정적 영향을 미칩니다. 어떤 교재를 선택하고, 어떤 순서로 학습하며, 선행은 어디까지 할지 등 복잡한 변수를 고려한 전략적 설계는 아이 혼자서는 불가능에 가깝습니다. 아이들이 시행착오를 일정 부분 겪는 것은 자연스럽지만, 과도한 시행착오는 후회로 이어집니다. 실제로 특목고에 진학한 학생 중에서도 고등학교 후반부에 부모에게 "왜 기초 능력을 더 체계적으로 키워주지 않았느냐"고 원망하는 경우가 적지 않습니다.

인지과학자 칼 위먼Carl Wieman의 연구에 따르면, 초기 학습 단계에서의 체계적인 지도는 후기 학습 성취도에 지속적인 영향을 미친다는 사실이 증명되었습니다(Wieman, 2017). 즉 어린 시절 제대로 된 가이드 없이 "알아서 잘할 거야"라는 기대를 품는 것은 과학적으로도 근거가 부족합니다.

정보 홍수 속에서 선택 오류 방지

현대 교육 환경은 무수한 교재, 인강, 학습 프로그램으로 넘쳐납니다. 도서관과 인터넷만 있어도 수능 준비가 가능한 시대입니다. 그러나 이 풍요로움은 양날의 검입니다. 무엇을, 어떤 순서로, 어떻게 학습할 것인가를 선택하는 과정에서 시행착오가 너무 많으면 소중한 시간이 낭비됩니다.

아이의 현재 수준을 정확히 파악하고 그에 맞는 자료를 선택하는 것은 부모의 역할입니다. 수학 기초가 부족한 아이에게 고난도 문제집을 풀게 하거나, 중등 영어도 정복하지 못한 상태에서 수능형 독해를 시키는 것은 단순한 시간 낭비를 넘어 학습 의욕 자체를 저하시킵니다.

잘못된 선택으로 인한 시행착오는 아이의 귀중한 시간을 앗아가고, 결국 레이스에서 뒤처지게 만듭니다. 부모는 학원의 마케팅이나 주변의 말에 휘둘리지 않고, 우리 아이에게 맞는 최선의 선택을 할 수 있도록 중심을 잡아주는 역할을 해야 합니다.

카네기 멜런 대학의 인지심리학자 로버트 시글러Robert Siegler는 "학습 자료의 적절한 난이도 설정이 인지 발달의 핵심 요소"라고 강조합니다. 이는 발달 단계와 현재 능력을 고려한 맞춤형 학습 자료 선택의 중요성을 뒷받침합니다.

'고난 회피' 본능 극복 지원

아이들은 본능적으로 쉬운 것만 반복하려는 경향이 있습니다. 영어 단어장을 펼쳐보면 이미 외운 단어만 반복적으로 학습하고 어려운 단어는 회피합니다. 수학도 마찬가지입니다. 대부분의 아이들은 쉬운 문제는 모두 풀고 어려운 문제는 시도조차 하지 않는 패턴을 보입니다. 하지만 진정한 성장은 어려운 문제에 도전하고 이를 극복하는 고통스러운 과정 속에서 이루어집니다.

심리학자 캐롤 드웩의 '성장 마인드셋' 이론에 따르면, 도전적인 과제에 직면했을 때 이를 극복하는 경험이 실제 학습 능력 향상의 핵심입니다. 쉬운 문제만 풀면 당장의 성취감은 얻을 수 있으나, 진정한 성장은 일어나지 않습니다.

이러한 '편안한 영역'에서 벗어나 '도전 영역'으로 나아가기 위해서는 외부의 조력자가 필요합니다. 아이 스스로 자신의 편안함을 포기하고 어려운 도전을 선택하기는 어렵기 때문입니다. 학원 선생님이 이 역할을 해줄 수도 있지만, 가장 이상적인 조력자는 아이의 특성을 가장 잘 아는 부모입니다. 아이가 이 '고난의 계곡'을 용감하게 건널 수 있도록 격려하고 지지해주는 조력자 역할은 부모님이 가장 잘 해낼 수 있습니다.

결국 스스로 크는 아이는 없습니다. 역사상 가장 위대한 자기 주도 학습의 롤모델로 꼽히는 율곡 이이 뒤에는 신사임당이라는 현명한 어머니의 전략적인 지도와 지원이 있었습니다. 화폐에 나란히 새겨진 모자의 모습은 부모의 현명한 개입이 아이를 얼마나 위대한 인재로 성장시킬 수 있는지를 보여주는 강력한 증거입니다. 우리는 바로 이 '신사임당 모델'을 지향해야 합니다.

엄마 주도 학습 실패의 법칙:
'세 가지 개입'의 함정

성공적인 엄마 주도 학습을 위해서는 실패의 원인을 명확히 아는 것이 중요합니다. 저는 수많은 상담 사례를 통해 엄마 주도 학습을 실패로 이끄는 '잘못된 개입 3종 세트'를 발견했습니다. 바로 '제한 없는 개입', '기한 없는 개입', '감정적 개입'입니다. 이 잘못된 개입들은 마치 통제되지 않는 원자력처럼, 처음에는 아이를 돕는 것으로 보이지만 결국 자기 주도 학습 능력을 완전히 파괴하는 원자폭탄이 될 수 있습니다.

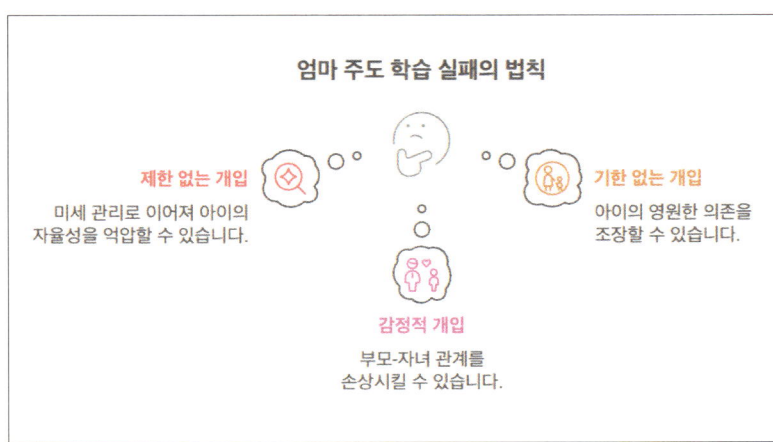

엄마 주도 학습 실패의 법칙

제한 없는 개입
미세 관리로 이어져 아이의
자율성을 억압할 수 있습니다.

기한 없는 개입
아이의 영원한 의존을
조장할 수 있습니다.

감정적 개입
부모-자녀 관계를
손상시킬 수 있습니다.

제한 없는 개입: 미세 관리의 덫

제한 없는 개입은 아이의 학습 과정 구석구석을 모두 통제하려드는 시도입니다. 아이가 무엇을 하든 지켜보고, 일일이 검토하고, 모든 것을 체크하는 미세 관리micromanagement는 아이의 학습 자립성을 파괴합니다.

문제를 풀게 하고 채점해주고 해설까지 설명해주는 방식은 초등 저학년에는 유효할 수 있으나, 학년이 올라갈수록 점진적으로 줄여나가야 합니다. 그러지 않으면 아이는 스스로 생각하는 능력을 개발하지 못하고, 부모의 지시와 평가에만 의존하게 됩니다.

하버드 교육대학원 연구에 따르면, 부모의 과도한 개입은 아이의 자기 효능감과 내적 동기를 저하시키는 주요 원인으로 지목되었습니다. 아이가 과제를 스스로 해결할 기회를 빼앗기면 '학습된 무기력'이 발생하고, 아이는 점차 모든 결정과 판단을 부모에게 의존하게 됩니다.

기한 없는 개입: 영원한 의존의 덫

기한 없는 개입은 아이의 나이와 발달 단계에 상관없이 계속되는 부모의 과도한 참여를 의미합니다. 이는 대학, 심지어 사회생활까지 이어지는 경우도 있습니다.

서울대 교수들 사이에서는 학부모가 자녀의 학점에 항의하거나 과제물을 요구하는 일화가 공공연히 회자됩니다. 이는 단순한 웃음거리가 아닌 자립하지 못한 자녀를 양산하는 심각한 문제입니다.

가정에서도 이러한 패턴이 드러납니다. 자녀가 집안일을 돕거나 자신의 공간을 정리할 수 있는 나이가 되었는데도 "너는 공부만 해"라며 모든 것을 대신해주는 부모의 태도는 아이의 자립심 발달을 저해합니다. 학습 개입에도 '유효 기간'을 설정해야 합니다. 명확한 종료 시점 없이 개입이 지속된다면, 아이는 영원히 부모에게 의존하는 존재로 남게 될 것입니다.

발달심리학자 다이애나 바움린드Diana Baumrind는 연구를 통해 부모의 권위적 양육authoritative parenting이 자녀의 자율성을 존중하면서 적절한 한계를 설정할 때 가장 긍정적인 발달 결과를 가져온다고 밝혔습니다. 이 연구는 개입에 '기한'을 두는 것의 중요성을 뒷받침합니다.

감정적 개입: 관계 파괴의 덫

감정적 개입은 아이의 학습 과정이나 결과에 대해 부모가 분노, 실망, 조급함 등의 감정을 조절하지 못하고 표출하는 것을 말합니다. 아이를 돕고자 하는 선한 의도가 분노와 질책으로 변질되는 최악의 경우입니다. 이는 엄마 주도 학습의 가장 위험한 함정입니다.

시험 결과나 학습 태도에 대해 화를 내거나, 과거의 실수를 끊임없이 언급하는 것은 부모와 자녀의 관계에 돌이킬 수 없는 상처를 남깁니다. 중고등학교 시기에 부모와 대화를 거부하는 청소년의 상당수가 이러한 감정적 개입의 후유증을 겪고 있습니다.

신경과학 연구에 따르면, 감정적 스트레스 상황에서는 전두엽 피질(학습과 판단을 담당)의 기능이 저하되고, 편도체(공포와 방어 반응을 관장)가 활성화됩니다. 즉 부모의 감정적 개입은 아이의 학습 능력 자체를 생물학적으로 저하시킵니다.

엄마 주도 학습 성공 법칙: 자기 주도 날개 달아주기

앞서 언급한 세 가지 실패 요인을 극복하기 위한 구체적인 전략을 제시합니다.

성공 공식 1: 공부의 '주체'를 아이에게 넘겨라
(제한 없는 개입→'주체 설정')

헬리콥터맘은 아이 대신 펜을 들고 설명하지만 스마트맘은 아이가 스스로 펜을 들고 문제를 해결하도록 지켜봅니다. 즉 학습의 주체를 부모가 아닌 아이로 명확히 설정해야 합니다.

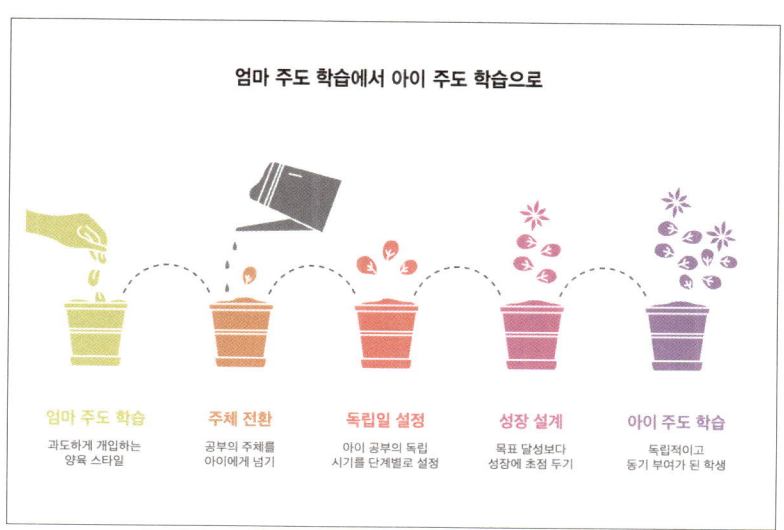

엄마 주도 학습에서 아이 주도 학습으로

엄마 주도 학습	주체 전환	독립일 설정	성장 설계	아이 주도 학습
과도하게 개입하는 양육 스타일	공부의 주체를 아이에게 넘기	아이 공부의 독립 시기를 단계별로 설정	목표 달성보다 성장에 초점 두기	독립적이고 동기 부여가 된 학생

설명하는 부모→설명하게 하는 부모

아이에게 일방적으로 지식을 주입하는 대신, 아이가 배운 내용을 스스로 설명하도록 하십시오. 이는 메타인지를 활성화하는 가장 강력한 방법입니다(초등학교 4~5학년부터는 점진적으로 이 전환을 시작하고, 늦어도 초등학교 6학년에는 본격적으로 적용해야 합니다). 스탠퍼드 대학의 조 볼러Jo Boaler 교수의 연구에 따르면, 학생이 자신의 사고 과정을 언어로 표현하는 과정은 수학적 개념 이해를 깊게 하는 데 결정적 역할을 합니다. 이는 '설명하게 하는' 학습 방식의 효과성을 뒷받침합니다.

틀렸을 때 혼내기→분석하고 성장하게 돕기

아이가 틀리는 것은 당연합니다. 실수를 질책하면 아이는 도전을 두려워하게 됩니다. 오답이 나왔을 때도 곧바로 혼내거나 정답을 알려주기보다 "이 문제에서 왜 틀렸을까?"라고 물어보고 아이 스스로 오류를 찾게 합니다. 이 과정은 처음에는 시간이 더 소요되지만, 장기적으로 아이의 메타인지 능력(자신의 사고 과정을 인식하고 조절하는 능력)을 크게 향상시킵니다. 오답 노트를 만들며 다음번에는 맞힐 수 있도록 전략을 세우는 과정을 도와주세요. 아이는 '틀려도 괜찮다, 중요한 건 틀린 후의 과정이다'라는 것을 깨달아야 합니다.

성공 공식 2: '독립 시기'를 명확히 설정하라
(기한 없는 개입→'독립 시기 설정')

두발자전거의 보조 바퀴는 언젠가 반드시 떼어야 합니다. 기한 없는 개입을 방지하기 위해서는 명확한 '학습 독립 시기'를 설정해야 합니다. 이는 자녀의 성장 단계에 맞춰 점진적으로 진행됩니다.

자기 주도 학습 완성 목표: 중학교 3학년 12월

늦어도 초등학교 6학년부터는 자기 주도 학습 훈련을 시작해, 중학교 3학년 말까지는 스스로 학습 계획을 세우고 실천하며 평가하는 시스템을 완성하는 것을 목표로 삼으십시오. 이 시기 이후 부모는 전면에서 물러나, 아이가 도움을 요청할 때나 중요한 선택의 순간에만 조력자 역할을 해야 합니다.

콘텐츠 '터치'→현명한 '선택' 보조

초기에는 구체적인 학습 내용이나 방법(콘텐츠)에 개입할 수 있지만, 점차 아이 스스로 정보를 탐색하고 판단하며 선택할 수 있도록 그 '과정'을 돕는 역할로 전환해야 합니다. 어떤 문제집을 풀지, 어떤 강의를 들을지 아이가 주도적으로 결정하되, 부모는 더 넓은 시야에서 현명한 판단을 내릴 수 있도록 정보와 조언을 제공하는 '선택 보조자'가 되어야 합니다. 이는 아이가 고등학교를 졸업할 때까지도 필요할 수 있는 중요한 역할입니다. 처음에는 자전거 타는 법을 알려주고 넘어지지 않게 살짝 잡아주지만, 아이가 균형을 잡기 시작하면 과감히 손을 놓아야 멀리 나아갈 수 있습니다.

발달심리학자 레프 비고츠키의 '근접 발달 영역' 이론은 이러한 단계적 독립 과정의 이론적 기반을 제공합니다. 아이가 혼자 할 수 있는 영역을 점차 확장해 나가면서, 도움이 필요한 부분은 부모님이 적절히 지원하는 방식이 최적의 발달을 이끌어냅니다.

성공 공식 3: '성장하는 공부'를 설계하라
(감정적 개입→'성장 설정')

감정적 개입을 방지하기 위해서는 '성장하는 학습 프로세스'를 확립해야 합니다. 이는 오류를 두려워하지 않고, 오히려 성장의 기회로 활용하는 마인드셋을 의미합니다.

'오류 보완 성장 프로세스' 구축

학습 과정에서 발생하는 오류(오답, 부진)는 성장의 기회입니다. "왜 틀렸을까?" "어떻게 보완해야 할까?"에 집중하며, 오답 분석(Why&Tip)을 통해 약점을 파악하고 이를 메울 다음 단계를 함께 계획하십시오.

감정 조절: 화내면 게임 끝!

부모도 사람이기에 화가 날 수 있습니다. 하지만 학습 지도에서 감정적인 반응, 특히 분노는 모든 것을 망칩니다. 아이가 완벽하지 않다는 사실을 받아들이세요. 결과(점수, 등급)에 대해 감정적으로 질책하는 순간, 아이와의 관계는 물론 학습 동기까지 무너집니다.

과거 들추기 금지&즉각적 반응 자제

현재의 문제에만 집중하고, "너 예전에도 그랬잖아" 식의 과거 소환은 절대 금물입니다. 또한 아이의 문제 상황(예: 학원 테스트 결과)

을 접했을 때 즉각적으로 반응하지 마십시오. 먼저 부모 스스로 감정을 다스리고, 이성적으로 상황을 분석한 후에 대화를 시작해야 합니다.

심리학자 앨버트 밴듀라의 '자기 효능감' 이론에 따르면, 실패 경험을 어떻게 해석하고 받아들이느냐가 미래의 수행 능력에 결정적 영향을 미칩니다. 실패를 성장의 기회로 재해석하는 환경을 조성하는 것이 부모의 중요한 역할입니다.

공부 독립 단계별 레시피:
두발자전거 태우기 모델

엄마 주도 학습에서 자기 주도 학습으로 성공적으로 전환하는 과
정은 마치 아이에게 두발자전거 타는 법을 가르치는 과정과 같습니
다. 처음부터 혼자 탈 수 있는 아이는 없습니다. 넘어지고 깨지면서
균형 잡는 법을 배우듯, 학습의 독립도 점진적인 단계를 거쳐야 합
니다. 대치동 장원장이 20여 년의 노하우를 담아 만든 '두발자전거
태우기' 모델에는 앞서 언급한 실패의 세 가지 함정(제한, 기한, 감정)
을 극복하고 엄마 주도 학습의 성공 법칙을 쉽게 실용적으로 적용하
는 열쇠가 담겨 있습니다.

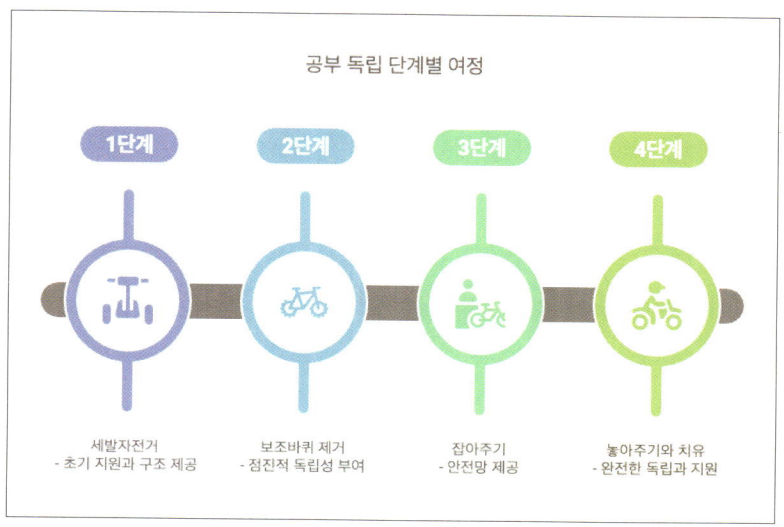

공부 독립 단계별 여정

| 1단계 | 2단계 | 3단계 | 4단계 |

세발자전거
- 초기 지원과 구조 제공

보조바퀴 제거
- 점진적 독립성 부여

잡아주기
- 안전망 제공

놓아주기와 치유
- 완전한 독립과 지원

1단계: 세발자전거 - 초기 지원과 구조 제공

아이들은 보통 넘어질 위험이 없는 세발자전거로 자전거 타기를 시작합니다. 학습에서도 마찬가지입니다. 초기에는 어머니가 학습 환경과 구조를 완전히 설계하고 아이에게 필요한 도구와 방법을 제공합니다.

이 단계에서는 부모가 학습 일정을 계획하고, 적절한 교재를 선택하며, 기본적인 학습 루틴을 확립합니다. 아이는 이러한 구조 안에서 학습의 기초를 다지게 됩니다.

2단계: 보조 바퀴 제거 - 점진적 독립성 부여

두 번째 단계는 보조 바퀴를 제거하는 과정입니다. 아이가 기본적인 학습 능력과 패턴을 습득했다면, 이제는 부모의 개입을 점진적으로 줄여 나갑니다.

이 단계에서는 부모가 구구절절 설명해주던 방식에서 벗어나, 아이 스스로 문제를 해결하고 설명할 수 있도록 유도합니다. 채점과 오답 분석도 아이가 주도적으로 할 수 있게 합니다. 부모는 관찰자이자 조언자로서의 역할로 전환됩니다.

3단계: 잡아주기 - 안전망 제공

세 번째 단계는 보조 바퀴가 없는 상태에서 자전거를 잡아주는 과정입니다. 이는 자기 주도 학습의 초기 단계에 해당합니다.

아이가 스스로 학습을 계획하고 실행하지만, 부모는 여전히 옆에서 '넘어지지 않도록' 최소한의 도움을 제공합니다. 어려운 개념을 이해하지 못하거나 학습 계획에 차질이 생길 때 적절히 개입하는 것이 이에 해당합니다.

4단계: 놓아주기와 치유 - 완전한 독립과 지원

마지막 단계는 자전거에서 손을 완전히 떼고 아이가 스스로 균형을 잡고 페달을 밟도록 하는 과정입니다. 이때 아이가 넘어지는 일은 피할 수 없습니다.

학습에서도 마찬가지입니다. 아이가 시행착오를 겪고 때로는 실패하더라도 이를 경험의 일부로 받아들여야 합니다. 부모는 '후시딘을 발라주는' 역할, 즉 정서적 지지와 실패 후 회복을 돕는 역할을 수행합니다.

이 단계에서는 왜 시험을 못 봤는지, 어떤 부분이 부족했는지를 함께 분석하고, 아이가 스스로 다음 전략을 세울 수 있도록 조언합니다. 이는 개입이 아닌 지원의 형태입니다.

자경문 쓰기:
마음을 다스려 세상을 바꾸는 지혜

　율곡 이이의 어머니인 신사임당은 자녀 교육의 모범적 사례를 보여줍니다. 이들은 최고의 교육적 성취를 이룬 모자로, 한 국가의 화폐에 모자가 함께 등장하는 유일한 사례입니다.

　율곡 이이는 매일 아침 자경문을 읽고 하루를 시작했다고 합니다. 자경문自警文이란 스스로를 깨우치고 경계하는 글로, 자신의 마음가짐과 행동 원칙을 담은 문장들입니다.

　스마트맘이 되기 위한 자경문을 작성해보세요. 다음은 대치동 장원장이 제시하는 예시입니다.

　1. 아이 공부의 결과보다 과정에 먼저 관심을 가진다.

2. 문제집을 펼치기 전에 내 감정부터 점검한다.

3. 실수와 오답은 성장의 기회임을 항상 기억한다.

4. 아이가 틀린 문제를 스스로 분석하고 설명하도록 격려한다.

5. 과거의 실수를 언급하지 않고, 현재와 미래에 집중한다.

6. 설명해주기보다 설명하게 하는 질문을 먼저 던진다.

7. 아이의 가능성을 믿고 '넘어져도 괜찮아, 다시 해보자!'라고 다독이며 성장의 발판을 만든다.

이렇게 7개에서 10개 정도의 구체적인 행동 다짐을 적어 매일 볼 수 있는 곳(화장대, 냉장고 등)에 붙여두고 아침마다 읽어보세요. 이는 단순한 구호가 아닌 여러분의 자녀가 SKY 입학을 넘어 진정한 육각형 인재로 성장할 수 있게 하는 강력한 실천 도구입니다. 나의 마음을 다스리는 이 작은 노력이 우리 아이를 변화시키고, 아이는 더 나아가 세상을 바꾸는 큰 인재로 성장할 것입니다.

결론:
진정한 스마트맘의 길

엄마 주도 학습은 방치도, 과도한 간섭도 아닌 아이의 성장을 돕는 지혜로운 중도의 길입니다. 헬리콥터맘이 되지 말고 스마트맘이 되어, 아이가 스스로 날개를 펼칠 수 있는 환경을 조성하는 것이 우리의 목표입니다.

세상에 완벽한 학생은 없으며, 완벽한 부모도 없습니다. 핵심은 우리가 지속적으로 성장하고 배우는 과정에 있다는 사실을 인정하는 것입니다. 아이에게 요구하는 성장의 자세를 우리 스스로도 실천할 때, 진정한 교육의 힘이 발휘됩니다.

노력은 타고나는 것이 아니라 설계되는 것입니다. 아이의 문제는 부모의 전략 부재에서 비롯됩니다. 학원은 전략의 일부일 뿐, 본질은 시스템에 있습니다. 오늘부터 이 시스템을 함께 바꿔 나가는 여정을 시작합시다.

책이 끝날 때, 내 아이 '0.1% 육각형 인재 프로젝트'가 시작된다

이 책을 마지막 페이지까지 읽고 있는 지금, 여러분은 이미 중요한 선택을 해냈습니다. 흩어진 교육 정보 속에서 이 책을 집어 들었고, 끝까지 읽어 왔습니다. 그 사실 하나만으로도 여러분은 변화를 원하며 아이의 성장에 대해 새로운 시선으로 바라보고자 노력하고 있는 부모입니다.

이제 무엇보다 달라진 것은 '질문'입니다. 책을 읽기 전 여러분의 질문이 "왜 우리 아이는 안 될까?"였다면, 지금의 질문은 "우리 아이에게 어떤 시스템을 만들어줘야 할까?"로 바뀌어 있을 것입니다. 바로 이 질문의 전환이 아이의 미래를 바꾸는 출발점입니다.

저는 대치동에서 20여 년 동안 수천 명의 아이를 보았습니다. 최상위 0.1%에 도달한 아이들을 연구하며 깨달은 가장 큰 진실은 이것이었습니다. 상위권 아이들의 성적을 결정짓는 것은 타고난 머리도, 부모의 학벌도 아니라는 사실. 그 아이들은 '지속 가능한 공부 시스템'을 가지고 있었습니다. 마라톤 선수가 마지막까지 자신의 페이스와 호흡을 조절하며 코스를 완주하듯이, 상위권 아이들 또한 자기만의 리듬, 복구 방식, 집중 패턴을 가지고 있었습니다. 이 책에서 소개한 육각형 인재의 여섯 가지 축은 결국 이 지속 가능성을 실현하게 만드는 구조입니다. 아이의 잠재력은 타고나는 것이 아니라 구조를 통해 드러나고, 구조를 통해 성장합니다.

책을 덮고 난 뒤 부모로서 해야 할 일은 거창한 것이 아닙니다. 단 한 가지 작은 행동으로도 가능합니다. 바로 아이와 15분간 대화하는 것입니다. 그러나 이번 대화는 성적이나 공부법이 아니라 아이의 감정을 묻는 대화여야 합니다.

"너는 공부할 때 어떤 순간이 제일 힘드니?" 이 질문을 조용히 건네고 판단 없이, 조언 없이 들어주세요. 그 15분이 부모와 아이의 관계를 다시 쓰는 첫 장이 됩니다. 아이의 공부는 감정에서 시작되고, 감정이 안정될 때 비로소 시스템이 움직이기 시작합니다.

그리고 이번 주 안에 단 세 가지 실천만 해보세요. 첫째, 아이의 하루 루틴을 관찰하고 함께 '3줄 실천 일지'를 만드는 30분을 가지세요. 둘째, 현재 다니고 있는 학원의 숙제량과 아이의 실제 소화 능력을 비교해보는 20분 점검을 하세요. 셋째, 이 책에서 제시한 과목별 로드맵 중 우리 아이에게 가장 시급한 과목을 하나 고르고, 3개월 실행 계획을 A4 용지 한 장에 적어보세요. 특별한 장비도, 비용도 필요 없습니다. 부모의 결심과 1시간 남짓한 시간이면 충분합니다.

이 실천이 1년 뒤 어떤 변화를 만들까요? 아이는 학원 숙제에 쫓기던 아이에서 "오늘은 이 문제집 3페이지만 정확하게 완성해볼게요"라고 말하는 아이로 바뀝니다. 부모는 점수 10점에 흔들리던 부모에서 한 학기 단위로 아이의 문해력 · 사고력 · 분석력 · 실행력을 평가하는 '전략가 부모'가 됩니다. 무엇보다 큰 변화는 아이에게서 "나 이 과목이 좀 재미있어졌어요"라는 말이 나오기 시작한다는 점입니다. 성적을 끌어올리는 힘은 외부의 동기 부여가 아니라 '내면에서 자라는 흥미'라는 것을 깨닫게 될 것입니다.

그리고 기억하세요. 여러분은 이 길을 혼자 걷는 것이 아닙니다. 전국 곳곳에, 그리고 해외에도 이 책의 원칙을 실천하며 아이의 변화를 경험하고 있는 부모들이 있습니다. 저는 유튜브 채널 '대치동 장원장'을 통해 이들의 사례와 질문을 나누며, 같은 여정을 걷는 부모들이 서로 배우고 연결될 수 있도록 계속 지원할 것입니다. 여러분의 작은 실행도 다른 부모에게는 큰 용기가 되고, 다른 부모의 경험은 또 여러분에게 의미 있는 힌트가 될 것입니다.

물론 이 원칙을 따르다 보면 반드시 좌절의 순간이 옵니다. 아이가 며칠간 잘 지키던 루틴을 갑자기 무너뜨릴 수도 있고, 공들여 선택한 학원이 아이와 맞지 않을 수도 있습니다. 심지어 학습 시간이 늘었음에도 성적이 오히려 떨어지는 시기가 찾아올 수도 있습니다. 그러나 그것은 실패가 아니라 '재조정의 신호'입니다. 성장 곡선은 항상 오르막만 있는 것이 아닙니다. 내려가는 순간이 있어야 다시 큰 폭으로 올라갑니다. 이때야말로 프롤로그와 Part I에서 강조한 것처럼 멘탈과 감정 또한 훈련의 대상임을 떠올려야 합니다. 완벽한 부모가 되려고 하지 마세요. 완벽한 시스템을 만들려고도 하지 마세요. 대신 '어제보다 조금 더 나은 오늘'을 만들면 됩니다. 그 작은 개선들이 쌓여 1년 후, 지금은 상상하지 못한 지점에 도달해 있을 것입니다.

마지막으로 이 말을 꼭 전하고 싶습니다. 이 책을 읽는 동안 혹시 자책하거나 "내가 잘못하고 있었던 건 아닐까?" 하는 마음이 들었다면 그 마음은 내려놓으셔도 됩니다. 완벽한 부모란 존재하지 않습니다. 중요한 것은 이 순간, 여러분이 더 나은 방법을 찾고 있다는 사실입니다. 그 의지 하나만으로도 여러분은 이미 좋은 부모입니다. 이제 남은 것은 그 의지를 효과적인 시스템으로 바꾸는 일입니다. 사랑만으로는 부족하고 전략만으로도 부족합니다. 그러나 사랑과 전략이 만나는 순간, 아이의 잠재력은 '가능성'이라는 단어를 넘어 '현실'이 됩니다.

여러분은 이 책의 끝에 서 있지만, 아이의 이야기는 이제 막 새로운 챕터를 쓰기 시작했습니다. 아이가 이 이야기의 주인공이라면, 여러분은 그 주인공의 가장 중요한 편집자입니다. 구조를 설계하고, 환경을 만들고, 흐름을 정리하며, 때로는 한 걸음 물러서서 아이의 성장을 지켜보는 사람. 그것이 이 책에서 말하는 새로운 '부모의 역할'입니다.

육각형 인재는 우연으로 탄생하지 않습니다. 상위 0.1%는 타고나는 것이 아니라 설계되는 것입니다. 그리고 그 설계의 첫 페이지는 지금, 이 순간 여러분의 손에서 시작됩니다.

이제 책을 덮고 아이에게 다가가세요. 오늘의 대화와 오늘의 작은 실천이 아이의 '육각형 성장 스토리'에 가장 먼저 쓰일 문장이 될 것입니다.

여정은 끝이 아니라 지금부터 시작입니다. 여러분과 아이만의 새로운 장을 힘 있게 펼쳐가시길 바랍니다.

Part I. 우리 아이도 육각형 인재

1장 성공하는 공부 뇌를 준비하라

1. K. 안데르스 에릭슨K. Anders Ericsson의 연구

   Ericsson, K. A., Krampe, R. T., & Tesch-Römer, C. (1993). The role of deliberate practice in the acquisition of expert performance. *Psychological Review*, 100(3), 363-406.

   이 연구는 음악가들의 연습 시간과 성취도 관계를 분석한 가장 영향력 있는 논문입니다. 베를린 음악 아카데미 학생들을 대상으로 진행한 연구에서 엘리트 연주자들이 1만 시간의 의도적 연습을 했다는 결론이 나왔습니다.

2. 모차르트에 관한 마이클 하우Michael Howe의 연구

   Howe, M. J. A. (1999). *Genius Explained*. Cambridge University Press.

   하우는 이 책에서 모차르트의 초기 작품들이 특별히 독창적이지 않았으며, 진정한 걸작은 상당한 훈련 기간 이후에 등장했다고 분석했습니다.

3. 루이스 터먼Lewis Terman의 연구

   Terman, L. M., & Oden, M. H. (1959). *The gifted group at mid-*

life: Thirty-five years' follow-up of the superior child. Stanford University Press.

이 연구는 "천재 유전 연구Genetic Studies of Genius"라는 시리즈의 일부로, IQ가 높은 아동들을 장기간 추적 관찰해 지능과 성취도 간의 관계가 약하다는 사실을 밝혀냈습니다.

4. 맬컴 글래드웰Malcolm Gladwell의 1만 시간 법칙

Gladwell, M. (2008). *Outliers: The Story of Success.* Little, Brown and Company.

글래드웰은 이 책에서 1만 시간의 법칙을 대중화했으며, 비틀스와 빌 게이츠의 사례를 통해 설명했습니다.

5. 로버트 스턴버그Robert Sternberg의 실용 지능 개념

Sternberg, R. J. (1985). *Beyond IQ: A triarchic theory of human intelligence.* Cambridge University Press.

스턴버그는 이 책에서 실용 지능의 개념을 소개하고, 이것이 학업적 지능과는 별개로 성공에 중요한 요소임을 설명했습니다.

6. 아네트 라루Annette Lareau의 집중 양육 연구

출처: Lareau, A. (2003). *Unequal Childhoods: Class, Race, and Family Life.* University of California Press.

라루는 이 책에서 '자연 성장natural growth 양육'과 '집중 양육concerted cultivation'이라는 두 가지 양육 방식을 구분하고, 계층에 따른 양육 방식의 차이와 그 결과를 분석했습니다.

7. 아인슈타인Einstein 인용문

"천재성은 1%의 재능과 99%의 노력으로 이루어진다."

이 인용문은 정확한 출처가 불분명하지만, 아인슈타인에게 널리 귀속되는 명언입니다. 원문에 가까운 표현은 "Genius is 1% talent and 99% hard work"입니다.

3장 멘탈과 감정도 훈련의 대상이다

1. 대니얼 골먼. (2008). 『EQ 감성지능*Emotional Intelligence*』. 한창호 역. 웅진지식하우스.

2. 최성애, 조벽, 존 가트맨. (2020). 『내 아이를 위한 감정 코칭』. 해냄.

3. 마틴 셀리그만. (2008). 『학습된 낙관주의*Learned Optimism*』. 최호영 역. 21세기북스.

4. Siegel, Daniel. (2010). *Mindsight: The New Science of Personal Transformation*. Bantam.

5. 서울대학교 교육심리학과. (2019). 「청소년 학업 성취도와 정서적 요인의 상관관계 연구」.

6. 노스웨스턴 대학 신경과학부. (2017). 「청소년기 뇌 발달과 정서적 성숙에 관한 종단 연구」.

7. 스탠퍼드 대학 심리학과. (1972). 「자기 통제와 학업 성취의 상관관계에 관한 마시멜로 실험」.

8. 하버드 의대 정신의학과. (2020). 「부모-자녀 대화 패턴이 뇌 발달에 미치는 영향」.

9. Salovey, P., & Mayer, J. D. (1990). Emotional Intelligence. *Imagination, Cognition and Personality*, 9(3), 185–211.

10. Wine, J. (1971). Test Anxiety and Direction of Attention. *Psychological Bulletin*, 76(2), 92–104.

11. Gottman, J. M. (1997). *Raising an Emotionally Intelligent Child*. Simon & Schuster.

12. Kirschbaum, C., Pirke, K. M., & Hellhammer, D. H. (1993). The Trier Social Stress Test—A Tool for Investigating Psychobiological Stress Responses. *Neuropsychobiology*, 28(1–2), 76–81.

4장 인강 활용력은 공부의 '근육'이다

1. Bandura, Albert. (1977). *Social Learning Theory*. Prentice−Hall.

2. Sweller, John. (1988). Cognitive Load Theory and Instructional Design. Educational Psychology Review.

3. 캐롤 드웩. (2023). 『마인드셋*Mindset: The New Psychology of Success*』. 김준수 역. 스몰빅라이프.

4. Gollwitzer, Peter. (1999). *Implementation Intentions and Effective Goal Pursuit*). Journal of Personality and Social Psychology.

5. Bloom, Benjamin. (1968). Learning for Mastery. *Evaluation Comment*.

6. 리처드 파인먼. (1985). 『물리 법칙의 특성*The Character of Physical Law*』. 해나무.

7. Khan, Salman(2012). *The One World Schoolhouse*. Twelve.

8. 세계경제포럼. (2020). 「미래 일자리 보고서2020 *Future of Jobs Report*」.

9. Ebbinghaus, Hermann. (1885). *On Memory*. Leipzig: Duncker & Humblot.

10. Bettinger, E. P., Fox, L., Loeb, S., & Taylor, E. S. (2018). Virtual classrooms: How online college courses affect student success. *American Economic Review*, 107(9), 2855–2875.

11. Cepeda, N. J., Pashler, H., Vul, E., Wixted, J. T., & Rohrer, D. (2006). Distributed practice in verbal recall tasks: A review and quantitative synthesis. *Psychological Bulletin*, 132(3), 354–380.

12. Ebbinghaus, H. (1885). *Memory: A contribution to experimental psychology*. Dover Publications.

참고 문헌 및 출처

13. Ericsson, K. A., Krampe, R. T., & Tesch-Römer, C. (1993). The role of deliberate practice in the acquisition of expert performance. *Psychological Review*, 100(3), 363 – 406.

14. Locke, E. A., & Latham, G. P. (2002). Building a practically useful theory of goal setting and task motivation. *American Psychologist*, 57(9), 705 – 717.

15. Roediger, H. L., & Karpicke, J. D. (2006). The power of testing memory: Basic research and implications for educational practice. *Perspectives on Psychological Science*, 1(3), 181 – 210.

16. Sweller, J. (1988). Cognitive load during problem solving: Effects on learning. *Cognitive Science*, 12(2), 257 – 285.

17. Vygotsky, L. S. (1978). *Mind in society: The development of higher psychological processes*. Harvard University Press.

5장 모든 과목에 적용되는 만능 기억 전략
무지개 암기법

1. Atkinson, R. C., & Shiffrin, R. M. (1968). "Human memory: A proposed system and its control processes." In K. W. Spence & J. T. Spence (Eds.), *The psychology of learning and motivation*.

2. 조슈아 포어. (2016). 『1년 만에 기억력 천재가 된 남자 *Moonwalking with Einstein*』. 류현 역. 갤리온

3. Ebbinghaus, H. (1885). *Memory: A contribution to experimental psychology*. Dover Publications.

4. Baddeley, A. D., & Hitch, G. (1974). "Working memory". In G. H. Bower (Ed.), *The psychology of learning and motivation*.

5. Dunlosky, J., Rawson, K. A., Marsh, E. J., Nathan, M. J., & Willingham, D. T. (2013). Improving students' learning with effective learning techniques. *Psychological Science in the Public Interest*.

6장 아이의 잠재력을 폭발시키는
동기 부여 설계법

1. Skinner, B.F. (1938). *The Behavior of Organisms: An Experimental Analysis*. New York: Appleton−Century−Crofts.

2. Ornish, D. (2019). Brain Health and Neuroplasticity. *Harvard Medical School Journal*.

3. Gottman, J. (2015). The Gottman Method of Relationship Psychology. *Journal of Family Psychology*.

4. 캐롤 드웩. (2023). 『마인드셋』. 김준수 역. 스몰빅라이프.

5. 켄 블랜차드, 타드 라시나크, 처크 톰킨스, 짐 발라드. (2018). 『칭찬은 고래도 춤추게 한다*Whale Done!: The Power of Positive Relationships*』. 조천제 역. 21세기북스.

6. 대니얼 골먼. (2008). 『EQ 감성지능』. 한창호 역. 웅진지식하우스.

7. Cozolino, L. (2014). *The Neuroscience of Human Relationships: Attachment and the Developing Social Brain*. W. W. Norton & Company.

8. 김영미. (2018). 「한국 부모의 자녀 훈육 방식과 그 영향」. 한국교육학회지, 45(3), 123−145.

Part II. 과목별 & 학년별 대치동 비법

1장 수학: 수포자도 수학 초고수로 만드는
대치동 비법1-중등편

1. 홍성욱, 이상욱 외 지음. 2004. 『뉴턴과 아인슈타인, 우리가 몰랐던 천재들의 창조성』. 창비.

2장 수학: 수포자도 수학 초고수로 만드는
대치동 비법2-고등편)

1. Ebbinghaus, H. (1885). *Memory: A Contribution to Experimental Psychology*. Dover Publications.
2. 교육부, 2022 개정 교육과정 수학과 교육과정
3. 토머스 에디슨의 축음기 발명 일화
   Josephson, Matthew. (1959). *Edison: A Biography*. McGraw-Hill Companies.

3장 국어: 문해력에서 시작해 수능까지 가는
국어력 기르기

1. Anderson, P. (2002). Assessment and Development of Executive Function (EF) During Childhood. *Child Neuropsychology*, 8(2), 71–82.
   주: 본문에 언급된 '인지 부하 이론'은 존 스웰러에 의해 주로 개발되었으며, 학습 설계 시 작업 기억의 한계를 고려해야 함을 강조합니

다. '도파민 루프Dopamine Loop'는 보상 시스템과 관련된 신경전달물질 도파민의 작용 기제를 의미하며, 학습 동기 부여와 관련지어 설명될 수 있습니다. '뇌 기반 학습Brain-Based Learning'은 뇌의 작동 원리와 과정에 대한 이해를 바탕으로 효과적인 교수 학습 전략을 구성하려는 접근입니다. '실행 기능Executive Functions'은 목표 지향적 행동을 계획, 시작, 조절, 관리하는 고등 인지 능력을 말합니다. 이러한 이론들은 본 장에서 다룬 학습 전략들의 이론적 배경을 이룰 수 있습니다.

Part III. 사교육, 어떻게 선택할까

1장 내 아이에게 맞는 학원 고르는 안목

1. Vygotsky, L. (1978). *Mind in Society: The Development of Higher Psychological Processes*. Harvard University Press.

2. 캐롤 드웩. (2023). 『마인드셋』. 김준수 역. 스몰빅라이프.

3. 하버드 교육대학원. (2018). "Trust−Based Learning Environment and Academic Achievement" 연구.

4. 김성일, 윤미선. (2004). 「학습 동기와 정서의 관계 연구」. 한국심리학회지: 학교.

5. Hattie, John. (2009). *Visible Learning: A Synthesis of Over 800 Meta-Analyses Relating to Achievement*. Routledge.

6. 교육부. (2022). "학원 운영 시간 관련 법적 제한사항". 교육법령정보서비스.

2장 소형 학원 vs. 대형 학원, 현명한 선택 기준

1. Gardner, H. (1983). *Frames of Mind: The Theory of Multiple Intelligences*. Basic Books.

2. Sweller, J. (1988). Cognitive Load Theory. *Instructional Science*, 16(4), 351–371.

3. 로버트 치알디니. (2023). 『설득의 심리학*Influence: The Psychology of Persuasion*』. 황혜숙, 임상훈 역. 21세기북스.

4. Bloom, B. (1984). *Taxonomy of Educational Objectives*. Allyn and Bacon.

5. Wiggins, G. (1998). *Educative Assessment*. Jossey–Bass Publishers.

6. 칙센트미하이. (2004). 『몰입*Flow: The Psychology of Optimal Experience*』. 최인수 역. 한울림.

7. 캐롤 드웩. (2023). 『마인드셋』. 김준수 역. 스몰빅라이프.

8. Bandura, A. (1997). *Self-efficacy: The exercise of control*. W. H. Freeman.

9. Dewey, J. (1938). *Experience and Education*. Kappa Delta Pi.

10. Kolb, D. (1984). *Experiential Learning: Experience as the source of learning and development*. Prentice–Hall.

11. Zimmerman, B. (2001). *Theories of Self-Regulated Learning*. Lawrence Erlbaum Associates.

12. 필립 짐바르도. (2007). 『루시퍼 이펙트*The Lucifer Effect*』. 이충호, 임지원 역. 웅진지식하우스.

3장 사교육 효과를 2배로 높이는 완벽한 공부법

1. Brown, P. C., Roediger, H. L., & McDaniel, M. A. (2014). *Make it stick: The science of successful learning*. Harvard University Press.

2. Bjork, R. A. (2011). On the symbiosis of remembering, forgetting, and learning. In A. S. Benjamin (Ed.), *Successful remembering and successful forgetting: A festschrift in honor of Robert A. Bjork*(pp. 1–22). Psychology Press.

3. Chen, Z., & Shen, Y. (2017). Mathematical understanding and proving abilities: Experiment upon undergraduates. *Journal of Mathematics Education*, 6(1), 1–31.

4. Cowan, N. (2008). What are the differences between long-term, short-term, and working memory? *Progress in Brain Research*, 169, 323–338.

5. Craik, F. I. M., & Lockhart, R. S. (1972). Levels of processing: A framework for memory research. *Journal of Verbal Learning and Verbal Behavior*, 11, 671–684.

6. Howard, G. (2019). *The excellence gap: Educational strategies for high-performing students*. Harvard Education Press.

7. Mueller, P. A., & Oppenheimer, D. M. (2014). The pen is mightier than the keyboard: Advantages of longhand over laptop note taking. *Psychological Science*, 25(6), 1159–1168.

8. Roediger, H. L., & Karpicke, J. D. (2006). Test-enhanced learning: Taking memory tests improves long-term retention. *Psychological Science*, 17(3), 249–255.

4장 사교육 효과를 4배로 높이는 가정 관리법

1. 캐롤 드웩. (2023). 『마인드셋』. 김준수 역. 스몰빅라이프.

2. Harrison, T., & McDougle, S. (2023). Parental Involvement and Educational Outcomes: A Meta-Analysis. *Harvard Educational Review*, 93(1), 45-72.

3. Jensen, M., & McWilliams, A. (2021). First Impression Bias in Educational Settings. *Journal of Educational Psychology*, 43(2), 287-301.

4. Karpicke, J., & Roediger, H. (2018). The Critical Importance of Retrieval for Learning. *Science*, 319(5865), 966-968.

5. Yeager, D. et al. (2019). A national experiment reveals where a growth mindset improves achievement. *Nature*, 573, 364-369.

5장 과외 활용의 전략과 주의사항

1. Bloom, B. S. (1984). The 2 sigma problem: The search for methods of group instruction as effective as one-to-one tutoring. *Educational Researcher,* 13(6), 4-16.

2. Locke, E. A., & Latham, G. P. (2002). Building a practically useful theory of goal setting and task motivation: A 35-year odyssey. *American Psychologist*, 57(9), 705-717.

3. Cornelius-White, J. (2007). Learner-centered teacher-student relationships are effective: A meta-analysis. *Review of Educational Research*, 77(1), 113-143.

4. Fryer, R. G. (2011). Financial incentives and student achievement: Evidence from randomized trials. *The Quarterly Journal of Economics*, 126(4), 1755–1798.

5. Thaler, R. H., & Sunstein, C. R. (2008). *Nudge: Improving decisions about health, wealth, and happiness*. Yale University Press.

6장 엄마표 자기 주도 학습의 황금 조율법

1. Wieman, C. (2017). *Improving How Universities Teach Science: Lessons from the Science Education Initiative*. Harvard University Press.

2. Siegler, R. S. (2016). How Children Develop Cognitive Skills. *Developmental Science*, 19(5), 675–687.

3. 캐롤 드웩. (2023). 『마인드셋』. 김준수 역. 스몰빅라이프.

4. Baumrind, D. (1991). The Influence of Parenting Style on Adolescent Competence and Substance Use. *Journal of Early Adolescence*, 11(1), 56–95.

5. Boaler, J. (2016). *Mathematical Mindsets: Unleashing Students' Potential through Creative Math, Inspiring Messages and Innovative Teaching*. Jossey-Bass.

6. Vygotsky, L. S. (1978). *Mind in Society: The Development of Higher Psychological Processes*. Harvard University Press.

7. Bandura, A. (1997). *Self-efficacy: The Exercise of Control*. W.H. Freeman and Company.

대치동 육각형 인재의 비밀

© 장덕진 2025

1판 1쇄 인쇄 2025년 12월 19일
1판 1쇄 발행 2025년 12월 30일

지은이 장덕진
펴낸이 황상욱

편집 이은현 박성미 이미영 | **디자인** 박선향
마케팅 윤해승 윤두열 | **경영지원** 황지욱
제작처 한영문화사

펴낸곳 위드랩 | 출판등록 2025년 4월 15일 제2025-000034호
주소 04425 서울시 용산구 이촌로 310
문의전화 02-2039-9462(편집) 02-2039-9460(팩스)
전자우편 yun@humancube.kr

ISBN 979-11-995411-0-8 (03370)